LE
BAN ET L'ARRIÈRE BAN

DU

BAILLIAGE DE SENS

AU

XVIᵉ SIÈCLE

CONTENANT LES NOMS DES SEIGNEURS ET HOMMES D'ARMES,

LA LISTE DES FIEFS

AVEC L'INDICATION DE LEUR REVENU ANNUEL,

POUR LES ANCIENNES RÉGIONS

DU SÉNONAIS, GATINAIS, PUISAYE, TONNERROIS,

LANGROIS, BARROIS, ETC.

PUBLIÉ

PAR

MAURICE ROY

SENS

IMPRIMERIE CHARLES DUCHEMIN

1885

INTRODUCTION

Au moyen âge, le ban et l'arrière-ban comprenaient la milice ordinaire, et constituaient une véritable armée nationale, toujours prête à soutenir l'honneur des armes lorsque les forces mercenaires devenaient insuffisantes. C'est en 1124, sous Louis VI, que nous remarquons la première fois cette grande armée, et l'historien Suger nous la montre rassemblée dans les plaines de Reims, se préparant à lutter pour la patrie menacée par l'empereur d'Allemagne Henri V. Elle se réunit encore, en 1214, sous les drapeaux de Philippe-Auguste, pour combattre un autre empereur d'Allemagne et marcher à la victoire de Bouvines. Le *ban* désignait alors tous les propriétaires de fiefs, et l'*arrière-ban* les milices communales.

Mais, dès le xve siècle, cette institution subit des transformations importantes. Relégué sur une petite fraction du territoire français, Charles VII ne pouvait plus faire appel aux nombreux vassaux qui avaient été d'un si puissant secours aux princes ses prédécesseurs ; il établit les compagnies d'ordonnance, véritables régiments formés des officiers de sa maison, et où venaient alors trouver un refuge les seigneurs qui, abandonnant leurs terres au pouvoir de l'ennemi, se dévouaient à la cause du Roi et de la France. Ce fut l'origine d'une armée régulière composée de Français, qui devait bientôt remplacer presque complètement cette foule de mercenaires de toutes nations, dont tout le patriotisme consistait à vendre leurs services le plus chèrement possible.

A partir de cette époque, la convocation du ban et de l'arrière-ban ne fut plus considérée que comme une ressource accidentelle ; le *ban* ne comprit plus dès lors que les seigneurs, dont les fiefs relevaient directement du Roi, et l'*arrière-ban*, les arrière-fiefs (1). Appelées plusieurs fois sous les drapeaux pendant le règne de Louis XI, les troupes de fiefs méritèrent toutefois de conserver leur ancienne réputation, en restant toujours habiles au métier des armes, et, même au XVIe siècle, si leur levée devint plus rare, leur discipline et leur entrain furent encore suffisants pour renforcer utilement l'armée régulière (2).

---

(1) Il existe sur le ban et l'arrière-ban deux traités spéciaux :

1° Celui de Gilles-André de la Roque, 1676, in-12, réimprimé dans le « Traité de la noblesse, » du même auteur. Rouen, 1684, in-4°, et Rouen, 1735, in-4°.

2° Le « Traité du ban et de l'arrière-ban, » par messire Jacques Delalande, docteur régent en l'université d'Orléans. Orléans, 1675, in-4°, réimprimé dans le second volume de sa « Coutume d'Orléans. » 1705, in-fol.

(2) Voy. P. Daniel, « Histoire de la Milice française, » 1721, II, 489, et pour le costume ou l'équipement des hommes d'armes et archers des milices du ban et de l'arrière-ban, l'ouvrage de MM. de Noirmont et A. de Marbot « Costumes militaires français depuis l'organisation des premières troupes régulières, en 1439, jusqu'en 1789. »

La convocation de ces troupes s'appelait *monstre*. Cette expression avait un sens tout différent de celui que l'on attribuait à la même époque au mot *monstre* dans son acception générale ; on l'avait employé autrefois comme dénomination des actes qui contenaient la liste des hommes de guerre que le seigneur devait fournir à son suzerain, mais ce terme ne désignait plus au xvi° siècle qu'une simple revue de soldats dont on constatait la présence avant de payer la solde (1).

La montre du ban et de l'arrière-ban avait une toute autre importance, elle se faisait séparément dans chaque bailliage, d'après les instructions et les ordres précis que le roi adressait aux baillis ou aux sénéchaux. Cette importante mission conférait à ces officiers une grande prérogative, car ils se trouvaient en même temps désignés pour le commandement de l'armée de leur circonscription. Le bailliage était donc le centre principal de cette organisation militaire, dont on ne peut se faire une idée exacte et bien comprendre tout le système

---

(1) Nous pouvons citer comme exemple le « Roolle de la Monstre et Reveue faicte a Sens le xxii° de jour de May l'An Mil cinq cens et quatorze, de cinq cens hommes de guerre a pié, Allemans appellez lansquenetz, du nombre de trois mille hommes de guerre a pié de lad. nacion, derrenierement venuz au service du Roy, nostre Sire, en son Royaume, pour la garde, seureté et deffence d'icelluy, dont y en a cinquante prenans double paye, et cinquante hacquebutiers prenans chascun six livres quinze solz tournois par moys, estans en garnison oud. lieu de Sens, desquelz avoit nagueres la charge et conduicte soubz le Conte Volf de Lupfen, cappitaine général desd. gens de guerre, Won Nitamberg, et a present Cristoff Fottingue, lieutenant et cappitaine particulier dud. Conte ; Par Nous Pierre de La Fontaine, escuier, commis et ordonné a faire lad. monstre et reveue. Desquelz gens de guerre a pié lansquenetz les noms et surnoms cy après sensuivent : . . . . (Bibl. nat., F. français 25785.)

qu'en l'étudiant d'après les documents particuliers à chacune de ces grandes divisions territoriales.

Le bailliage de Sens, dont nous publions aujourd'hui les rôles du ban et de l'arrière-ban au xvie siècle, est considéré comme le plus ancien de France. Sens fut le premier domaine réuni à la couronne (1015) et Philippe-Auguste y fixa le siège d'un bailli royal. Peu de temps après furent établis les grands bailliages de Vermandois ou de Saint-Quentin, de Mâcon et de Saint-Pierre-le-Moutier; mais la circonscription du bailliage de Sens n'en resta pas moins très considérable, et l'on peut s'en rendre compte par le nombre et l'importance des sièges qui ont été, depuis cette époque, distraits de son ressort (1):

1° Avant la création du bailli royal de Troyes, en 1300, une partie du comté de Champagne était soumise à la juridiction de Sens pour les cas royaux et privilégiés;

2° Le comté de Joigny et la châtellenie de Saint-Maurice-Thizouailles furent attribués, vers 1332, au bailliage de Troyes, qui en conserva la juridiction jusqu'en 1638, date de l'érection du présidial de Montargis, dont ces deux terres dépendirent depuis cette époque;

3° Un peu après 1330, Montargis, Lorris en Gâtinais, Lorrez-le-Bocage et Boiscommun se trouvent réunis au bailliage d'Orléans; en 1391, Montargis devint un bailliage distinct de celui d'Orléans;

---

(1) « Détails historiques sur le Bailliage de Sens, » publiés par Tarbé, à la suite de la « Conférence de la Coutume de Sens, » par Pelée de Chenouteau, 1787.

4º Les villes de Melun et Moret, avec toutes leurs dépendances, furent séparées du bailliage de Sens en 1353 et 1358, le roi Jean les ayant abandonnées à la reine Blanche de Navarre, veuve de Philippe de Valois. Le ressort de Melun était assez étendu, il renfermait près de 400 parroisses ou terres seigneuriales, et son présidial comprit plus tard les bailliages de Moret et de Nemours ;

5º Le Gâtinais français, dont Nemours et Châteaulandon étaient les deux villes principales, fut distrait du bailliage de Sens en 1404, et Nemours devint un siège particulier, ressortissant au parlement de Paris ;

6º Le comté d'Auxerre, cédé aux ducs de Bourgogne par le traité d'Arras en 1435, se trouva dès lors séparé du bailliage de Sens, qui perdit en même temps le Donziois (1), Vézelay, Châtel-Censoir et la petite contrée de Bauche (2). Lorsque le comté fit de nouveau retour à la couronne, en 1476, on y créa un bailliage particulier.

Au XVIᵉ siècle, cependant, le bailliage de Sens avait encore une grande importance ; il s'étendait :

Sur tout l'ancien Sénonais ;

Sur la plus grande partie du Gâtinais ;

Sur une partie de la Puisaye ;

Sur la baronnie de Seignelay et toutes les parroisses du Tonnerrois ;

Sur le Langrois, comté de Montsaujon, Mussy-

---

(1) Donziois, pays du Nivernais, baronnie, chef-lieu Donzy.

(2) La prairie de Bauche est située au N.-O. d'Auxerre, elle a environ trois lieues de longueur sur cinq à six cens pas de largeur. (Abbé Expilly, Dictionnaire géographique de France, Vº Auxerrois.)

l'Evêque, et tous les villages et terres qui en dépendaient ;

Sur le Barrois et une partie du Bassigny ;

Sur la baronnie de Baye, Compertrix près de Châlons-sur-Marne, la vallée de la Coolè, etc.

Les documents dont nous donnons la publication concernent donc encore une vaste région ; nous avons été assez heureux pour les découvrir au milieu des intéressantes archives (minutes des anciennes études supprimées) que la Chambre des notaires de l'arrondissement de Sens conserve malheureusement dans le plus grand désordre, avec aussi peu de soin que de discernement. Car on se demande comment les documents qui font aujourd'hui l'objet de cette notice se trouvent parmi des actes privés confiés autrefois à la garde des tabellions ; il est certain qu'ils y ont été déposés par erreur et que leur place serait plutôt aux archives de l'ancien bailliage de Sens (greffe du tribunal de première instance). Ces manuscrits se composent de deux registres en papier, reliés en parchemin et assez volumineux, ils contiennent chacun environ 200 feuillets. A chaque page est ouvert un compte spécial mentionnant le nom du seigneur, celui de la terre avec son revenu annuel (1) et le chiffre de la taxe imposée, puis au-dessous, en écriture minuscule, l'indication du motif d'exemption s'il y a lieu, ou bien une formule de défaut et de saisie à intervenir lorsque le propriétaire n'a pas comparu ou ne s'est

---

(1) Le revenu du fief était déterminé d'après une déclaration contenant des indications détaillées, fournies par le seigneur sur la nature de ses biens et sur l'estimation de leur valeur locative. Cette évaluation devait être certifiée et adressée au bailli royal, qui pouvait en faire contrôler la sincérité.

pas fait représenter devant les deux gentilshommes et le procureur du roi qui composent le tribunal du ban et de l'arrière-ban. Le premier volume renferme le ban et l'arrière-ban du bailliage de Sens sous François Ier, en 1545 (1), et le second le rôle des fiefs de la même région sous Henri III, en 1575; ils donnent tous deux des renseignements précieux sur les familles, sur les villages, les terres seigneuriales et un grand nombre de fiefs dont on ne retrouve plus aujourd'hui la trace, même dans les riches dépôts des archives départementales. Nous avons donc pensé qu'il était important de les publier intégralement, à l'exception de quelques formules générales ne présentant aucun intérêt. Nous devons toutefois faire remarquer que ces documents ne contiennent pas d'indications relatives aux biens d'église, qui étaient entièrement exempts des contributions exigées pour les terres possédées par des laïques ou par des ecclésiastiques à titre purement personnel ou privé; mais les fiefs sur lesquels le clergé n'avait qu'un droit du suzeraineté rentraient dans les conditions générales de la propriété civile, et étaient considérés comme arrière-fiefs relevant du domaine royal et dont le service s'appelait, dans l'espèce, l'arrière-ban. Il importe aussi de signaler les éléments précis fournis par ces manuscrits sur les obligations que le service militaire imposait aux seigneurs, et sur les principaux

---

(1) Il existe aussi à la bibliothèque de Sens un manuscrit intitulé : « Extrait du registre de la monstre du ban et arrière ban du bailliage de Sens, fait le XVe jour de juillet 1545. » Signé, Lotardot. Vol. de 57 pages papier, F. du bibliophile Jacob n° 1020, n° 207 ancien.

motifs d'exemption que ceux-ci pouvaient invoquer.

En principe, les possesseurs de fiefs devaient, pour satisfaire aux conditions du ban et de l'arrière-ban :

1° *Le service personnel.* Si le propriétaire du fief se trouvait malade ou incapable de porter les armes, il était tenu de se faire remplacer par un homme soudoyé, admis seulement après avoir prêté serment de fidélité. Le seigneur pouvait même, sans avoir aucun motif d'excuse, présenter à sa place un homme d'armes dont il payait l'équipement et la solde; mais par l'ordonnance du 16 janvier 1557, Henri II exigea que le service fut rigoureusement personnel et ne permit de substitution que du fils pour le père, ou du frère pour le frère.

2° *Une contribution pécuniaire*, évaluée d'après le revenu de la terre. Cette contribution était, suivant le ban de 1545, d'environ 15 pour 100 de la valeur du revenu annuel, et, d'après le ban de 1575, d'environ 25 pour 100. Cependant, comme on pourra le remarquer, cette taxe n'est pas toujours strictement appliquée; elle varie un peu selon l'importance du revenu de la terre et la qualité du seigneur ; toutefois, à partir de l'ordonnance du 23 janvier 1554, l'uniformité de la taxe fut établie entre tous les propriétaires de fiefs, nobles et roturiers.

Les droits aux exemptions étaient de diverses natures, tantôt ils donnaient lieu à une libération totale, tantôt ils dispensaient seulement de la première des deux obligations principales. Ainsi se trouvaient exempts à la fois du service personnel et de la contribution :

1° Les notaires et secrétaires du roi, les gentilshommes de sa maison ou de sa suite ;

2° Les hommes d'armes des *compagnies d'ordonnance ;*

3° Les veuves d'anciens officiers du roi ;

4° Les bourgeois de Paris ;

5° Les bourgeois de Troyes.

Etaient exempts (1) du service personnel, mais sujets à la contribution :

1° Les sexagenaires ; s'ils se faisaient remplacer pour le service personnel soit par leurs fils, soit par des hommes d'armes, ils étaient par cela même libérés de la contribution à laquelle ils auraient été soumis ;

2° Les ecclésiastiques ;

3° Les femmes ;

4° Les enfants ou mineurs ;

5° Les marchands ou artisans ;

6° Les officiers des bailliages, employés à la levée du ban et de l'arrière-ban.

En dehors de ces quelques détails et indications spéciales, on trouvera les traits principaux de l'organisation militaire dans les Recueils des ordonnances de nos rois (2). Nous donnons d'ailleurs plus loin (page 14

---

(1) Cette libération du service militaire avait fait donner la dénomination « d'exempts » à certains officiers attachés à la personne du roi, ainsi qu'aux gardes composant les corps de troupes de la maréchaussée établie dans chaque bailliage.

(2) Voici l'indication des ordonnances du XVI° siècle qui contiennent quelques dispositions importantes sur le ban et l'arrière-ban :

Blois, 19 mars 1540, Fontanon (éd. de 1611), II, p. 352.

Châteaudun, 23 mai 1545, Fontanon, II, p. 62.

à 21), le texte de l'ordonnance du 23 mai 1545, qui, malgré les transformations et les innovations successives, est restée fondamentale en cette matière.

Les convocations du ban et de l'arrière-ban furent assez nombreuses pendant le xvi⁰ siècle. Louis XII y eut recours en 1503 (1) et en 1512 (2). Il nous a été permis de constater que six levées différentes se firent sous le règne de François I⁰ʳ, pendant les années 1533 (3), 1536 (4), 1537 (5), 1541 (6), 1542 et 1545 (7). A ces

Fontainebleau, 9 février 1547, Guenois. Confér. des Ord. I-XII, titre VII (art. 4, 14 et 15).

Fontainebleau, 20 septembre 1551, Fontanon, III, p. 68.

Fontainebleau, 25 février 1553, Fontanon, III, p. 69.

Saint-Germain en Laye, 21 juin 1553, Fontanon, III, p. 75.

Saint-Germain en Laye, 23 janvier 1554, Fontanon, p. 73.

Ordonnance du 24 novembre 1556, Terrien, Commentaires du droit civil. I-IV, p. 112.

Ordonnance du 16 janvier 1557, Guenois, Conf. des Ord. I-XII, titre VII.

Blois, mai 1579 (Art. 316 à 350).

(1) Rôle d'Auvergne de l'an 1503. Bibl. nat., F. français 21540.

(2) « Jean, sire d'Estouteville, chevalier, capitaine du ban et arrière-ban de la province de Normandie, fit en 1512 à la Hogue-Saint-Wast, la montre des nobles et noblement tenants du bailliage de Costentin. » De la Roque, « Traité du ban et arrière-ban, » p. 19.

(3) En 1533 on trouve le rôle du Poitou imprimé en même temps que ceux de la même province pour 1467 et 1491, par Jean Fleuriau. Poitiers, 1667. Il existe à la Bibl. nat. dans le manuscrit 21540 du fonds français.

(4) Ban et arrière-ban de Franche-Comté pour 1536. Arch. nat. K. 1981. Lettres patentes datées de Chantilly, 3 janvier 1536, pour la convocation du ban et de l'arrière-ban, adressées au bailli d'Amboise. Bibl. du Dépôt de la guerre. Coll. Saujon.

(5) Convocation du ban et arrière-ban de Champagne, faite au nom du roi, par le duc de Guise, gouverneur de Champagne, le 15 mai 1537. Varin, arch. leg. de Reims. Statuts I, 888.

(6) L'ordonnance du 19 mars 1540 (art. 2) convoque l'arrière-ban pour le 15 mai 1541. Fontanon (éd. de 1611), II, 352.

(7) Rôle du ban et de l'arrière-ban de la prévôté de Paris en 1545 (12 juillet),

deux dernières dates correspondent les convocations du bailliage de Sens dont on trouvera le texte plus loin. Henri II mit sur pied cette armée à des intervalles encore plus rapprochés : en 1551 (1), 1552 (2), 1553 (3), 1554 (4), 1555 (5), 1557 (6) et 1558 (7). Des rôles de 1552 et 1553 concernent Sens ; ils sont insérés dans le manuscrit n° 21 540 du fonds français de la Bibliothèque nationale, sous la forme de copies que Gaignières fit faire sur les originaux existant alors à Fleurigny, dont le seigneur était bailli et capitaine de Sens. Une grande similitude existe entre le ban de 1552 et celui de 1545 ; le même ordre de classement a été adopté, et, en raison

publié par M. de la Morinerie dans la « Revue historique, nobiliaire et biographique, » III, 21 à 32 et 57 à 65.

(1) Lettres patentes du 1ᵉʳ octobre 1551 portant envoi des ordonnances des 9 février 1547 et 20 septembre 1551 sur le ban et l'arrière-ban, avec ordre d'adresser les convocations pour le 25 novembre suivant. Bibl. du Dépôt de la guerre. Coll. Saujon.

(2) Les lettres patentes datées de Châlons le 10 mai 1552 et adressées au prévôt de Paris pour la convocation du ban et arrière-ban de sa prévôté.

« La montre tenue à Caen en armes des nobles et autres subjectz au baon et arrière baon du Roy nostre Sire pour le Bailliage de Caen (20 mai 1552.) » Archives de la Seine-Inférieure. F. de la Chambre des comptes.

(3) Ban de la sénéchaussée de Xaintonge, du 10 juin 1553, publié par M. Th. Brémond d'Ars. Rôles saintongeais. Niort, 1869. Plusieurs autres rôles concernant diverses provinces ont été également publiés, mais nous n'avons pas l'intention de tracer ici la bibliographie complète du ban et de l'arrière-ban au xvɪᵉ siècle.

(4) Pour 1554 les lettres patentes du 26 février 1553. Fontanon, III, 73.

(5) Lettres patentes du 1ᵉʳ juillet 1555 au prévôt de Paris, pour la convocation du ban et de l'arrière-ban. Bibl. du Dépôt de la guerre. Coll. Saujon.

(6) Pour 1557 le « Roolle des chevaux légers. . . . . à la monstre du ban et arrière ban de Poitou, » cité par de la Roque, p. 133.

(7) « La Monstre du Bailliage de Troyes de l'an 1558, » par Noel Coiffart, suivant les lettres patentes données à Amiens le 8 août 1558. Bibl. nat., F. français, 21540.

du petit nombre d'années qui les séparent, on n'aperçoit pas dans le plus récent de modifications bien importantes ; il a donc paru suffisant de publier seulement les passages contenant des indications nouvelles. Nous avons suivi la même règle pour le rôle des hommes d'armes et archers de 1553.

Charles IX convoqua le ban et l'arrière-ban en 1562 (1), 1567 (2), 1568 (3), et 1569. Pour cette dernière année seulement nous avons pu constater la mention d'une montre du bailliage de Sens ; cette indication résulte d'un passage reproduit dans le courant de ce volume (V. p. 125).

Les deux dernières convocations de l'armée territoriale, au XVIe siècle, eurent lieu sous Henri III, en 1575 et en 1587 (4). On trouvera plus loin le texte du rôle du bailliage de Sens, en 1575, qui contient des indications plus complètes que celles fournies par tous les documents antérieurs.

Pour faciliter les recherches, et donner ainsi quelque

---

(1) « Rôle des Taxes de l'arrière-ban du bailliage d'Evreux en 1562, » publié par M. l'abbé Lebeurier, dans le tome VI, 3e série, de la Société d'agriculture, sciences, arts et belles-lettres de l'Eure, p. 219 à 383.

(2) Rôles des taxes du ban et arrière-ban de la vicomté de Coutances.
Rôles des taxes du vicomté de Valognes.
Rôles des taxes du bailliage de Caen. Bibl. nat., F. français, 21540.
« Le Roolle des taxes faictes des fiefs et arrière-fiefs subjects au ban et arrière-ban du bailliage de Caux (15 octobre 1567), » orig. en parchemin. Bibl. nat., F. fr. 24118.
Ban et arrière-ban d'Anjou en 1567. Arch. nat. M, M. 685.

(3) « La Monstre du bailliage de Caen en 1568. » Bibl. nat., F. fr. 24115.

(4) « Le Rôle des nobles et vassaux subjectz et contribuables au ban et arrière ban du pays et duché d'Auvergne (1er août 1587). » Bibl. nat., F. fr. 24032.
Le Rôle des bailliages de Caux, d'Arques et Neuchatel, Bibl. nat., F. fr. 5355.

valeur à notre publication, nous avons jugé nécessaire de former une table contenant les noms des familles qui ont habité nos régions à l'époque de la Renaissance, et qui, pour la plupart, faisaient partie de la haute noblesse composant alors la maison du Roi.

Enfin, nous nous sommes efforcé de déterminer le plus exactement possible l'emplacement des fiefs du bailliage de Sens, dont nous avons trouvé la mention dans ces divers manuscrits ; cette identification a présenté parfois de grandes incertitudes, car la forme d'un certain nombre de noms qui s'est modifiée depuis cette époque, sans règles déterminées, la similitude de plusieurs d'entre eux appartenant à la même région, la disparition de quelques-uns, qui ne sont plus aujourd'hui que des lieux dits à peine indiqués sur les cadastres des communes, rendent cette tâche difficile et exposent à commettre quelques erreurs, pour lesquelles nous demandons à l'avance un peu d'indulgence et dont nous recevrons avec plaisir la rectification.

Le Chesnoy, 20 avril 1885.

Roole de ceux qui ont esté exempts et excusez de faire service au Ban et Arrière Ban du Bailliage de Sens, a la Monstre faicte aud. Sens au mois de Janvier 1542.

Le Sgr de Courtenay.
Pour ce qu'il est eschanson du Roy.

Le Sgr de Piffons.
Pour ce qu'il est bourgeois stationnaire de Paris

Le Sgr de Foucherolles.
Des ordonnnances du Roy.

André de Buffenans, Sgr de [la granche des Barres].
Est des ordonnances.

Nicolas Boucher, Sgr de Marcilly le Hayer.
Est des ordonnances de la compagnie de M. d'Orléans.

Lois de Melun, Sgr de la Louptière.
De la compagnie de M. de Vandosme.

Jehan Bernard, Sgr de Champigny.
Varlet de chambre de Mgr le Daulphin.

Les héritiers feu Messire Phillibert de Beaujeu, Sgr de [Marigny, etc.], qui sont lesd., Messire de Nevers, capitaine de cent gentilshommes du Roy ; Francois des Ursins, de la compagnie du Sgr de Torcy, et M⁰ Claude Desmyer, conseiller de la cour à Paris.

Jacques Raguyer, Sgr de la 3ème partie de Venisy.
Est des ordonnances.

Maistre Jacques de Monthery, Sgr de Gisy-les-Nobles.
Bourgeois de Paris.

Maistre Guillaume Raguyer, Sgr de Solligny et Charmeceaux.
Bourgeois de Paris.

Eustace de Crevecueur, Sgr, avec sa femme, de Prunay et Vyenne.
Est des ordonnances.

Alpin de Bethune, Sgr de Baye, Fromentières et aultres fiefs assiz en ce Bailliage.
Est de la compagnie de M. de Vendosme.

Gilles de Foux, Sgr du Plessis Gastebled et Soignes.
Est de la compagnie de M. de Guise.

Edme de Courtenay, Sgr de Villart, de Lhermitte, des fiefs Germaine de Bourron et de Frauville.
Est des cent gentilshommes du Roy.

Hector de Blondeaux, Sgr de Villefranche.
Est des ordonnances de la compagnie du Marquis de Rothelin.

Lois de Laulnoy, Sgr de Molynons et aultres fiefs de ce bailliage.
Capitaine de Montfaucon.

Francois de Boulainvilliers.
Est escuyer d'Escurie de M. le Daulphin.

Jean du Chesnay, Sgr de Longueron.
Est des ordonnances.

Maistres Pierre et Thierry les Grassins, Sgrs de [Trémont].
Bourgeois de Paris.

Messire Nicolas d'Anjou, chevalier, Sgr de Villeneuve la Genest.
Gentilhomme de la chambre de M. le Daulphin.

Nicolas Pouart, Sgr en partie de Venisy.
Homme d'armes de la compagnie de M. de Guyse.

Jehan Coste, Sgr du fief de la Mothe de Naples.
Faict service a Montargis.

Maistre Jacques Spyfame, tuteur des Sgrs de Beauregard.
Luy et les mineurs, bourgeois de Paris.

Claude des Essars, Sgr de Boulay.
Sous lieutenant de la compagnie du Marquis de Rothelin.

Jacques de la Gravelle, seigneur de Montarmé.
Est des ordonnances.

La vefve Nicolas Blosset, pour les trois parts de la Vicomté de Sens.

Est stationnaire à Paris.

Gilles de Herault, Sgr du fief de la Mothe lez Clesles.

Est des ordonnances de la compagnie de M. le connestable.

Nicolas de St-Phalle, Sgr dud. lieu et de Héricoterye en partie.

Francois de La Rivière, Sgr d'Estrelles près Méry sur Seyne.

Faict service au bailliage de Troyes où il est demourant.

Messire Antoine du Prat, chevalier, Sgr en partie de Cudot.

Est gentilhomme de la chambre du Roy.

Adrian de Torcy, Sgr en partie de Gumery, Plessey du Metz et Poisy.

Est d'ordonnance du S. de Torcy.

Claude Bernard, Sgr de Plenoche et en partie de Villemanoche.

Est de la maison de M. d'Orléans.

Jehan de Pichelin, pour une cinquiesme partie de Villemanoche.

Bourgeois de Paris.

Regné de Sorbiers, Sgr pour la moictié dud. lieu [Villemanoche].

Est des ordonnances.

Charles Allegrin, Sgr d'Egriselles, Grandes et Petites Bernagones.
Bourgeois de Paris.

Robert de Montigny, Sgr de Greslier, en partie de Turny.
Est de la compagnie de M. d'Aumalle.

Antoine de l'Espinace, Sgr en partie de Turny.
Est de la compagnie du Sgr de Torcy.

Simon de St-Claude, pour le fief de Fourniz.
Est de la compagnie du Sgr de Torcy.

Gallas de Berulle, pour les fiefs de la Mothe et Cuchot.
Est de la compagnie du Sgr d'Enghien.

Nicolas de Rolet, Sgr en partie d'Arbloy.
Est des ordonnances.

Jacques de Crevecueur, Sgr du fief de la Court de Prunay.
Est des ordonnances.

Jacques Lucas, fils aisné des Seigneurs de Brannay, Galletas et des Barres.
Capitaine de l'arrière ban d'Orléans, en garnison à Mesieres.

Adrian de Beaumont, Sgr en partie de la Mothe lez Villeneuve l'Arcevesque.

Homme d'armes de M. d'Orléans.

Nicolas de la Mothe, Sgr en partie de lad. Mothe.
Est en garnison ou chastel de Monfaucon.

Jacques de Neufviz, Sgr en partie de Gumery.

Messire Francois du Bellay, comte de Tonnerre.
A cause de sad. Conté.

Messire Francois de Montmorency, chevalier, Sgr de Torey, Melisey et Chamelard.

Claude de Rochefort, Sgr en partie dud. lieu.
Est de la compagnie du Sgr de Beaumont.

Messire Jehan de la Baulme, chevalier, Sgr de Ligny le Chastel.
Est gouverneur du pays de Bresse.

Francois de Boulainvilliers, Sgr de Courgy.
Est lieutenant de M. d'Orléans.

Jehan de Courcelles, Sgr en partie de Villers Vineux.
Est de la compagnie du Sgr de Torcy.

George de Créqui, Sgr de Ricey et Baigneux.
Est de la maison du Roy.

Guillaume de Bethoulat, Sgr en partie d'Argenteuil.
Est de la bande du Sgr de Beaumont.

Thomas de Straton, Sgr de Molins.
Lieutenant de la compagnie escossoise.

Anne de Vauldrey, Sgr d'Argentenay, du fief des Roches, le Coing, et de la 6ème partie de Turny.
Est des ordonnances.

Jehan Stuart, Sgr de Vezanes et Fontaines Gery.
Est des ordonnances.

Alexandre de Fontringant, Sgr de Villecien et la Bergerie.
Archer de la bande escossoise.

Pierre de Montarby.
Est de la compagnie de M. le Gouverneur.

Charles de Texat, Sgr de [Nicey].
Est de morte paye ou chastel de Dijon.

Michel de Villesablon, Sgr de [Rochefort].
Est de la compagnie du Sgr de Beaumont.

Jehan de Ruvigny, Sgr du Potot.
Est des ordonnances de la compagnie du Sgr de Torcy.

Autres Exempts.

Le Sgr de Vallery.
Escuyer de Madame fille du Roy.

Le Sgr de Villethiery.
Des cent gentilshommes du Roy.

Le Sgr de St-Vallerian.

Hector de St-Blaise, Sgr en partie de Poisy.
Soubz la cornette de M. le Daulphin.

Claude Fillemin.
Archer de la compagnie de M. d'Orléans.

Maistre Jehan Roquant, Advocat à Paris.

Edme de Bailly.
De la garde du corps du Roy.

Jacques de la Puissonniere.
Est des ordonnances.

Edme de Madel.
De la bande de M. d'Aumale.

Francois de la Rivière.
A charge d'homme de pied.

(Ms. Bibl. Nat. — F. Français 21,540. — Ancien F. Gaignières n° 791-1-2.)

REGISTRE DU BAN ET ARRIÈRE BAN DU BAILLIAGE DE SENS DE L'AN V^c QUARANTE CINQ.

Monstre du Ban et Arrière Ban du bailliage de Sens faicte suyvant les Lectres Patentes du Roy desquelles la teneur sensuyt :

François, par la grace de Dieu, Roy de France, Au bailly de Sens ou à son lieutenant, Salut et Dilection.

Comme pour le recouvrement de nostre ville de Boullongne, ayons advisé, oultre nostre force de mer que nous avons ja preste, mectre encores sus une grosse et puissante armée de terre, et pour plus asseurer nos forces, faire assembler celle du ban et arriere ban de nostre Royaume que nous estimons l'une des principalles et plus seure pour estre composée de toute la noblesse, en quoy gist la grandeur, conservacion et seureté de nostre dit Royaume, Nous a ces causes voulons et vous mandons que incontinant vous ayez a faire cryer et publier en et par tout vostre Ressort et Jurisdicion que toutes personnes subjectes à nosditz ban et arriere ban ayent à se trouver et comparoir a tel jour qui leur sera par vous lymité et prefix au lieu ou l'assemblée dudit ban et arriere ban a acoustumé d'estre faicte en vostre jurisdicion, pour la en estre faicte la monstre selon et en ensuyvant l'ordonnance que avons a ceste fin faict expedier et actacher a ces presentes soubz le contrescel de nostre chancellerie, et incontinant apres ladite monstre faicte, marcher le plus dilligemment que faire ce pourra droit en nostre ville d'Amyens et es environs, de sorte qu'ilz ne faillent de se rendre dedans le xxvme jour dudit mois de Juing prouchain, pour apres estre employez et exploictez soubz la charge du Seigneur de la Jaille, lieutenant général de nostre tres cher et amé cousin le Seigneur de Lorges, capitaine général desditz arrière bans, auquel nous avons baillé la totale charge et conduicte dudit ban et arriere ban en l'absence de nostre dit cousin, et voulons que pour ceste fois il ayt et preigne le mesme estat et appoinctement que auroit ledit Seigneur de Lorges, s'il y estoit en personne. Et combien que le service que nous avons acoustumé tirer du ban et arriere ban de nostre dit Royaume, nous soit de plus grand avantage et secours en faisant venir a cheval et ainsy qu'il a esté faict cy devant, néantmoins ayans mys en considéracion le peu de vivres pour les chevaulx qu'il y a de present oudit pays de Picardie ou nous nous en voulons servir, vous mandons en oultre leur faire scavoir que nostre vouloir et intencion est, a fin d'autant plus les soulager et éviter à la perte de leurs chevaulx et monstures, nous servir d'eulx a pied pour ceste fois et sans tirer la chose à conséquance, ne que, soubz couleur de ce l'on, puisse prétendre qu'ilz sont tenuz nous faire aultre service que celluy qu'ilz ont acoustumé, et a quoy la nature de leurs fiefz les oblige, et que néantmoins les gentilzhommes puissent, se bon leur semble, aller sur un courtault jusques au lieu du service pour la, s'offrant l'affaire, se mectre a pied et faire ledit service avec tel équipage et compagnie qu'il est contenu en nostre dicte ordonnance, que nous voulons estre entretenue en tout ce qui deppendra du faict dudit ban et arriere ban de poinct en poinct selon sa forme et teneur, en contreignant a ce faire et souffrir tous ceulx qu'il appartiendra et qui pour ce seront a contraindre par toutes voies et manieres deues et acoustumées de ce faire en tel cas. Car tel est nostre plaisir. De ce faire vous avons donné et donnons plain pouvoir, puissance, auctorité, commission et mandement especial, mandons et commandons a tous noz justiciers, officiers et subjectz que à vous en ce faisant soit obey.

Donné a Chasteaudun le xxiiime jour de May l'an de grace mil cinq cens quarante cinq, et de nostre règne le trente ungiesme. Signé par le Roy, De l'Aubespine, et scellées sur simple queue de cire jaulne.

Ordonnance que le Roy veult estre présentement entretenue, gardée et observée a la convocacion, assemblée et séance du ban et arrière ban de son Royaulme.

Et premierement

Veult et ordonne ledit Seigneur que la monstre dudit ban et arriere ban se face au siège principal de chascun bailliage ou seneschaucée par deux gentilzhommes de chascun bailliage ou seneschaucée des plus expérimentéz aux armes, lesquelz seront choisyz par le capitaine général dudit arriere ban du nombre de ceulx qui luy seront présentez par les gentilzhommes de chascun desditz bailliages ou seneschaucées, qui seront tenuz luy en nommer jusques a trois; et ou lesditz bailliages et seneschaucées seront de se petite estendue, qu'il en fauldroit plusieurs pour faire une enseigne complecte, ilz n'en pourront ensemblement nommer que trois; lesquelz gentilzhommes ainsi choisiz et esleuz seront tenuz, en faisant ladite monstre, y appeler les advocat et procureur dudit Seigneur de chascun desditz bailliages et seneschaucées avecques les capitaine, lieutenant et enseigne de chascuns bans. Et d'icelle monstre envoyeront audit capitaine general ung extraict certain, tant de ceulx qui serviront en personne, comme des roturiers et inhabilles au service personnel qui bailleront argent, et des defaillans.

Item que les susditz deux gentilzhommes, ainsi choisis et esleuz que dit est, continueront respectivement les aultres monstres des bandes du bailliage dont ilz seront, de mois en mois, durant le temps du service, et auront pour leurs vaccacions chascun vingt livres tournois par moys seullement, sans qu'ilz puissent soubz couleur de ce, ne en vertu des précédens editz faictz sur le faict dudit arrière ban, estre exemptz d'icelluy arrière ban.

Item que oultre les choses susdites, les baillys, seneschaux et leurs greffiers, chascun en leur Ressort, seront tenuz faire registre du nombre des hommes qui se seront trouvez à la premiere monstre pour aller audit arrière ban, du jour de leur partement, des deniers qui auront esté pris des inhabilles et roturiers, églises et communaultez, comme ilz auront esté employez et distribuez par le menu, sans en riens réceller sur peine du quadruple. Et seront ceulx qui seront souldoyez desditz deniers et qui serviront en la place desditz inhabilles et roturiers pris et levez au dedans du bailliage ou seneschaucée ou ilz feront le service, dont les noms et surnoms, ensemble les lieux de leurs demourances et parroisses, seront enregistrez audit registre duquel, après ladite monstre faicte, sera envoyé ung vidimus deuement signé et collacionné audit Seigeur.

Item que tous gentilzhommes subjectz audit ban et arrière ban, qui seront en estat et disposition de porter armes, iront et comparoistront en personne au service dudit arrière ban, et ceulx qui n'auront puissance de porter armes, envoyeront en leur lieu personnages capables au mesme estat qu'ilz seroient s'ilz y alloient personnellement.

Item pour ce que aulcuns desditz gentilzhommes ont plusieurs fiefz en divers bailliages et jurisdicions, ledit Seigneur veult et entend que, en aportant par ceulx qui serviront en personne certificacion des aultres baillyz ou seneschaulx ou Ressort desquelz seront assiz leursditz fiefz, ne soient contrainctz faire aultre service que celluy qu'ilz feront au bailliage de leur résidence ; mais que ce soit en tel et se bon estat et équipage qu'ilz seront tenuz eu esgard a la valeur de tous leursditz fiefz. Et quant ausditz gentilzhommes qui ne feront le service personnel et semblablement aux roturiers, ilz ne pourront pretendre semblable grace de faire leur service au bailliage ou seneschaucée ou ilz font leur résidance, pour tous les fiefz qu'ilz tiennent et possèdent ès aultres, mais au contraire contribueront en chascun bailliage ou seront assiz et situez leursditz fiefz.

Item que ceulx qui auront rentes inféodées sur lesd. fiefz seront contribuables au service dudit arrière ban pour leur part et portion avec les propriétaires et seigneurs desditz fiefz.

Item est inhibé et défendu très expressement et sur peine de confiscacion de corps et de biens, auditz capitaines particuliers, leurs lieutenans, baillyz, seneschaulx et aux dessusditz gentilzhommes ordonnez pour faire la monstre dudit arrière ban, qu'ilz n'ayent a exempter aucune personne du service et contribucion dudit arrière ban, synon ceulx qui en seront exemptz par les commissions qui seront expédiées pour la convocacion et assemblée d'icelluy, ne mesmement ceulx qui se vouldront dire des ordonnances, s'ilz ne rapportent certificacions bonnes et valables de leurs capitaines, commissaires, controlleurs et payeurs de compagnies, comme ilz sont d'icelles compagnies et telz actuellement payez de leurs gages et souldes, ne aussi les gentilzhommes et roturiers qui se seroient retirez aux villes franches, synon que ce soit leur principal et acoustumé domicille, et qu'ilz y aient offices ou aultre occasion légitime d'y demourer.

Item veult et entend ledit Seigneur que au cas que aucun bailly ou seneschal ne fust habille pour conduyre l'arrière ban de sa jurisdicion ou fust refusant de ce faire, soit présenté audit capitaine général deux ou trois gentilzhommes dudit baillage ou seneschaucée qui seront esleuz par les aultres nobles d'icelluy bailliage ou seneschaucée, desquelz ledit capitaine choisira le plus suffisant, et luy baillera la charge de mener et conduyre ledit arrière ban, lequel en ce faisant prandra la soulde entière et les gages dudit bailly ou seneschal inhabille, ou refusant comme dit est, pro rata du temps qu'il fera ledit service, sans de ce exempter aucun bailly ou seneschal, soit des domestiques dudit Seigneur, de ses ordonnances ou aultre, synon qu'il soit actuellement occupé ailleurs pour son service ou par icelluy Seigneur excusé ou dispensé.

Item que le service dudit arrière ban sera de trois mois dedans le Royaulme ou de quarante jours hors d'icelluy, sans aucunement comprandre le temps d'aller et retourner, mais commancera ledit service à leur arrivée au lieu ou il leur sera mandé aller, et dès l'heure qu'ilz commanceront à marcher, paieront raisonnablement, tant à aller que retourner ; obeyront à leurs chefz et capitaines sans habandonner leur enseigne sans congé d'eulx, sur peine de pugnicion corporelle, et pour les faire vivre en meilleur ordre et police, les lieutenans et enseignes seront tenuz d'estre avec leurs bandes.

Item que tous lesditz gentilzhommes, soit qui servent en personne ou facent service en leur lieu, seront tenuz de faire le service en l'équipage qui sensuit ;

C'est asscavoir que celluy qui debvra ung homme d'armes servira en homme d'armes ou bien à pied, ainsi qu'il sera mandé par les commissaires dud. arriere ban, avecq le harnois et armes que doibt avoir ung homme de pied, deux serviteurs avec luy, l'ung picquier ayant halecret, hoguine et secrete, et l'autre harquebuzier ayant ung gorgerin, collet de maille et secrete ; Et celluy qui debvra service d'archer servira en archer ou bien à pied avec le harnois et armes d'un homme de pied, et avec luy aura ung picquier ou harquebuzier aussi ayant un gorgerin, collet de maille et secrete. Voulant et ordonnant aussi ledit Seigneur que tous les appoinctez des bandes soient gentilzhommes dudit bailliage ou seneschaucée ; et quant à ceulx qui debvront moindre service seront assemblez pour faire ensemblement, selon la valeur de leurs fiefs, autant que doibt faire celluy qui doibt ung archer.

Item que chascune enseigne sera de trois cens hommes de pied, ung capitaine, lieutenant et porteur d'enseigne, trois centeniers, deux sergens de bandes, deux taborins et ung fiffre. Et pour ce que en auscuns bailliages et seneschaucées ne se trouvera jusques au nombre de trois cens hommes pour rendre la bande complette, les bailly ou seneschaux et capitaines dessusditz adviseront de les départir le plus egallement que leur sera possible, pour les réduyre le plus près qu'ilz pourront audit nombre de trois cens hommes pour enseigne, sans excéder le nombre de cinq cens hommes.

Item et considérant icelluy Seigneur que les gros estatz et soulde que les chefz, officiers et gens dudit arrière ban ont par cy devant pris et levez sur les deniers d'icelluy, au moyen de quoy son service estoit grandement dyminué, a voulu et ordonné, veult et ordonne que doresnavant ledit capitaine général ayt et preigne pour son estat et entretenement sur tout l'arrière ban qui se levera en l'année, la somme de six cens livres tournois pour mois seullement ; le lieutenant general, trois cens livres ; l'homme d'armes, vingt livres ; l'archer, dix livres ; le capitaine particulier de chascune bande, cent livres t. ; son lieutenant, cinquante livres t. ; l'enseigne, trente livres t. ; chascun des centeniers et sergens de bande, quinze livres t. ; les taborins et fiffres chascun dix livres sans aultre estat ny place ; l'homme de pied, picquier ou hallebardier, six livres t. treize sols quatre deniers tournois ; le harquebuzier a pied, huict livres ; les fourriers, double paye ; Et ne pourront les souldes, payemens, sallaires et appoinctemens desditz gens de guerre, ne aussi desditz commissaires, estre augmentez ne dimynuez par les capitaines et lieutenans généraulx et particuliers; ce que ledit Seigneur leur deffend très expressement, et ce, sur peine d'estre privez du tiltre de noblesse, et de pugnicion corporelle.

Item que les gentilzhommes qui feront servir pour eulx, feront bailler argent à ceulx qu'ilz envoyeront servir en leurs lieux, non seullement pour le temps du service qui est de trois moys dedans le Royaulme ou quarante jours hors d'icelluy, mais aussy pour aller au lieu du service et en retourner, qui ne sera compris audit temps de service ainsi que dessuz est dit.

Item que les deniers, qu'ilz seront fournyz pour la soulde des susditz capitaines gentilzhommes et gens de guerre, seront receuz en chascun bailliage ou seneschaucée par ung gentilhomme qui sera choisy et député par les autres gentilzhommes dudit bailliage ou seneschaucée, lequel pourra avoir soubz luy ung homme maniant les deniers, duquel il sera responsable; Et où il fauldroit plusieurs bailliages ou seneschaucées pour faire une enseigne complette, n'y en aura que ung qui recoyve lesditz deniers pour tous lesditz bailliages ou seneschaucées, dont ilz seront tenuz a leur retour rendre compte pardevant les bailly et seneschaulx, appelez les advocat et procureur, ouquel compte pourra assister ung qui sera député de la part de ceulx qui auront contribué ausditz deniers, si bon leur semble; et le reliqua qui se trouvera entre leurs mains sera rendu et restitué ausditz contribuables respectivement ainsi qu'il appartiendra.

Faict à Chasteaudun le xxiiime jour de may l'an mil

cinq cens quarante cinq. Signé Francois, et pour secrétaire, de l'Aubespine.

De par le Roy

Nostre amé et féal, depuis la dépesche que nous vous avons faicte pour la levée du ban et arriere ban de vostre jurisdicion pour le faire rendre en nostre pays de Picardie dedans le xxvme du present moys, avons advisé pour leur donner plus de moyen d'eulx préparer et venir en meilleur équipage de nous faire service, prolonger ledit terme jusques au xxme jour de juillet prochain, auquel jour vous leur ferez scavoir que nous entendons qu'ilz se treuvent audit pays de Picardie, seullement et non plustost, sans ce pendant les assembler ny mectre sus synon ung peu devant ledit xxme et tant qu'il leur fauldra de temps pour venir jusques au lieu contenu en la commission qui pour ce vous a esté envoyée. Donné à Argenten le xiime jour de juing mil v^c quarante cinq. Signé Francois, et pour secrétaire de l'Aubespine. Et suscriptes, A nostre amé et féal le bailly de Sens ou son lieutenant.

Ladicte monstre faicte en la ville de Sens le XVe jour de juillet l'an mil V^c quarente-cinq.

Le seigneur de Fleurigny.
Messire Francois Le Clerc, chevallier, baron de la Forest le Roy et de Givry, seigneur de Fleurigny, Bailly et capitaine de Sens, est seigneur dudit Fleurigny.

Le revenu des fiefz dudit chevallier assiz en ce bailliage valent par an   IX^{clt}.

<small>Ledict seigneur a faict la monstre en personne et s'est chargé de la conduicte de la gendarmerye dud. ban et arriere ban, declarant vouloir faire service personnel tant p^r les fiefz qu'il tient en ce bailliage que aultres. A quoy a esté receu.</small>

Les seigneurs de Sergines qui sont :
Tristand de Hemery
Pierre Tasche a cause de damoiselle Magdaleine de Hemery, sa femme, et
Guillaume du Molin, tuteur des enfans de feu Loys de Hemery.

Tous les dessusditz seigneurs en partie dudit Sergines, chascun pour leurs portions qui valent en tout de revenu par an   II^{clt}.

<small>Taxez xlvii^{tt}.
Jaques de Nansot, escuyer, présent, a dit qu'il estoit seigneur pour la moictié dud. Sergines, et remonstré qu'il estoit d'ordonnance de la compagnie de</small>

monseigneur le duc de Guyse, et pource qu'il n'en a faict apparoir promptement, ne du partaige par lequel il dit lad. moictié luy estre advenue, luy a esté donné délay de huitaine pour informer. Et quant aux aultres seigneurs, pour ce qu'il est apparu led. Tristand de Hemery estre malade au lict, et led. Tasche incapable de porter armes, ont esté declarés exempts du service personnel, et présenté pour eulx Jaques Tasche, escuyer, filz dud. Pierre Tasche, en l'estat d'arquebuzier qui a esté receu et faict le serment.

Julien de Tornebeuf, seigneur du fief de Charmoy assiz ou finage de Sergines, qui vault de revenu par an   VI^{lt}.

Taxé xxx^s.

Bastien de Villiers, seigneur de Fontenilles assiz ou finage de Sergines, vault de revenu par an   CV^s.

Taxé xxv^s.
Atendu la modicité de lad. cotte et anticquité dud. de Villiers a esté exempt du service personnel et receu a contribution, et a led. de Villiers payé et mis es mains du seigneur de Vertilly esleu et commis a la recepte des deniers dud. ban et arriere ban lad. somme de vingt cinq solz.

P. de Vielchastel.

François Raguier, seigneur du fief de la Vallée de Sergines qui vault de revenu par an   XL^{lt}.

Taxé vi^{lt}.
Exempt du service personnel depuis sa maladie certiffiée par le seigneur de Thorigny et Laurent de Voulgey escuyer, et receu a contribucion. Et le 2me aoust est apparu par le registre du seigneur de Vertilly, receveur des deniers dud. ban et arriere ban, que led. Raguier avoit payé sa cotte.

Les héritiers feu Nicolas de Choiseul pour leur fief du Plessyz lez Sergines, vault de revenu   LXX^{lt}.

Taxez xiii^{lt} vii^s.
Contribueront
Et le 2me aoust est apparu p. le registre du seigneur de Vertilly receveur, lesd. heritiers avoir payé leur cotte.

Gaulcher de Foissy, escuyer, seigneur de Crenetz.

Taxé xl lt.

A faict apparoir par quatre cerfficateurs qu'il est homme d'armes de la compaignie du Sgr Conte d'Aumalle, par quoy exempt suyvant l'ordonnance.

Damoiselle Cecille de Piedefer, dame des Clerymois et de Foissy en partie.

Taxée xv lt.

Contribuera

Et le 2me Aoust est apparu p. le Regre dud. seigneur de Vertilly que lad. dame a payé sa cotte.

Les seigneurs de Malay-le-Roy qui vault de revenu par an IV°XXXIX lt.

Taxez iv xx lt.

Contribueront.

Le seigneur de Courtenay.
Son revenu vault MV°lt.
Et Champignelles II°lt.

Exempt par ce qu'il est eschanson du Roy et en a faict apparoir par les monstres precedentes.

Le seigneur de Valery.
Son revenu vault par an MIII°LXX lt.

Taxé ii°vi lt v s.

A faict remonstrer par maistre Adrien Lauvenau son advocat qu'il est de la maison de Madame Marguerite.

La vefve et heritiers de feu le seigneur de Villethierry.
Son revenu vault VIII°lt.

Taxé vi xx lt.

Ont faict remonstrer par Lauvenau que la déclaration a esté cy devant excessivement baillée par led. deffunct et requis dyminution de leur cotte. Surquoy a esté ordonné qu'ilz contribueront sans prejudice desd. deffaut et saisie.

Le seigneur de Sainct-Valerien.
Son revenu vault   V^{clt}.

Exempt par ce qu'il est Maistre d'Hostel du Roy.

Le seigneur de Sainct Just.
Son revenu vault par an   II^{m}IX^{c}XVIII^{lt}.

Taxé iv^{clt}.

Le seigneur de Piffons.
Son revenu vault   II$^{c\,lt}$.

Ledit fief appartient à maistre Anne de Terrieres, advocat en Parlement et demourant à Paris, qui a esté déclaré exempt.

Le seigneur de Foucherolles qui est Leger de Lures.
Son revenu vault par an   LX^{lt}.

Taxé ix^{lt}.
A faict apparoir par acte du bailliage de Provins qu'il est capitaine et chargé de la conduicte de la gendarmerye du ban et arriere ban dud. bailliage de Provins ouquel il faict service personnel, par quoy exempt quant à présent.

Damoiselle Gilleberte, vefve de feu Maistre Jehan du Prat, pour les héritages qu'elle tient à Villethierry et es environs, qui valent de revenu par an   C^{lt}.

Taxée xv^{lt}.
Elle est bourgeoise de Paris et y residant, par quoy exempte.

Dame Charlotte de Dinteville, dame de la mothe de Thilly, Villeneufve et Sainct Maurice aux riches hommes.
Le revenu vault par an   VI^{c}IV^{lt}.
Encores comme dame de Villeneufve au Chemin et

de la moictié des boys de Sainct Mars assiz au bailliage de Chaulmont qui valent de revenu par an   LX.

Taxée iv^{xx}x^{lt}.

A la présente monstre a este ordonné que lad. dame contribuera pour le regard des terres et fiefz qu'elle tient en ce bailliage qui consistent en la moictiée des seigneuries de lad. mothe, Villeneuve, Sainct Moris et Maulny aux riches hommes que aultres tenues en douaire. La totalité desquelles est certifiée quatre vingtz dix livres t. Et quant à l'aultre moictiée appartient a Jehan et Francois les Raguiers freres, ses enfans, qui sont aussi led. Jehan escuyer tranchant de Monseigneur le duc d'Orleans, et led. Francois panetier ordinaire de Monseigneur le Daulphin, qui ont esté desclarez exemps apres qu'ilz ont respectivement faict apparoir de leurs lectres de reserves esditz estatz. Et a lad. dame faict apparoir de quictence du payment par elle faict au seigneur de Vertilly de lad. somme de xlv lt.

Damoiselle Katherine de Cuyse dame de Mizy et Champbertrand qui valent de revenu par an   CLIII.

Taxée xxx^{lt}.
Contribuera.

André et Gaucher de Buffenans pour le fief de la Granche des Barres qui vault de revenu par an   XLVII.

Taxez viij^{lt} j^s.

Nicolas Boucher, escuyer, seigneur de Marcilly le Hayer vault de revenu   V^{clt}.

Excusé pour ce qu'il est d'ordonnance.

Damoiselle Avoye de Sailly, vefve de feu noble homme Loys Boucher, pour sa seignorie de Malay le Vicomte qui vault de revenu par an   C^{lt}.

Encores pour la moictié de Gisy qui vault de revenu   L^{lt}.

Et pour sa part de seigneurie de Carisey qui vault de revenu CL^{lt}.

Taxée xxii^{lt} x^{s}. Contribuera.

Loys de Melun, seigneur de la Louptière.
Son revenu vault III^{c}IV^{lt} XIV^{s}.
La vefve feu Quentin le Boutillier, dame usufruictière de ladite Louptière.

Taxée xxx^{lt}. Contribuera.

Jehan Bernard, escuyer, seigneur de Champigny sur Yonne, son revenu vault II^{clt}.

Exempt par ce qu'il est de la maison.......

Noble homme et sage maistre Savinian Hodoart, procureur du Roy ou bailliage de Sens pour sa terre et seignorie de Foissy et ce qu'il tient en fief de lad. seigneurie et ailleurs.

Pour ce que ledit Hodoart est procureur du Roy et assiste à la présente monstre et est formellement empesché aux affaires dudit Seigneur, par quoy a esté déclaré exempt a cause de sondit office.

René de Beaurain et Ysabeau de Beaurain, sa seur, seigneur et dame de Cournon lez Ferrieres en la parroisse d'Argy, vault de revenu par an III^{clt}.

Taxez xxx^{lt}.

René de la Granche, escuyer, seigneur du Parc, qui vault de revenu par an II^{c}XV^{lt}.

Taxé xxx^{lt}.
Servira en personne tant pour sondit fief du Parc assis en ce bailliage que pour son fief de la Vallée au Pleur assis en la paroisse de Charny, bailliage de

Montargis, qu'il a dit estre de revenu de quarante livres t. par an, et faict le serment.

Les heritiers feu Messire Phillibert de Beaujeu en son vivant seigneur de Marigny, Villebonneux, du fief des Noiseaux et la Thuillerie, de Maugny, de la Vigne, de Soines, Cercy, Chermeceaulx et du fief de Fontenay Baussery, qui valent de revenu par an VIII^{c}LIV^{lt} LVIII^s.

Lesd. fiefz appartiennent à Loys monseigneur de Nevers et a maistre Francois Desmyer, conseiller du Roy en sa court de Parlement a Paris, qui ont esté declarez exempz.

Jacques Raguyer, escuyer, seigneur de Poucey, et dame Charlotte de Longuejoue, sa femme, sont seigneurs de la tierce partie de Venisi qui vault de revenu par an IV^{clt}.

Taxé lx^{lt}.

Guillaume le Fort, escuyer, ou lieu dudit Raguyer, a esté exempt du service personnel pour ce qu'il a faict apparoir par Garen son procureur, qu'il est capitaine de chevaulx legers, et receu a contribuer pour les fiefz qu'il tient en ce bailliage ; faict le xve Juillet.

Maistre Jacques de Montery, advocat en parlement a Paris pour son fief qu'il tient à Gisy les nobles.

Son revenu vault   C^{lt}.

Ledit de Montery est advocat en parlement et resident en la ville de Paris, par quoy exempt.

Pierre de Vielchastel, seigneur de Vertilly qui vault de revenu par an   II^{c}I^{lt} XIX^s.

Taxé xxx^{lt}.

Contribuera, et lequel de Vertilly present, a esté esleu et commis a recepvoir les deniers dud. arriere ban.

Maistre Guillaume Raguier, abbé de Sainct Michel sur

Tonnerre, pour sa terre et seignorie de Souligny et le fief de Charmeceaulx.

Valent de reuenu par an   VI°XXX‡.

<small>Exempt pour ce qu'il est demourant en la ville de Paris et chanoine en l'esglise Nostre Dame dud. lieu.</small>

Eustace de Crevecueur et Christofle de Crevecueur seigneurs de Vienne et Prunay, qui valent de revenu par an   VI°ʰ.

<small>Taxé iv"x‡.
Contribueront, sauf à ordonner sur le service personnel duquel ilz ont requis estre exemptz et remonstré par Guiot qu'ilz sont au service du Roy.</small>

Alphin de Betune, seigneur de Baye, Fromentières et aultres terres et seignories assises en ce bailliage.

Qui valent de revenu par an   MV°ʰ.

<small>Taxé ii°xxv‡.
Exempt du service personnel pour son antiquité notoire et receu a contribution.</small>

Gilles de Foulz, seigneur du Pleissiz gastebled et de Songnes qui valent de revenu par an   III°ʰ.

Et pour ses fiefz et seignories de la moictié de la Chapelle Sainct Luc assiz ou bailliage de Troyes, valent de revenu   XL‡.

La moictié du fief de Montfort oud. bailliage de Troyes   LX‡.

La moictié de Lasson sur Yonne assis ou bailliage de Troyes, qui vault de revenu   LX‡.

<small>A esté exempt du service personnel pour son antiquité et présenté Jacques de Foulx, escuyer, son filz, et Pierre Fleury de Ligny, en estat d'arquebuziers, qui ont esté receuz et faict le serment.</small>

Michel de Castres pour ses seignories de Michery, Ternantes et Ancy-le-Serveux.

Valent de revenu par an　　　　　　　　　V^cIV^{lt}.

Taxé iv^{xx}x^{lt}.

A faict remonstrer par Baltazar qu'il est presentement en la ville de Paris et requis estre exempt du service personnel et receu a contribucion. Sur quoy a esté donné deffault et saisie sauf huitaine, et en faisant apparoir desd. pieces sera exempt du service personnel et receu a contribuer.

Edme de Courtenay, escuyer, seigneur de Villard, de Lhermitte et du fief qui fut à Germaine de Bourron et du fief de Frauville.

Qui valent de revenu par an　　　　　　V^cXXX^{lt}.

Exempt parce qu'il est l'un des gentilzhommes de la maison du Roy.

La vefve et héritiers feu Galas de Chaulmont, escuyer, seigneur de Rigny le Ferron.

Qui vault de revenu par an　　　　　　　VI^{clt}.

Taxé iv^{xx}x^{lt}.

Lad. vefve a esté receu a contribution pour la moictié; Loys de Roux, l'un desd. héritiers, a esté receu a contribution, pour ce qu'il est demourant ou bailliage de Provins ou il faict service. Arthus d'Assigny, aultre desd. héritiers, a faict apparoir qu'il est homme d'armes de la compagnie du Sgr de Beaumont-Brisay, par quoy exempt, et quant aux aultres héritiers contribueront.

Charles Volant, escuyer, seigneur de Dolot, qui vault de revenu par an　　　　　　V^cLXXI^{lt} V^s.

Taxé iv^{xx}x^{lt}.

Pour ce qu'il n'est homme de guerre, exempt du service personnel et contribuera.

Hector de Blondeaulx, escuyer, seigneur de Villefrance.

Qui vault de revenu par an　　II^cIV^{xx}XVIII^{lt} XVIII^s.

Exempt par ce qu'il est d'ordonnance.

Loys de Laulnoy, escuyer, seigneur de Molynons et d'aultres fiefs assiz en ce bailliage, qui valent de revenu par an   III^{e}IV^{xx}XVI^{lt}.

A faict apparoir qu'il est capitaine et lieutenant du Roy à la garde des ville et chasteau de St Dixier et des mortes payes desd. ville et chasteau, par quoy a esté déclaré exempt.

Les seigneurs de Thorigny qui ont de revenu par an de leurs fiefz assiz en ce bailliage   VI^{c}X^{lt}.

Taxé iv^{xx}x^{lt}.
Ont faict apparoir par Senson qu'ilz ont esté declarez exemps de service personnel pour leurs maladies et présenté Denis le Masle de Compigny, harquebuzier, Pierre Petit de Thorigny, et Olivier Guilmin de Voisines, picquiers en equipaige, qui ont esté receuz et faict le serment.

Noble et scientificque personne Maistre Philippes de Courtenay, abbé commandataire de Loroy, seigneur du Parvyer et Coullemyer qui valent de revenu par an   III^{e}IV^{xx}XI^{lt}.

Taxez lx^{lt}.
A présenté Laurant du Val dem. a Haulterive, hallebardier, et Colas Charpentier de Sergines, picquier, qui ont esté receuz et faict le serment.

Noble seigneur Jehan du Chesnoy, seigneur de Longueron, qui vault de revenu par an   III^{e}XVIII^{lt}.

Fera service de deux hommes de pied.
Exempt pour ce qu'il est d'ordonnance de la compaignie du Sgr d'Argenson.

Hector de Sainct Blaise, escuyer, seigneur de Poisy, qui vault de revenu par an   II^{c}XIII^{lt} V^s VI^d.

Taxé xxx^{lt}.

Maistres Pierre et Thierry les Grassins, seigneurs du fief de Tremont.

Qui vault de revenu par an   II^{c}XIV^{lt} LVIII^s VI^d.

Ledit maistre Pierre Grassin est conseiller du Roy et led. maistre Thierry advocat en Parlement et demourans en la ville de Paris, par quoy exemps.

Girard de la Magdaleine, escuyer, seigneur de Songy et la Chapelle sur Cole.

Qui valent de revenu par an   II^{c}XL^{lt}.

Taxé xxxvi^{lt}.

Messire Nicolas d'Anjou, chevallier, seigneur de Villeneufve la Genays, qui vault de revenu par an II^{c}XXV^{lt}.

Exempt pource qu'il est de la maison du Roy.

Damoiselle Magdaleine de Savoisy, vefve de feu François de la Riviere, dame de Cheny, qui vault de revenu par an   V^{c}XVII^{lt}.

Taxée iv^{xx}x^{lt}.

Ladicte damoiselle a faict remonstrer par maistre Jatques Guiot, son procureur, que combien qu'elle soit devenue proprietairesse dud. fief de Cheny neantmoins appartient l'usufruict dud. fief a Messire Henri de Malain, chevallier, S^{gr} de Lux, qui est tenu du service et payement de la cotte. Ledit S^{gr} de Lux a semblablement faict remonstrer que led. usufruict luy appartient et faict service personnel au bailliage de Dijon, ouquel il est résident, tant pour les fiefz qu'il tient en icelluy que pour led. Cheny et aultres, ainsi qu'il apparoit par acte du bailly de Dijon, qu'il a exhibé et requis soit déclaré exempt de faire service et contribution en ce bailliage; Surquoy veu led. acte a esté déclaré exempt quant a present.

Messire Henry de Malain, seigneur en partie de Seignelay; vault de revenu par an   II^{c}XVII^{lt} V^s.

Taxé xxx^{lt}.

Ledit de Malain a faict remonstrer qu'il a baillé ses deniers comme propriétaire de ce qui luy appartient aud. Saillenay. Madame Loyse de la Garenne est usufruictiere pour la totalité; et que lad. dame faict service pour tout le revenu dudit Saillenay, ce qu'elle a confessé, par quoy a requis led. de Malain estre rayé pource qu'il ne joist de riens.

La dame de Seignelay,

Taxée lx^{lt}.

A présenté Nicolas Boncoellier, arquebouzier, et Jehan Beau, picquier, demourans a Seignelay, qui ont esté receuz et faict le serment.

Nicolas Pouart, seigneur en partie de Venisy, qui vault de revenu par an VI^{xx}X^{lt}.

Et pour sa part et portion des fiefz de Sainct Benoist et Cormononcle qu'il a affermé valoir par chascun an seize livres, assiz ou bailliage de Troyes XVI^{lt}.

Taxé xvi^{lt}.
Contribuera.

Artus de Balayne, seigneur d'Ormoy, qui vault de revenu par an VIII^{xx}XI^{lt} XIV^{s}.

Taxé xxx^{lt}.

Exempt du service personnel pour sa malladie et indisposicion certiffiée, et a présenté Pierre Huot d'Ormoy en l'estat d'arquebuzier, qui a esté receu et faict le serment.

Le seigneur de Vaugencien et Sainct Quantin sur Colle qui est maistre Germain le Merle, notaire et secrétaire du Roy, ayant de revenu par an C^{lt}.

Led. de Merle est notaire et secretaire du Roy et par quoy déclaré exempt.

Charles de Coste et damoiselle Jacquette Bayard, seigneurs pour deux tiers de Couppées.

Qui vault de revenu par an XXIX^{lt} XVII^{s}.

Taxé iv^{lt} viii^{s}.

Deffault et saisie qui seront rabbatuz en apportant certifficacion qui se font service ou bailliage de Chaalons ainsi qu'ilz ont maintenu.

Messire Georges d'Amboyse, arcevesque de Rouen, pour sa seigneurie de Cernon, qui vault de revenu par an   IV^{xx}X^{lt}.

Taxé xiii^{lt} ii^s vi^d.

Led. d'Amboyse a faict remonstrer par Humbelot son procureur que a cause de son archevesché de Rouan il estoit conseiller né ou parlement dud. Rouan, et les conseillers dud. parlement estoient exemptz de faire service ou contribucion oud. ban et arriere ban, ainsi qu'il disoit apparoir par deux extraictz de lectres particulieres en forme d'exemption et esdict du Roy enregistrez ès registres dud. parlement qu'il a exhibez, et requis estre declaré exempt. Surquoy oy procureur du Roy et le conseil, a esté ordonné que led. d'Amboyse contribuera. Faict le xvime Juillet. Et le xxiie dud. moys led. Humbelot a faict apparoir de quittance de payement faict de lad. cotte au Sgr de Vertilly.

Damoiselle Marguerite de Biscuyct, dame de Lestrées. Vault de revenu   XX^{lt}.

Taxé lviii^s.

Absalon Poulet pour ses terres tenues de fief ou lieu de feu Nicolas Poulet, son père, assises en la seignorie de Claesles.

Qui valent de revenu par an   XLV^{lt} V^s.

Taxé ix^{lt} x^s.
Contribuera.

Jacques et Bernard de Bryons, Jacques Menisson et sa femme, seigneurs du fief de Prey et Alligny.

Qui valent de revenu par an   X^{lt}.

Taxez xxxi^s viii^d.
Contribueront.

Pierre Drouot, seigneur du fief de Chignez les Chaaslons et Claesles en partie.
Qui valent de revenu   LXX^{lt}.

Taxé xii^{lt} ii^s.

Led. Drouot a faict remonstrer qu'il a vendu led. fief de Chignez, et quant a son fief de Claesles a offert contribuer. Et a dict que ledict lieu de Chignez est par la ville de Chaalons, uny par edict du Roy au bailliage dud. Chaalons, siege royal de nouvel érigé.

Et quant audict fief de Claesles vallant de revenu par an vii^{lt} x^s ainsi qu'il a faict apparoir par sa declaration signée dud. Drouot, en papier, délaissée au greffe, pour laquelle somme il a esté payé vingt et ung solz tournois.

Taxé pour ledict fief de Claesles xxi^s.

Jacques Thevenin demourant à Troyes, pour le fief de Sauvement qui vault de revenu   LX^s.

Taxé ix^s vi^d.

Christofle Engenost, marchant de Troyes, pour le fief de Boucy assiz ou finage de Ruvigny, qui vault de revenu   VII^{lt} X^s.

Taxé xxiii^s ix^d.

Jehan Jossey de Troies, pour les heritages qui tient a Ayz en Othe, vault de revenu   CIII^s.

Taxé xvi^s.

Maistre Jehan de Brion, archidiacre, de Margerie et consorts, pour les heritages qu'ilz tiennent au lieu de Matogues, valent de revenu   VIII^{lt}.

Taxé xxv^s iv^d.

Anthoine de Champagne, escuyer, pour les heritages qu'il tient en fief au lieu de Poisy, qui valent par an XL^s.

Taxé vi ˢ.

Maistre Nicole Arbaleste pour ce qu'il tient à Claesles.
Vault de revenu par an   XIV˟ IIIˢ.

Taxé xlvˢ iᵈ.
A faict apparoir qu'il est demourant à Paris, pour quoy exempt.

Emond Malet de Troies pour le molin de Lanche assiz en la paroisse de Bazosches en Gastinois.
Vault de revenu   XIV˟ XVˢ.

Taxé xlviˢ viiiᵈ.

Claude de Feullemin, seigneur de Bourses.
Vault de revenu par an   IV˟˟X˟.

A faict apparoir deument par justifications qu'il est homme d'armes de la compagnye de Monseigneur le duc d'Orleans, Par quoy exempt quant à présent.

Damoiselle Loupuette de Chantier, dame du fief de Chevillon et Prunay, vault de revenu   XVI˟.

Taxée xlivˢ.
Ledit fief de Chevillon et Prunay appartiennent de present à Jacques de Courtenay filz de lad. damoiselle et est demourant au bailliage de Troyes, partant doibt estre exempt de service personnel.

Léon Le Fort pour le fief d'Amville assiz en la parroisse de la Celle sur le Biez, vault   XVIˢ VIIIᵈ.

Taxé viˢ.

Jehan Coste, marchant demourant à Sainct-Caise, seigneur du fief de la mothe de Naples, vault de revenu   XL˟.

Taxé viˡˡ.

Contribuera selon son estat pource qu'il est marchant et inhabille.

Estienne Carrey, pour ce qu'il tient, tant en son nom que comme tuteur de Jacques Carrey, du fief des Forges assiz en la Celle d'Ormoy, vault de revenu XXIV$^\text{lt}$ II$^\text{s}$ II$^\text{d}$.

Taxé lxvi$^\text{s}$ vi$^\text{d}$. Contribuera.

Maistre Jehan Bardin, advocat a Montargis pour les fiefz de la Brosse et Forge assiz en la Celle en Ormoy, vault de revenu " XIX$^\text{lt}$ XII$^\text{s}$.

Taxé lv$^\text{s}$ vi$^\text{d}$. Contribuera.

Claude Bischard pour le fief du Colombier Martroy en la paroisse de Nargy,

Et Claude de Billard, seigneur de Poictoryn, lesquelles seignories damoiselle Marie de Chaillou, vefve de feu Pierre Boucher tenoit par cy devant.

Qui valent de revenu par an C$^\text{lt}$.

Taxé xv$^\text{lt}$.

Nicolas de Sainct Phalle, heritier de Alexandre de La Lande ou de damoiselle Katherine de Sainct Phalle, sa femme, seur dudit Nicolas de Sainct-Phalle, pour ses fiefz de Vauparfonde, Launoy, Milleroy et aultres fiefz.

Qui valent de revenu par an IV$^\text{xx}$IV$^\text{lt}$.

A faict apparoir qu'il est des ordonnances, par quoy exempt.

Damoiselle Adrienne de Bievre, vefve de feu Jehan de Vielchastel, dame de Motalant et de la Maison Fort, valent de revenu par an XVIII$^\text{lt}$ V$^\text{s}$.

Taxée lxviii^s.

Richard de Sainct Phalle pour le fief de Cudot et Sainct Martin d'Ordon.

Qui vault de revenu par an   IV^{xx}XVIII^{lt}.

Taxé xv^{tt}.

Deffault et saisie a faulte de faire service personnel et a le procureur dud. de Sainct Phalle offert contribuer ; et le lendemain led. procureur a faict apparoir par devant nous Claude de Can et Charles de Themes, escuyers, qui ont certiffié par serment led. de Sainct Phalle estre retenu de malladie telle qu'il ne pouvoit faire service personnel, par quoy exempt du service personnel et receu a contribution.

Damoiselle Magdaleine Pothin, vefve de feu Jehan du Deffend pour la seignorie de Sainct-Loup d'Ordon.

Qui vault de revenu   XXIII^{lt} XIII^s.

Taxé lxxvii^s. Contribuera.

Pierre Trotart pour le fief Diche assiz en la parroisse de Sainct Loup d'Ordon.

Qui vault de revenu   XXV^{lt}.

Taxé iv^{lt} xi^s.

Ledict Trotart est plus que sexagenaire ainsi qu'il a este rapporté par serment par Claude de Can et Regné de la Granche, escuyers, présens ; par quoy escluz de faire service personnel, et contribuera.

Anthoine Trotart, pour sa part des fiefz des Ormes, de la mothe d'Ordon et La Chiquarderie.

Qui valent de revenu   XI^{lt} XVI^s.

Taxé xl^s iv^d. Contribuera.

Damoiselle Ysabeau de Thumery, dame du fief des Phillipieres, qui vault de revenu   XXXI^{lt} X^s.

Taxée cxiv^s vii^d.

Olivier Trotart, seigneur en partie de la mothe d'Ordon.

Qui vault de revenu par an XIV^{lt} XIV^s.

Taxé liv^s.
Contribuera et excusé du service personnel pour son antiquité et incapacité certiffiée par les assistans.

Jehan Trotart, pour sa portion du fief de ladite mothe.

Vault de revenu XXV^{lt}.

Taxé iv^{lt} xi^s.
Excusé de service personnel pour son impotence certiffiée par les gentilzhommes assistans et contribuera.

Damoiselle Estiennette du Thillet pour le fief de la Chicarderie assiz a Sainct Loup d'Ordon.

Vault de revenu C^s.

Taxé xv^s iii^d. Contribuera.

Estienne de Bievre, Jehan de Bievre et damoiselle Ysabeau, dame vefve de feu Jehan de Bievre, seigneurs de Couldroy. Vault de revenu LVI^{lt}.

Taxé x^{lt} v^s.

Maistre Jacques Spifame, tuteur de maistre Gaillard Spifame, seigneur du fief de Beauregard assiz en la seignorie de Malay le Roy, qui vault de revenu par an XXII^{lt} VI^s.

Taxé lxviii^s.
Led. fief de Beauregard a esté vendu par led. Spifame et deffault et saisie comme le detenteur.

Encorres ledit Maistre Jacques Spifame, abbé de Sainct Paul, pour les heritages et censives de fief qu'il tient aux faulxbourg de Sens; Vault de revenu xviii^{lt} iii^s.

Exempt pour ce qu'il tient pource qu'il est conseiller en la court de Parlement et resident en la ville de Paris.

Jehan de Mas, seigneur du fief des Pelletiers.
Vault de revenu par chascun an   XLII^{lt}.

Taxé cv^s. Contribuera.

Maistre Christofle Guillaume, prevost de Sens, seigneur du fief de Fougneu; Vault de revenu   XVIII^{lt}.

Taxé xl^s. Contribuera.

Pierre de l'Abbaye, escuyer, et damoiselle Paule Hodoart, sa mere, pour les terres et seignories de Chaulmot, Chanteloup et la Perreuse.
Valent de revenu par chascun an LXXVIII^{lt} XVIII^s IV^d.

Taxez ix^{lt} xv^s. Contribuera.

Maistre Estienne Roussat pour son fief assiz a Champigny, qui vault   XII^{lt} X^s VII^d.

Taxé xxx^s. Contribuera.

Maistre Jehan Rocquant, advocat en Parlement, pour le fief de Villartz la Gravelle, Cornant, et la quarte partie d'Esgriselles; Valent de revenu par an   LVIII^{lt}.

Taxé vi^{lt} v^s.
Il est advocat en Parlement et resident a Paris, par quoy exempt.

Claude des Essarts, seigneur de Boulay qui vault de revenu par an   XLII^{lt} XVIII^s.

Taxé c^s.

A faict remonstrer par maistre Christofle le Mayre, son procureur, qu'il est lieutenant du seigneur de Longueval au gouvernement de Champaigne.

Maistre Thomas Housset, Pierre de Villeforget pour le fief de la Borde qui pye lez Ferrieres; vault de revenu XIX^{lt}.

Taxé xlviii^s.

Alexandre de Rondet et Pierre de Millault ou lieu André de Mothelon, seigneur de Montatillon en Gastinois.

Vault de revenu LXXIV^{lt} X^s.

Taxé ix^{lt}.
Led. Alexandre de Rondet a faict apparoir qu'il est de la garde du corps du Roy, par quoy exempté, et quant aud. Millault deffault et saisie.

Joachin de la Chastres, seigneur de Thoury lez Chasteaulandon.

Vault de revenu par an C^{lt}.

Taxé xviii^{lt}.
Exempt parce qu'il est capitaine des gardes du Roy.

Jehan du Bois, escuyer, seigneur des Bordes, de Thurelle en la parroisse Dordives et du fief de Laillier en la parroisse de Nargy, qui vault de revenu par an XII^{lt} X^s.

Taxé xxx^s.

Jacques de la Gravelle, escuyer, seigneur du fief de Montarmé.

Qui vault de revenu par an CXVII^{lt}.

Taxé xiii^{lt}.
Ledict de la Gravelle a faict apparoir par acte de la monstre derniere qu'il

avoit esté déclaré exempt comme estant des ordonnances ; par quoy a esté déclaré exempt à la présente monstre.

Le Cardinal de Chastillon pour le fief de Vautremy en la paroisse de Molynons, qui vault de revenu par an XXVI^{lt}.

Taxé iv^{lt} xviii^s.

Nicolas Aucourt, seigneur du fief de Mallevannes assiz en la Chapelle feu Payen qui vault de revenu
XXIX^{lt} XIII^r.

Taxé c^s.

Damoiselle Claude Le Duc, vefve de feu Nicolas Blocet pour les trois parts de la Vicomté de Sens, valent de revenu VI^{xx}X^{lt}.

Taxée xiii^{lt} v^s.
Lad. damoiselle est décédée, et deffault et saisie contre les détenteurs.

Damoiselle Marthe Le Roy, dame de Flacy, pour le fief de Jehan de Juilly assiz a Vulaines, vault de revenu IV^{xx}X^{lt}.

Taxée xli^{lt} xiv^s.

Les seigneurs et dame du fief de la mothe lez Villeneufve l'Arcevesque, hors la portion du Sgr de Molynons.
Vault de revenu par an XX^{lt}.

Taxé lv^s.
Et en ce n'est comprise la portion appartenant au Sgr de Mollinons qui a esté déclaré exempt.

Michel de Castres ou lieu de Francois de Senesmes, et noble homme et sage maistre Potencian Hodoart, conseiller du Roy ou bailliage de Sens, seigneurs de Gallandes et Michery, qui valent de revenu par an
CIV^{xx}X^{lt} XI^s.

Taxez xx^{lt}.
Bymont pour la dame duchesse de Nemoux dict que la moictié desd. fiefz, qui est ce que a acquis led. maistre Pothencien Hodoart, est saisie a sa requeste et les terres en ses mains par faulte de droitz et debvoirs non faictz, et doibt estre declarée exempte comme princesse. Ledit Hodoart a aussi dict que a cause de son office de conseiller il doibt estre declaré exempt.

Gilles de Herault, seigneur du fief de la Mothe en la seignorie de Clesles vault de revenu par chascun an
LXVII^{lt}.

Taxé vii^{lt} xv^s.

Maistre Robert de Coussy, abbé de Fleuigny, seigneur de Dicy et Braslon en la paroisse de Villefranche en partie.
Vault de revenu par chascun an   IV^{xx}XVII^{lt} X^s.

Taxé x^{lt}.

Damoiselle Jehanne de Rynaude et Regné Dargy pour ce qu'ilz tiennent en fief à Gevillier parroisse de Gevrennes.
Vault de revenu par an   XX^{lt}.

Taxé x^s.
Sur la requeste présentée par lesd. dam^{elle} et d'Argy tendante a fin de diminution de leur cotte, disant pour coy le revenu de leur fief ne peult valloir quinze livres tournois, veues les enquestes sur ce faictes par le Lieutenant particulier, admodiacion de leurdit fief, et oy sur ce le procureur du Roy et le conseil, pour ce qu'il est apparu leurdit fief ne pouvoir valloir xx^{lt} par an, leur cotte a esté modérée a raison de iii^s x^d.

La vefve Maistre Jehan Villo pour le fief Huet Marteau assiz en la paroisse d'Aville.
Vault de revenu par chascun an   XXXI^{lt}.

Taxée lxxii^s vi^d. Contribuera.

Bertrand de Nuyz pour le fief de Crozilles ;
Vault de revenu par chascun an   L^{lt}.

Taxé cxii^s vi^d.
Jehan de Nuiz escuyer, cousin dud. Bertrand a dit que led. Bertrand de Nuiz est au service du Roy et offert faire service tant pour led. Bertrand que pour damoiselle Marguerite de Nuiz, dame de La Choelerye sa cousine, pour led. fief de la Choelerye, elle est cotisée a vi^{lt} vii^s vi^d. A quoy a este receu et faict le serment et service en estat d'arquebuzier.

David Livet et Hemery Le Doulx, seigneurs du fief du Pin, vault de revenu par chascun an   C^{lt}.

Taxé xi^{lt} xv^s vi^d.

Maistre Jehan Chapelle, advocat a Joigny, seigneur de Merdelin et des fiefz du Hey, du Buisson Nozeau, Regnault de Chaumerot, Montarlo et aultres fiefz assiz en la parroisse de Chaulmot.
Qui valent de revenu par an   C^{lt}.

Taxé xxx^{lt}. Contribuera.

Maistre Jehan Minager, esleu a Sens, seigneur du fief de Cerilly et Estigny, qui valent de revenu   VII^{xxlt}.

Taxé xxiii^{lt}. Contribuera.

La vefve et heritiers feu Jehan de Voves et Katherine de Voves, pour ce qu'ilz tiennent en la seignorie de Cheny.

Qui vault de revenu par an XLV^s.

Taxez vii^s. Contribueront.

Maistre Anthoine Morin, seigneur de Rosoy lez Sens.
Vault de revenu par chascun an LV^{lt}.

Exempt pource qu'il est advocat en Parlement et resident en la ville de Paris.

Jacques Asselin pour le fief de Rucouvert assiz en la Barronnye de Nailly.
Vault de revenu par chascun an LXXI^{lt}.

Taxé xi^{lt} xvi^s.

Maistre Claude Ferrand, Recepveur pour le Roy a Sens, seigneur du fief de Broillartz ; Vault de revenu par an XL^{lt}.

Taxé vi^{lt} xi^s iii^d. Contribuera.

Tristand de Bien, escuyer, pour son fief des Espenartz.
Vault de revenu par an XXX^{lt}.

Taxé cii^s vi^d. Contribuera.

Le seigneur de Motheux qui est Jacques du Jarre ;
Vault de revenu par an XIX^{lt} X^s.

Taxé lxxii^s.
S'est présenté en personne et faict le serment.

La vefve et heritiers feu Maistre Pierre Bouchard pour ce qu'ilz tiennent de fief a Domatz.
Qui vault de revenu XL^{lt}.

Taxez vi^{lt} xi^s iii^d. Contribueront.

Messire Edme de Courtenay, seigneur de la mothe Messire Roux en la paroisse de Villeneufve la Genetz.
Qui vault de revenu par an   LIII^{lt}.

Taxé xiii^{lt} vii^s.
Deffault et saisie. Et les xixe et xxe aoust aud. an sur la requeste présentée par ledit de Courtenay, il a esté déclaré exempt de faire service pource qu'il est gentilhomme de la maison du Roy.

La vefve feu Pierre du Pleissiz pour le fief d'Asnieres assiz en la paroisse de Champignelles, vault de revenu par an   LI^{lt}.

Taxée xii^{lt} xv^s. Contribuera.

Edme de Bailly, seigneur du fief de la Gibardiere et de Fontaines lez Champignelles, qui vault de revenu par an   XLVI^{lt}.

Taxé viii^{lt} xii^s vi^d.
Exempt pour ce qu'il est de la garde du corps du Roy, ainsi qu'il est apparu par les registres des monstres precedentes et que l'ont rapporté plusieurs gentilzhommes assistans.

Maistre Barthelemy Prevost, advocat du Roy ou bailliage de Montargis, pour ce qu'il tient de fief des Forges assiz en la Celle en Ormoy.
Qui vault de revenu par an   LXXIII^s IV^d.

Taxé xviii^s.
Ledit Prevost a faict remonstrer qu'il est advocat du Roy ou bailliage de Montargis et que a cause de sond. estat il assiste aux monstres du ban et arriere ban du bailliage de Montargis et est formellement empesché, par quoy il doibt estre déclaré exempt. Surquoy oy le procureur du Roy et le conseil a esté déclare exempt a cause de sondit office.

Jehan Fournoillet pour les terres qu'il tient à Grand Champ.
Qui valent de revenu par chascun an   LXXI^{lt}.

Taxé xiii^{lt} iii^s vi^d,
Exempt quant a present pource qu'il a faict apparoir qu'il est homme d'armes de la compaignie du seigneur marquis de Rothelin.

Nicolas de Sainct Phalles, pour sa seignorie de Sainct Phalles, et les Hericotterye à luy à présent apartenant en totalité par partage faict avec Guillaume, son frere.
Qui valent de revenu par an   VI^{xxlt}.

Taxé ix^{lt} x^s,
Exempt pour ce qu'il est des ordonnances ainsi qu'il est apparu par les registres de la monstre derniere et aultres precedentes.

Jehan du Petitz, escuyer, pour le fief de Vauparfonde assiz a Courtenay, et Préaux.
Vault de revenu par chascun an   VIII^{xx}XIII^{lt}.

Taxé xv^{lt}.
Pource que les assistans ont certiffié comme est notoire qu'il est agé de plus de iv^{xx} ans a esté exempt du service personnel et receu a contribution.

Gaulcher, Anthoine, Pierre et Edme de Charmoisons, pour le fief de la Borde Huré.
Qui vault de revenu par an   LVIII^{lt}.

Taxez ix^{lt} iv^s.
Damoiselle Anthoinette de Courtenay, dame de Villeneuve la Cornue, a déclaré par Francois Maulcorps, son procureur et recepveur, qu'elle est dame usufruictiere dud. fief; Par quoy receue a contribution et a faict apparoir de quictance de payement par elle faict de lad. somme ix^{lt} iv^s au Sgr de Vertilly.

Guillaume David, pour le fief de Revillon, qui vault de revenu par an   XIX^{lt} IX^{r}.

Taxé lxii^s.

Apres qu'il a esté certiffié par les assistans qu'il est sexagenaire et impotent a esté receu a contribuer.

Damoiselle Marguerite de Nuyz, dame de la Choiseliere, qui vault   XL^{lt}.

Taxée vi^{lt} vii^s vi^d.

Jehan de Nuiz, escuyer, s'est presenté pour ladite damoiselle et pour Bertrand de Nuiz, Sr de Crosille, a quoy a esté receu et faict le serment.

Pierre le Gaulthier pour le fief des Pyatz et Courtery assiz en la Seignorie de Courtenay, qui vault de revenu   XVII^{lt}.

Taxé liv^s vi^d. Contribuera.

Pierre de Dicy, pour le fief de la Barrilliere assiz en la paroisse Sainct Pierre de Courtenay, qui vault de revenu   C^s.

Taxé xvi^s.

Guillaume Bardin de Montargis, pour le fief de la Brosse, vault de revenu par an   LX^s.

Taxé ix^s vi^d.

Nicolas Coryllon, pour une pièce de terre assise a Chantcoq, qui vault de revenu   LX^s.

Taxé ix^s vi^d.

Damoiselle Marie de Couchon, vefve de feu Pierre de Condes, dame de Mathogues sur Marne, qui vault de revenu par an   XXXVI^{lt} V^s.

Taxé vi^{lt} i^s.

Pierre Languault et Pierre Husson, escuyer, seigneurs de Beuvery, qui vault de revenu par an LVII^{lt}.

Taxez ix^{lt} x^s vi^d.

Jehan de Condes pour les terres qu'il tient de fief a Mathogues qui valent de revenu CVIII^{lt} XV^s.

Taxé xix^{lt} v^d.

Jehanne de Mertruz, vefve de feu Jacques de Berville, douairiere de Mathogues, et Jehan Daoust, escuyer, seigneur dudit Mathogues a cause de sa femme fille de ladite Jehanne.

Vault de revenu par an VII^{xx}I^{lt} XVIII^s.

Taxez xxiii^{lt} xiii^s vi^d.

Francois de la Riviere, seigneur d'Estrelles pres Merry sur Saine, qui vault de revenu par an CIV^{xx}IX^{lt} XI^s.

Taxé xxx^{lt}.
Exempt du service personnel pour son antiquité de laquelle est apparu par acte du bailliage de Troyes, et contribuera.

Messire Anthoine du Prat, chevallier, seigneur en partie de Cudot, qui vault de revenu par an

CIV^{xx}X^{lt} XIV^s.

Exempt pour ce qu'il est gentilhomme de la maison du Roy et prevost de Paris.

Adam Desprez, ayant la garde noble de damoiselle Marie Desprez et aultres, seigneurs du fief de Bracy, qui vault de revenu par an XLIV^{lt} XVII^s VI^d.

Taxé vi^{lt} xvi^d. Contribueront.

Pierre Couste, lieutenant ou bailliage de Courtenay, pour plusieurs terres qu'il tient en fief en la seignorie de Courtenay, qui vault de revenu par an XLVIII^{lt} XVII^s.

Taxé vii^{lt} xvi^s. Contribuera.

Roland le Hongre pour les fiefz de la Lombardiere, des Bichotz et de Gorneau, qui valent de revenu par an XXXIII^{lt} X^s.

Taxé cvi^s. Contribuera.

Jehanne Chappon, vefve de feu Maistre Pierre le Hongre, pour le fief de la Rousselerie.
Qui vault de revenu par an VI^{xx}X^{lt}.

Taxé xx^{lt} xvi^s. Contribuera.

Roland le Hongre pour le fief de Grand Molin qui vault de revenu par an XXIX^{lt} X^s.

Taxé iv^{lt} xv^s. Contribuera.

Maistre Jacques le Hongre, au lieu de maistre Loys le Hongre, pour le fief de la Grosserie ;
Qui vault de revenu par an L^{lt}.

Taxé c^s. Contribuera.

Guillaume de Fougeres pour le fief de Brassoyer qui vault de revenu par an LV^s.

Taxé xi^s. Contribuera.

André Le Burat, Katherine Le Burat et Marie de Neel, freres et seurs, detenteurs de la moictié de la seignorie de Marsangy, qui vault de revenu par an XL^{lt} X^s.

Taxé viij ls. Contribueront.

Maistre Pierre Lechat pour le fief du Premierfaict assiz à Brynon, qui vault de revenu par an LXVIlt XVs.
Taxé xivlt iijs.

Maistre Olivier Symonnet pour les heritages qu'il tient en fief de la seignorie de Marsangy, qui vault de revenu suyvant la declaracion dudit Symonnet par chascun an XXVlt.
Taxé cvjs ivd.

Les heritiers feu Maistre Jehan Artault pour le fief d'Estigny qui vault de revenu par an VIlt.
Taxé xxvs vjd.

Les heritiers feu Maistre André Fortier pour le fief de Moynat qui vault de revenu par an IVlt XIIIs IXd.
Taxez xviijs ixd.

Adrien de Torcy, seigneur en partie de Gumery, Pleissey du Mez et Poisy, qui valent de revenu par an Clt.
Taxé xiijlt xvijs.

Bonadventure de Foulx pour la terre de Poisy, Gumery et Pleissey du Mez, comme ayant la garde de Claude de Foulx, son filz, qui vault de revenu par an LXXVlt.
Taxé xlt vijs vjd.

Pierre de la Riviere, seigneur de Lailly, pour ladite terre qui vault de revenu par chascun an
CXLIX^{lt} X^s IX^d.

Taxé xx^{lt} x^s.

Les héritiers feu Maistre Guillaume Boucher, en son vivant lieutenant general ou bailliage de Sens, pour leurs portions des fiefz de Vertron et Montacher qui valent de revenu par an   CXIX^{lt}.

Taxez xxi^{lt}.

Maistre Jehan Minager le Jeune pour ce qu'il tient, a cause de sa femme a Vertron, et La Brosse, qui vault de revenu par an   XII^{lt}.

Taxé xlv^s. Contribuera suyvant son office.

Maistre Guillaume Ravault, pour ce qu'il tient a Montacher, qui vault de revenu par an   XX^{lt}.

Taxé lxxii^s. Contribuera.

Pierre Bontonere le Jeune et ses freres, Estienne Le Gras à cause de sa femme, Emond Raoul a cause de sa femme, et maistre Joachin du Bourg, pour le fief de la Jacquemyniere qui vault de revenu par an   LXIV^{lt}.

Taxez xi^{lt}. Contribueront.

Colombe Laurent, vefve de feu Loys Bausire, pour le fief de Vermont qui vault de revenu par an   L V^{lt}.

Taxée x^{lt}. Contribuera.

Loys Ravault, escuyer, seigneur d'Avon, qui vault de

revenu par an XXXV^{lt}.

<small>Taxé vi^{lt}. Contribuera.</small>

Maistre Gregoire de Brunes, seigneur de Dymon, tant pour la seignorie de Dymon que pour la moictié du fief des haultes censives et terrages de Dymon, des Bordes et Villechetive, qui vault de revenu par an LX^{lt}.

<small>Taxé vii^{lt} xviii^s. Contribuera.</small>

Maistre Jehan Bernage, la vefve et héritiers feu maistre Jehan Tolleron et les enfans feu Mathurin Pichelin, pour la moictié du fief des haultes censives, terrages de Dymon, les Bordes et Villechetive, qui valent de revenu par an LX^{lt}.

<small>Taxez vii^{lt} xviii^s.
Contribueront, et a dit de Brunes que la portion de Maistre Jehan Bernage appartient de present a Me Loys Bernage, advocat en parlement, qui doibt estre déclaré exempt. Surquoy dit est que en faisant apparoir que lad. portion appartienne aud. Maistre Loys Bernage, icelluy maistre Loys qui est résident a Paris sera déclaré exempt pour la portion qu'il monstrera luy appartenir.</small>

Jehan Pichelin pour la huictiesme partie de Villemanaulche.

<small>Exempt pour ce qu'il est advocat en Parlement et resident en la ville de Paris.</small>

Jacques de la Puissonniere et ses freres, pour le fief de Chasteaufoullet dict Chasteaubruslé, qui vault de revenu par an XIII^{lt} XVI^s.

<small>Taxée xxvii^s.
Led. de la Puissonniere a faict apparoir qu'il est de Champaigne, par quoy exempt du service personnel et contribuera.</small>

Claude Bernard, escuyer, seigneur de Plenaulche et en partie de Villemanaulche qui vallent de revenu par an VIII^{xx}X^{lt}.

Exempt parce qu'il est de la maison du Roy.

Jehan Chasserat pour ce qu'il tient en la seignorie des Barres qui vault de revenu par an L^{lt}.

Taxé vii^{lt} iiii^s iv^d.

René de Sorbiers, seigneur pour la moictié de Villemanaulche qui vault de revenu par an IV^{xx}X^{lt}.

A faict remonstrer qu'il est capitaine de Bouchain en Picardie, puis de Fouchere, ainsi qu'il en avoit faict apparoir par les monstres precedantes esquelles il avoit esté declaré exempt. Led. de Sorbiers a esté declaré exempt quant a present.

Charles Halegrin, escuyer, seigneur d'Esgriselles et des Grandes et Petites Bernagones, qui valent de revenu par an IV^{xx}XVI^{lt} XII^s VI^d.

Taxé xl^{lt}.

Bouquot pour led. Allegrin dit qu'il est burgeois et resident ordinairement en la ville de Paris et faict apparoir de notiffication du Prevost des marchans et eschevins de la ville de Paris, laquelle veue, a esté déclaré exempt. Et a Minager remonstré pour la vefve du feu Seigneur de Dyant et le Seigneur de Cornille a présent son mary, que le fief des grandes et petites Bernagones luy appartient, et que led. Sgr de Cronille est de la maison du Roy, et pource qu'il n'en a faict apparoir a esté donné deffault et saisie pour le regard de ce qu'il en appartient, après que led. Bouquot a dit que portion desd. Bernagones appartient audit Hallegrin.

Jehan d'Assigny, filz et heritier de damoiselle Jehanne de La Granche, vefve de feu Philibert d'Assigny, dame du fief de Bousserin lez Sainct Aulbin Chasteauneuf, qui vault de revenu par an LXXI^{lt} X^s.

Taxé xii xv^s.

Phillippe de Noyers pour ce qu'il tient à la Mothe et Urtebize qui vault de revenu par an XXI^{lt}.

Taxé lxv^s.

Maistre Emond du Chesne, seigneur du molin d'Esgriselles lez Ferrieres qui vault de revenu par an XL^{lt}.

Taxé xi^{lt}.
Exempt pour ce qu'il est advocat en Parlement et resident en la ville de Paris.

Jehan de Broullard et Ysabeau de Thumery, pour le fief de la Maison Fort de Sainct Loup d'Ordon qui vault de revenu par an LX^{lt}.

Taxé xxi^s.

Odart de Roux, seigneur du fief des Escoutoys qui vault de revenu par an VII^{lt} II^s VI$^\lambda$.

Taxé xlix^s.
Exempt quant a present parce qu'il a faict apparoir par acte du bailliage de Provins qu'il faict service personnel aud. bailliage de Provins, tant pour les fiefs qu'il tient en icelluy que pour led. fief des Escoutoys.

Guillaume de Flaxelles pour son fief de Mesnil Sainct Flavy, qui vault de revenu par an XXIV^{lt} XII^s.

Taxé lxxii^s.
Exempt quant a present pour ce qu'il est lieutenant de Monseigneur de Longueval a l'assiete des garnisons de Champaigne.

Jacques de Jarre pour le fief des Regnardieres qui vault de revenu par an LXIV^s.

Taxé xxii^s.
S'est présenté pour servir en personne et faict le serment.

Loys le Hongre et Bernard de Jarre pour le fief des Chesvres qui vault de revenu par an VI^{tt} VI^s.

Taxé xl^s.

Deffault et saisie contre led. Loys le Hongre, et quant aud. Bernard de Jarre s'est présenté pour servir en personne et faict le serment.

Anthoine Bourgeois de Courtenay, pour le fief de la Porte Guille, les Barbiers et Vaulxmartin en partie. Vault XX^s.

Taxé vi^s.

Pierre Bourgeois, marchant de Courtenay, pour le fief de la Tutellerie, qui vault de revenu LIII^s.

Taxé xvii^s.

Jehan de Laforge de Montargis, pour le fief de Montespineux en la parroisse de Sainct Loup de Gonnois, qui vault de revenu par an LXXVII^s VI^d.

Taxé xii^s.

Pierre Chasserat, grenetier de Gien, pour plusieurs fiefz qu'il a assiz a Courtenay, qui valent de revenu par an XXXVII^{tt} X^s.

Taxé vi^{tt} xii^s.

Savinian Tavernat pour le fief de Courtefour qui vault de revenu par an IV^{tt} VII^s IX^d.

Taxé xxx^s.

Francois Gain, demourant au Pont Agasson, pour le

fief de Fresnay Gallier pres Chasteaulandon, Vault de revenu par an   CII^r.

Taxé xxiv^s.

Nicolas Garnier, Pierre Rameau et aultres seigneurs du fief de la Pute musse, aultrement nommé la Tempesterie, qui vault de revenu par an   IV^{xx} XIII^r.

Taxé xxxii^s.

Maistre Edme de Bierne, pour la mothe de Paron, et le fief des Grosses Pierres lez Sens, qui valent de revenu par an   LX^{tt}.

Taxé xi^{tt}. Contribuera.

Damoiselle Alix de Balot, vefve de feu Jehan de Bierne, dame des fiefz de Champbertrand lez Sens, Traversin et la Court Charrois, Valent de revenu par chascun an   XX^{tt}.

Taxé lxxvi^s. Contribuera.

Claude Le Goux, heritier de damoiselle Guillemette de Voves, vefve de feu Loys Le Goux, pour le fief de Champloup assiz en la parroisse de Granches qui vault de revenu par an   XLI^{tt} XIII^r.

Taxé lxiv^s.

Pierre de Piedefer et Jehan Piedefer, seigneurs en partie de Malay le Viconte qui vault de revenu par an   XLV^{tt}.

Taxé viii^{tt} v^s. Ne sont demeurans en ce bailliage, par quoy exempz du service personnel, et contribueront.

Damoiselle Jacquette Boisseau, vefve de feu Messire Pierre de la Vernade, dame des fiefz de Bordebuisson et Pymensson qui valent de revenu par an
XXXVI^{lt} XIII^s IV^d.

Taxé vi^{lt} x^s.

Maistre Nicole Helye, curateur aux héritages de feu Messire Pierre de La Vernade, en son vivant seigneur desditz fiefz de Bordebuisson et Pymensson, qui valent de revenu par an LXXII^{lt}.

Taxé x^{lt}.

Estienne de Bierne, pour son fief du Chesnoy, qui vault de revenu par an LVI^{lt}.

Taxé x^{lt}.

Robert de Montigny, seigneur de Greslier et en partie de Turny qui vault de revenu par an LXXVII^{lt} XIV^s.

Taxé xiv^{lt} xv^s.
Exempt pource qu'il est d'ordonnance de la compaignie de Monseigneur le Conte d'Aulmalle.

Guyot Jacques et consorts, seigneurs en partie de Turny, qui vault de revenu par an XL^s.

Taxé vii^s iv^d.

Mery de Verac, seigneur en partie de Varennes et Turny, qui vault de revenu par an XXXIII^{lt} VIII^s.

Taxé vi^{lt} vi^s viii^d. Exempt pource qu'il est de la garde du corps du Roy.

Jehan de Pallery, seigneur en partie dudit Turny.
LVI^s.

Taxé viii^s vi^d. Contribuera.

Anthoine de Lespinasse, seigneur en partie dudit Turny, qui vault de revenu XI.^{l}.

Taxé ii^s iv^d. Contribuera.

Jacques de Puyseaulx, Olivier Adan et Jehan Crespy, seigneurs en partie de Turny, qui vault de revenu par an XVII^lt III^s.

Taxé lxiii^s.

Jehan et Robert de Germigny, seigneurs en partie dudit Turny, qui vault XXX^lt.

Taxez cxii^s.

Maistre Jehan de Hervieu pour les heritages qu'il tient de fief assiz à . . . . . . Vallent de revenu par an VIII^lt.

Taxé xxxvii^s viii^d.

Symon de Sainct Claude, pour le fief des Fournyz qui vault de revenu par an XIX^lt IV^s VII^d.

Taxé lii^s. Contribuera.

Galas de Berulle, pour le fief de la Mothe et de Cuchot, qui vault de revenu par an IV^{xx}V^lt.

Taxé xv^lt xiii^s vi^d. Exempt.

Damoiselle Jehanne de Montigny, dame en partie du fief de Turny, qui vault de revenu par chascun an
 XX^lt II^s X^d.

Taxée lxxiii^s vi^d. Contribuera.

Florentin de Fourny, pour la moictié du fief de Fourny, qui vault de revenu par an LXII^{lt} V^s.

<small>Taxé xi^{lt} xvi^s iv^d. Exempt pource qu'il est d'ordonnance.</small>

Edme de Madet pour le fief de Courcerroy, qui vault de revenu par an XLVII^{lt} XVII^s.

<small>Taxé ix^{lt} iiii^s. Exempt pource qu'il est d'ordonnance.</small>

Noble homme Geoffroy d'Auvergne, seigneur du fief de Bassou, qui vault de revenu par an

XXXI^{lt} XIII^s VIII^d.

<small>Taxé vi^{lt} xvi^s. Contribuera.</small>

Loys de Herault, dit de Clesles, escuyer, ayant acquis de Maistre Nicole Baron, advocat en Parlement, le fief de Meures, assiz a Clesles, qui vault de revenu par an XII^{lt} XV^s.

<small>Taxé li^s.</small>

Francois Chauvet, pour le fief de Meures assiz à Clesles, qui vault de revenu par an X^{lt}.

<small>Taxé xliiii^s viii^d.</small>

Jacques de Malay, pour la seignorie d'Arbloy, qui vault de revenu par an LXXIV^{lt}.

<small>Taxé xv^{lt} xviii^s.</small>

Maistre Pierre Thierriat, pour la mothe Bazin, qui vault de revenu par an XX^{lt} X^s.

<small>Taxé iv^{lt} vi^s vii^d. Contribuera.</small>

Orothe de Bricard, seigneur des Boilleaulx tenu en fief du Seigneur de Baye, qui vault de revenu par an XXV*lt*.

Taxé cviii*s* viii*d*.

Pierre Lambelin, seigneur de Noisemens qui vault de revenu par an XXXI*lt*.

Taxé vi*lt* x*s* v*d*.

Guyon Le Doulx, pour le fief de Chasteaubruslé, Vault de revenu par an C*s*.

Taxé xxii*s*.
Exempt pource qu'il a faict apparoir qu'il est d'ordonnance et de la compaignie du Sgr de Dampierre.

Loys Le Fevre, escuyer, seigneur de Bassou, tant pour luy que comme heritier de son feu pere, Vault de revenu par an CV*lt*.

Taxé vi*lt* ii*s*.
Led. le Fevre, comparant en personne, a faict apparoir qu'il est lieutenant du Sgr de   de la légion de Champaigne, et assiste comme l'un des gentilzhommes esleu a la presente monstre; Partant et eu esgard à la modicité de sa cotte a esté quant a present déclaré exempt.

Guillaume de Ballennes, pour le fief des Quattre Vents, qui vault de revenu par an XV*lt*.

Taxé lxxii*s*.

Nicolas de Rolet, seigneur en partie d'Arbloy, qui vault de revenu par an CXIII*lt* XIV*s*.

Taxé xvii*lt* xii*s* vi*d*.
Rousset pour Aeneas de Gibraléon, escuyer, seigneur en partie dud. Arbloy, a remonstré que led. de Rollet est décédé, et que led. Aeneas est au service

du Sgr Comte de Montrevel, lieutenant et gouverneur pour le Roy és pays de Savoye et Bresse, et requis estre declaré exempt pour la ivme partie, en sept pars dont les huit font le tout, d'icelle seignorye, tenue aussi une huitiesme partie, par d^elle de Roollet, et aussi la moittié desd. parts par Jacques de Malay et l'aultre moittié desd. sept pars par led. de Gibraléon.

Nicolas du Mesnil, seigneur du fief d'Asnon assiz en la Justice de Seignelay, et du fief d'Arbloy tenu du seigneur de Sainct Maurice Tirouaille, Vallent de revenu par an   XXI^lt XV^s.

Taxé lxvii^s vi^d.
Led. du Mesnil est decedé et contribuera sa vefve.

Damoiselle Katherine de Villiers, vefve de feu Pierre de Crevecueur, et Jacques de Crevecueur, son filz, pour leurs seignories de Villeblouin, Sainct Agnan et Gerjus, qui valent de revenu par an   C^lt.

Taxez xxi^lt.

Encores ledit Jacques de Crevecueur pour le fief de la Court de Prunay qui vault de revenu par an IV^xxX^lt.
Exempt pource qu'il est d'ordonnance de la compaignie du Sgr d'Espernon.

Jehan des Marquetz, seigneur de quatriesme partie dudit Villeblouin et Sainct Aignen, qui valent de revenu par an   L^lt.

Taxé ix^lt.

Francois des Marquetz, seigneur en partie desdites seignories   XV^lt.

Taxé li^s.

Denis Le Roux, seigneur en partie desdites seignories,

qui vault de revenu XXVIII^{lt}.

Taxé ci^s.

Pierre de Voves pour plusieurs terres assiz a Domatz qui valent de revenu par chascun an XXX^{lt} VIII^s IV^d.

Taxé iv^{lt}.

Damoiselle Jacquette Bayard, vefve de feu Collesson Languault, dame en partie de Couppez et Bardeille, qui valent de revenu par an LX^{lt}.

Taxé x^{lt} vii^s.

Les seigneurs de Brannay, Galattas et des Barres. Leur revenu vault par an MXL^{lt}.

Taxez iv^{xx}x^{lt}.

Guillaume de Verdelot, escuyer, seigneur de Maulny et Bagnault en partie, qui valent de revenu par an CXV^{lt}.

Taxé xvi^{lt}. Contribuera.

Loys de Billy, escuyer, seigneur de Vertron, qui vault de revenu par an II^{clt}.

Taxé xxx^{lt}.
A presenté Pierre Jaulain en estat d'arquebuzier et qui a esté receu et faict le serment.

Maistre Guy Le Roy, seigneur du Grantchamp ; Son revenu vault XXVII^{lt} XIX^s III^d.

Taxé iv^{lt}.
Contribuera pource qu'il est declaré.

Jacques de Neufviz, seigneur en partie de Gumery.

Exempt pource qu'il est de la fauconnerye du Roy ainsi qu'il a faict apparoir.

Le seigneur de la Houssoye Benigne de Barbisey, escuyer, le revenu duquel vault par an   VI".

Taxé xviii^s.

Les seigneurs du fief de Laulmont assiz en la Chastellenie de Sainct Julian du Sault, qui vault   XXX".

Taxez iv^{tt} x^s.

Messire Phillippes Chabot, chevallier de l'Ordre, admiral de France, seigneur de Fonteine Francoise.

Cy après. Alibi au pais de Langres.

Jehan de La Borde, pour le fief des Guyars assiz a Courtenay.

Deffault et saisie.

Le Duché de Lengres, Conté de Montsaujon, et pays a l'environ.

Messire Claude de Vergey, chevallier, seigneur baron de Fouvent, qui vault de revenu par an
III^cIV^{xx}XIII^{lt} XIX^s IX^d.

Maistre Nicolas de Censey, escuyer, pour le fief de Fretes et Pierre Fixte, qui valent de revenu par an
VIII^{xxlt}.

Girard Barnerot, escuyer, tresorier de Salins, pour ce qu'il tient de fief en la seignorie de Mornay sur Vingennes et Roches.

<small>Feront service de troys hommes de pied.
Taxez iv^{xx}lt. Contribueront.</small>

Messire Claude de Pontailler, chevallier, seigneur de Thallemey, qui vault de revenu par an   VI^{clt}.

<small>Faict service de trois hommes de pied, or pour la soulde payera iv^{xx}lt.
A faict remonstrer qu'il est plus que sexagenaire et quis par le Roy pour assister aux estatz du Duché de Bourgongne; par quoy a este receu a contribuer et exempt du service personnel.</small>

Dame Beatrix de Pontailler, vefve de feu Messire Jehan du Rup, dame de Rigny sur Saone, qui vault de revenu par an   III^{clt}.

<small>Taxée xxx^{lt}. Contribuera.</small>

Francois de Livron, escuyer, seigneur de Torcenay et Occy, qui valent de revenu par an   V^{c}IV^{xt}III^{s}X^d.

Faict service de trois hommes de pied.

Taxé iv^{xx}x^{lt}. Excusé suyvant la monstre derniere pour ce qu'il est d'ordonnance.

Messire Henry d'Esguilly, seigneur de Rouvre sur Aulbe, qui vault de revenu par an   IV^{ctt}.

Faict service de deux hommes de pied. Taxé lx^{lt}.

Deffault et saisie qui se rabatront en faisant apparoir qu'il est de la maison du Roy, ainsi qu'il a maintenu.

Les seigneurs de Challancey, Chastenay Vaudin, Saulles, Grenant et Palaiseu, ou lieu de feu Maistre Michel Siclier, qui valent de revenu par an   V^{c}XV^{lt}.

Font service de trois hommes de pied. Taxé iv^{xx}x^{lt}.

Contribueront. Exempts quant a la portion de Anthoine d'Orges, seigneur en partye dud. Chalancey, qui a fait apparoir estre d'ordonnance de la compaignie du Sgr marquis de Rothelin.

Maistre Jehan de Baissey, Docteur es Droiz, tuteur des enfans de feu messire Amgilbert de Bessey, en son vivant chevallier, seigneur de Tilchastel et Bourberain. Qui valent de revenu par an   VIII^{ctt}.

Taxé xxx^{lt}. Excepté la portion des myneurs.

A presenté Bernard Picard de Champignelles en estat d'arquebuzier qui a esté receu et faict le serment, et confessé estre payé pour les trois mois du service et a esté cautionné par le capitaine Claude.

Et quant au reste de lad. seigneurie tenue par Messire Francois de Creux chevalier, seigneur de Trochoin, mary de la vefve du feu seigneur de Tilchastel, exempt quant a present, pource que led. de Creux est porte enseigne du seigneur de Guyse.

Jehan d'Amoncourt, escuyer, seigneur de Piepape et Longeau, qui valent de revenu par an   III^{clt}.

Taxé, pour tous ses fiefz tant de ce bailliage qui sont Piepape, Longeau, et Thanay ou bailliage de Dijon, vallant de revenu deux cens quarante livres, que aultres, lx^{lt}.

Led. Damoncourt a esté exempt de faire service personnel pour sa maladye certifiée, et fournira en ce bailliage deux hommes en équipage et pour la soulde d'iceulx lx^s l$^{\lambda}$.

Elyon de Saultour, escuyer, seigneur en partie de Montigny, Villeneufve sur Vingenne et du fief aux Damoiselles.

Qui vault de revenu par an   III^{clt}.

Faict service d'un homme de pied. Taxé xxx^{lt}. Contribuera.

Dame Anne de Sainct Amador, vefve de feu Messire Pierre de Choiseul, chevallier, pour sa terre et seignorie d'Aigremont, qui vault de revenu par an   II^{c}XII^{lt}VI^s.

Faict service d'un homme de pied. Taxé xxx^{lt}. Contribuera.

Jehan de Dinteville, escuyer, seigneur de Cusey et Ysome, et sa mere, qui valent de revenu par an   IV^{clt}.

Faict service de deux hommes de pied. Taxé lx^{lt}.

A presenté Loys Godin de Champigny, harquebuzier, et Pierre Nerondel de Villenon, aussi harquebuzier. Et exempt de service personnel pour ce qu'il est demeurant ou bailliage de Chaulmont ou il faict service. Lesquelz Godin, Nerondel ont faict le serment de servir le Roy.

Messire Phillibert de Rochebaron, chevallier, seigneur en partie de Baye, Germaines et d'Arbon, qui valent de revenu par an   VIII^{xxlt}.

Faict service d'un homme de pied. Taxé xxx^{lt}.

Claude de Martigny, seigneur de Villeneufve sur Vingenne, qui vault de revenu par an   CV^{lt}.

Faict service d'un homme de pied, Taxé xxx⁽ᵗ⁾.

Led. de Martigny a faict remonstrer qu'il est plus que sexagenaire, ce qui a esté certiffié, par quoy exempt du service personnel.

A faict declarer qu'il a baillé par extrait de mariage à Jehan de Martigny, escuyer, son filz, la moittié de lad. seigneurye de Villeneuvfe sur Vingenne, partant n'a esté tenu contribuer que pour la moittié, et quant à l'aultre moittié estoit led. Jehan de Martigny d'ordonnance et homme d'armes de la compaignye de Monseigneur le duc de Guyse.

Jehan de Beaujeu, chevallier, seigneur de Chaiseul.

Faict service d'un homme de pied. Taxé xxx⁽ᵗ⁾.

Exempt pource qu'il est l'un des cent gentilzhommes de la maison du Roy.

Francois de Champluysant, seigneur de Varennes et de Montigny sur Vingenne en partie, qui valent de revenu par an VI^{xx}VI^{lt}.

Faict service d'un homme de pied. Taxé xxx⁽ᵗ⁾. Deffault et saisie.

Et le xxiii⁰ decembre aud. an, suyvant les lectres missives du Roy et de Monseigneur le duc de Nevers, gouverneur de Champagne et Brye, led. de Champluysant a esté declaré exempt et a luy baillé main levée, pour ce qu'il est capitaine du chastel de Coiffy assiz sur les fontieres de Suisse, de et Allemagne.

Maistre Estienne Noblet, maistre des comptes pour le Roy a Dijon, ayant le droit acquis de Bartholemy de Clugny, de la seignorie de Dommarien qui vault de revenu par an VIII^{xxlt}.

Taxé xxiv⁽ᵗ⁾.

Jehan d'Anglure, escuyer, seigneur de Comblanc, Grand Champ et de Saulles et Grenant en partie, qui valent de revenu par an VI^{xxlt} VII^s XI^d.

Faict service d'un hnmme de pied, Taxé xxx⁽ᵗ⁾.

Gilles Tassin, maire heredital de Dommarien, qui luy vault de revenu par an C^s.

Taxé xviij^s ix^d.

La vefve Pierre de Sernac, seigneur de Jourquenay, qui vault de revenu par an LXXIX^{lt} XVII^s.

Exempte pource qu'elle est burgoise et residente en la ville de Paris.

Messire Claude d'Anglure, chevallier, seigneur de Collemyers le hault et Collemyers le bas, qui valent de revenu par an VI^{xx}XVI^{lt} XV^s.

Taxé xxx^{lt}.

Bernard de Bocey et Francois de Bocey, pour les heritages qu'ilz tiennent de fief au lieu de Sacqueney, qui valent de revenu par an L^{lt}.

Taxé viij^{lt}.

Francois de Champdiou, escuyer, seigneur de Crespans, qui vault de revenu par an C^{lt}.

Taxé xxx^{lt}.
Faict service d'un homme de pied.

Maistre Anthoine Bonnet, Docteur es droiz, lieutenant du bailly de Lengres, seigneur de la mothe de Rosoy, qui vault de revenu par an LXX^{lt}.

Taxé xij^{lt} xviij^s. Contribuera.

Claude de Malain, Anthoine d'Anglure et Jehan de Quarandefex, escuyers, seigneurs en partie dud. Rosoy, qui leur vault de revenu par an C^{lt}.

Taxé xvii*lt*.

Michel de la Mare, escuyer, pour les droitz de fief qu'il tient en la seignorie dudit Rosoy qui valent de revenu par an VI*lt* IV*s* VIII*d*.

Taxé xx*s*.

Thomas de Thon, pour ce qu'il tient de fief audit Rosoy, luy vault de revenu LVIII*lt* X*s*.

Taxé xii*lt* xv*s*.

Le seigneur de Grancey.

Lad. seigneurie de Grancey appartient au Sgr de Chastebellain qui est lieutenant au gouvernement de Bourgongne; par quoy exempt.

Damoiselle Drouyne Billocard de Dijon, dame en partie avecques ses enfans de Marcilly lez Tilchastel, qui vault de revenu par an IV*xxlt*.

Taxé xii*lt* iii*s*. Contribuera.

Maistre Pierre Millet, escuyer, maistre des comptes de Dijon, pour la viii*me* partie du fief de Marcilly et aultres fiefz qui valent de revenu IX*lt*.

Taxé cxix*s*.

Bernard des Barres de Dijon, pour la huictiesme partie du fief de Marcilly et aultres terres de fief qui valent par an IX*lt*.

Taxé xix*s*.

La vefve Benigne de Cirey, Estienne de Cirey et consorts, pour le fief de l'Estang dudit Marcilly, qui vault de revenu par an LVI^{lt} XIV^s.

   Taxé x^{lt} xiv^s.

Benigne et Jacques Bouchers de Dijon, pour leur portion de lad. seignorie de Marcilly, qui vault de revenu XIX^{lt}.

   Taxé lx^s.

La vefve et heritiers feu Maistre Nicole Noblet, maistre des comptes de Dijon, pour sa portion de seignorie de Dommarien et de Mornay acquis des heritiers de Guyard de Drée, valent IV^{lt} XII^s.

   Taxé xxv^s.

Olivier de Lenoncourt, escuyer, pour le molin de Marcilly sur la riviere d'Ynon, qui vault de revenu par an XXX^{lt}.

   Taxé cvii^s.

Claude Boisseau, escuyer, seigneur du Foussoy, qui vault de revenu LX^{lt}.

   Taxé x^{lt} xiii^s.

Pierre de Tretondan, escuyer, seigneur de Precey le Petit, qui vault de revenu par an VIII^{xx}X^{lt}.

   Taxé xxx^{lt}.

Phillippes de Tretondan, seigneur de Genevrieres, qui vault de revenu par an CLXXIII^{lt}.

   Taxé xliii^{lt}.
   Deffault et saisie nonobstant la remonstrance faicte par Garnier qui a dit

que ès monstres precedentes qu'il estoit d'ordonnance et faict apparoir de lad. certiffication.

Gilles de Giey et ses freres, seigneurs en partie de Verseilles dessuz et Verseilles dessoubz, qui valent de revenu
XXV^{lt}.

Taxé lxxv^s.

Girard de Montleon seigneur en partie de Verseilles le hault, qui vault de revenu par an
XX^{lt}.

Taxé lx^s.

Maistre Jehan de Vaucouleur, escuyer, pour le fief de la mothe de Marey, assiz au lieu de Balesme, qui vault de revenu par an
LIX^{lt}.

Taxé ix^{lt}.

Jehan de Sacqueney, escuyer, seigneur de Champy, qui vault de revenu par an
L^{lt}.

Taxé vii^{lt}.
Et a esté excusé du service personnel a cause qu'il est sexagenaire.

Henry de Sacqueney, escuyer, pour la mayrie dudit Sacqueney qu'il tient de fief, luy vault de revenu par an
VII^{lt}.

Taxé xviii^s.

Jehan de Chauvirey, escuyer, seigneur de Savigney, le Mont, et Guyonvelle, qui valent de revenu par an
III^{ct}.

Taxé lx^{lt}.

Henry de Montarby, escuyer, seigneur de Voncourt, qui vault de revenu par an CXVII^{lt}.

Taxé xxiii^{lt} xii^{s}. Contribuera.

Claude de Sey, seigneur de Larrest, qui vault de revenu par an XXIX^{lt} XV^{s}.

Taxé vi^{lt} viii^{s}.

Jaspard de Saulx, seigneur en partie de Cussey, Saulles, Grenant et aultres fiefz assiz en ce bailliage, qui valent de revenu par an CXVIII^{lt} XI^{s}.

Taxé xix^{lt} x^{s}. Deffault et saisie, et a dit Bugnot qu'il est lieutenant de la compaignie Monseigneur d'Orleans, dont il n'a faict apparoir.

Jacques de Lantages, seigneur dud. lieu, qui vault de revenu par an. VIII^{xxlt}.

Taxé xxv^{lt} xv^{s}.

Alexandre de Saulx, seigneur de Montormantier, qui vault de revenu par an: C^{lt}.

Taxé xiv^{lt} xv^{s}.

Guillaume d'Angoullevant, escuyer, seigneur de Mornay, qui luy vault de revenu par an LXXI^{lt} XV^{s}.

Taxé ix^{lt} xvi^{s}.

Richard de Lenglay, detenteur du fief de Larchaulme au lieu de Mornay, qui luy vault de revenu par an
XXXVII^{lt} XV^{s}.

Taxé cv^{s}.

Laurent de Montigny dict d'Andresson, seigneur en

partie de Montigny sur Vingenne, qui vault de revenu par an XX#.

Taxé lvi*s*.

Jehan de Jacquelin, seigneur en partie de Mornay, qui vault de revenu par an XXV#.

Taxé lxx*s*.

Thomas de Montigny, escuier, pour sa portion de seigneurie dudit Montigny, qui vault de revenu par an CX*s*.

Taxé xv*s*.

Guillaume de Lestoux, dict de Pradines, seigneur de Poissons lez Grancey le Chastel, qui luy vault de revenu par an CIX# XVI*s* XI*d*.

Taxé xvii# vii*s*.

Encores ledit de Pradines pour sa portion de la seignorie de Poinssonnet, qui vault de revenu par an XIV# XI*s*.

Taxé xlii*s*.

Maistre Francois de Lestoux, dit de Pradines, prothonotaire du Sainct Siege apostolicque, pour sa portion de la seignorie de Recey, qui vault par an XVI*s*.

Jehan de Bosredon, seigneur en partie de Savigny, qui luy vault de revenu par an XLI# XVI*s*.

Taxé vi# xv*s*.

Marc de Chevanges, seigneur de Sainct Andoche,

pour ce qu'il tient en fief audit lieu, vault de revenu par an LXII$^\text{lt}$ VIII^s.

Taxé ix$^\text{lt}$ ii^s.

Jehan de Sainct Andoche, escuyer, seigneur de Rigney, qui luy vault de revenu par an IX$^\text{lt}$ V^s.

Taxé xxvii^s.

Arnoul de Sainct Seigne, pour ce qu'il tient de fief au lieu de Rigney, qui vault de revenu par an VI$^\text{lt}$.

Taxé xviii^s.

Led. de Sainct Seigne a remonstré qu'il est demourant au Conté de Bourgongne et partant exempt de service personnel et a contribué.

Jehan de la Fertey, pour ce qu'il tient audit lieu de Rigney, qui luy vault de revenu par an XII$^\text{lt}$ V^s.

Taxé xxxvi^s.

Jehan de Remilly, escuyer, seigneur en partie dudit Rigney, qui luy vault XII$^\text{lt}$ V^s.

Taxé xxxvi^s.

Jehan de Beaujeu, escuyer, pour ce qu'il tient de fief audit Rigney, qui luy vault IV$^\text{lt}$.

Taxé xii^s.

Pierre de Grachault, pour ce qu'il tient de fief au lieu de Fouvens, qui luy vault de revenu par an XXIV$^\text{lt}$.

Taxé lxxii^s.

Didier de Poinssons, pour sa portion de la seignorie de Gilley, qui luy vault de revenu par an X$^\text{lt}$.

Taxé xxx^s.

Claude de Foucher, pour ce qu'il tient de fief en la seignorie de Gilley et Rivieres les Foussés, qui valent de revenu par an   LXV^{lt}.

Taxé ix^{lt}.
Led. de Foucher a faict remonstrer qu'il est demourant ou Conté de Bourgongne, partant exempt de service personnel.

Guillaume de Chastenoy, Léon de Chastenoy et Hercules de Chastenoy, seigneurs de Lanty, qui leur valent de revenu par an   VIII^{xx}IX^{lt} X^s.

Taxé xxiii^{lt}.

Francois du Fay, seigneur de Torcenay, qui luy vault de revenu par an   XXII^{lt} XVIII^s.

Taxé lxiv^s.

Guillaume d'Ageville, seigneur de Varennes, qui luy vault de revenu par an   XXXI^{lt} X^s.

Taxé lxxvi^s.

Pierre de Senailly, seigneur de Gurgy la Ville, qui luy vault de revenu par an   IX^{xx}XIII^{lt} V^s.

Taxé xl^{lt}.

Pierre Douannel, seigneur de Chiefmasson lez Grancey, qui luy vault de revenu par an   XXX^{lt}.

Taxé vii^{lt}.

Claude de Cleron, seigneur de Saffres, pour sa por-

tion de seignorie de Vivey et Moilleron, qui luy vault de
revenu par an CVII^{lt} XIX^s.

Taxé xxiv^{lt} x^s.
Led. de Cleron est décédé, que a remonstré et faict apparoir, par notre registre de la Monstre précéd., p^r dame Pheliberte de Moisy vefve dud. de Cleron, et dit que lad. dame est a la garde noble de ses enfans et est demourant au bailliage d'Auxois, et que par cy d^t elle a faict service pour tous ses fiefz ou bailliage de Dijon ouquel elle a fourny deniers.
A esté excusée pource qu'elle n'a este admortye de la derniere contribution ne de la convocation du ban et arriere ban de ce bailliage.

Le seigneur Conte de Montrevel et Pierre Tixerant
de Dijon, pour leurs parts et portions de la seignorie de
Courchamp, qui leur vault de revenu par an
VI^{xx}XV^{lt} X^s.

Taxé led. Tixerant xv^{lt} xv^s.
Led. Seigneur Conte est gouverneur et lieutenant general es pais de Bresse et Savoye, par quoy exempt.

Jacques de Chauvirey, escuyer, seigneur d'Aulnoy,
Gratedoz et Vallans, qui valent de revenu par an
VI^{xx}XV^{lt}.

Taxé xviii^{lt}.

Messire Francois de Choiseul, Chevallier, seigneur
des fiefz de Sainct Beroing, Montsauljon, Courcelles et
Baissey, qui valent de revenu par an VI^{xxlt}.

Taxé xviii^{lt}.

Gilles de Reffey, escuyer, pource qu'il tient de fief au
lieu de Santenaiges, qui vault de revenu par an
XVIII^{lt} V^s.

Taxé lxx^s.

Damoiselle Agnes Thierry, a present femme de noble homme Maistre Bernard de Cirey, esleu de Lengres, pour ses fiefz de Rivieres, Percey le Pautay, et aultres fiefz qui valent de revenu par an VI^{xx}IV^{lt} IV^s.

Taxée xviii^{lt} xii^s.

Damoiselle Anne Chabut, vefve de feu Maistre Thibault Le Goux, dame de Vellepelle, qui vault de revenu par an LXIX^{lt} XIV^s.

Taxée x^{lt} x^s.

Maurice Poucey, seigneur du fief de Montot assiz en la seignorie de Sainct Maurice sur Vingenne, qui luy vault de revenu par an XXXV^{lt} XIV^s.

Taxé cv^s. Contribuera.

Francois Martin, controlleur de Villemor, pour ce qu'il tient en fief en la seignorie de Comblans, qui vault de revenu par an IV^{lt}.

Taxé xii^s.

Jehanne Genevois, vefve de feu Thomas de Lerey, et consorts, pour ce qu'ilz tiennent de fief a Cusey, qui valent de revenu par an X^{lt}.

Taxé xxx^s.

Maistre Pierre Genevoys, procureur du Roy a Chaulmont, et damoiselle de Survey sa femme, ou lieu de Damoiselle Guillemette Pinard, vefve de feu noble homme et sage maistre Loys de Cerisey, en son vivant Lieutenant général ou bailliage de Chaulmont, pour ce qu'elle

tient de fief a Pierre Fixte, Bellefons et Genevrieres, qui
qui valent de revenu par an VI^{lt}.

Taxé xviii^s.

Maistre Georges de Brabant, seigneur de Vezines et
des Bonnes de Luzy, qui valent de revenu par an
LXVI^{lt} XIX^s.

Exempt pource qu'il a faict apparoir par acte et certiffication du Prevost des Marchans et Eschevins de Paris qu'il est chanoine de St Germayn l'Auxerrois et resident en la ville de Paris.

Dame Francoise de Longvy, vefve de feu Messire
Phelippes Chabot, en son vivant admiral de France,
dame de Fontaine Francoise.

Le Conté de Tonnerre et Pays a l'environ.

Messire Francois du Bellay, Conte dudit Tonnerre, pour les terres qu'il tient en fief audit Conté, qui valent de revenu par an   III^xXX^{lt}.

Exempt suyvant les monstres précédentes parce qu'il est de la maison du Roy.

Messire Francois de Montmorancy, seigneur de Thorey, Rugny, Melisey et Chamelart, qui valent de revenu par an   IX^cLXXIII^{lt}.

Exempt pource qu'il est capitaine de cinquante hommes d'armes.

Jehan de Rochefort, escuyer, seigneur de Rochefort sur Armanson, qui vault de revenu par an   VII^{clt}.

Taxé cv^{lt}.
Exempt parce qu'il est panetier du Roy et faict apparoir de ses lectres de retenue oud. estat.

George de Mandelotz, escuyer, Loys de Lussigny, tuteur des enfans de luy et de damoiselle Huguette de Fossey, dame Claude de Foussey, vefve de feu Messire Phillippes de Mypont, tant en son nom que comme ayant la garde noble de ses enfans, et Suzanne de Dinteville, vefve de feu Hubert Desmaretz, seigneurs et dames de Lezines, Vireaulx, Sanbourg et la Granche du Plessiz, valent de revenu par an MII^{ctt}.

Taxé ix^{xx lt}.
Contribueront.

Et le xiime Aoust oud. an, Gregoire du Chastellet par Humbelot son procureur a faict présenter requeste, disant estre seigneur pour une cinquiesme partie desd. seignories de Lezines, Vireaulx, Sanbourg et la Granche du Plessiz, et qu'il est homme d'armes de la compaignie du Sgr duc de Guyse.

La vefve feu Theodes de Mandelot, qui est damoiselle Margueritte de Salles, et Georges de Mandelot, seigneur de Pacy, qui vault de revenu par an IV^{ctt}.

Taxé lx^{lt}. Contribueront.

Anthoine Le Bascle, escuyer, seigneur d'Argenteil, qui vault de revenu par an VI^cXIII^{lt} X^s.

Taxé iv^{xx lt}. Contribuera.

Loys de Mailly, escuyer, seigneur de Gigny, qui vault de revenu par an III^{ctt}.

Taxé xxx^{lt}.

Guiot pour led. de Mailly a remonstré qu'il est Sgr d'Arcelot, bailliage de Dijon, ouquel il est demourant et l'un des gentilzhommes esleuz pour faire les monstres du ban et arriere ban dud. bailliage de Dijon, ouquel il faisoit service personnel tant pour les fiefz qu'il tenoit en icelluy que en ce bailliage ; Avons led. de Mailly declaré exempt quant a présent.

Damoiselle Huguette de Saultour, vefve de feu Jehan de Varennes, Pierre de Chenu, escuyer, et sa femme, seigneurs en partie de Ravieres et des fiefz de Beauchamp et Feulvy, qui valent de revenu par an
II^c XXXVII^{lt}.

Taxé xxx^{lt}. Contribuera.

Damoiselle Marguerite de Saultour, vefve de feu Guillaume de Senevoy, ayant la garde noble de ses enfans, et Aubert de Senevoy, seigneurs en partie de Ravieres et de Senevoy, qui valent de revenu par an II^{c}IV^{xx}X^{lt}.

<small>Taxee xxx^{lt}. Contribuera.</small>

Guillaume de Farnecq, escuyer, Francois de Farnecq, seigneurs des deux tiers de la seignorie de Bragelonne, qui vault de revenu par an V^{c}XXX^{lt}.

<small>Taxé iv^{xx}x^{lt}.</small>

<small>Guiot pour led. Francois Farnecq a remonstré par sa requeste présentée par escript que led. Farnecq, qui estoit seigneur de Poilly assis ou bailliage de Chaulmont et resident aud. lieu, faisoit service personnel aud. bailliage de Chaulmont tant pour sondit fief de Poilly que pour sa portion de Brageloigne ; led. Francois de Farnecq a esté declaré exempt.</small>

Messire Jehan de la Baulme, chevallier, seigneur de Ligny le Chastel, qui vault de revenu par an

VII^{c}XX^{lt} V^s.

<small>Exempt pource qu'il est gouverneur et lieutenant general pour le Roy és pais de Bresse et Savoye.</small>

Francois de Boulinvilliers, escuyer, seigneur de Courgy, qui vault de revenu par an III^{c}X^{lt} XV^s.

<small>Taxé xxxv^{lt}.</small>

Pierre Belin a cause de sa femme, Odart Dolet et aultres demeurans a Troyes, seigneurs pour les trois parts, dont les cinq font le tout, de Ravieres, qui valent de revenu par an II^{c}LXV^{lt}.

<small>Taxé xxx^{lt}. Contribueront.</small>

Loys du Mas et Claude Leger, escuiers, seigneurs de

Villiers Vineux qui valent de revenu par an VI^{clt}.

Taxé iv^{xx}x^{lt}.

Jehan de Nicey, seigneur d'Escury sur Cole, de Nicey et en partie de Laignes, qui vault de revenu par an
V^{c}XXXVIII^{lt} X^s.

Taxé iv^{xx}x^{lt}.

A faict remonstrer qu'il est gentilhomme de la Maison Monseigneur d'Orléans ainsi qu'il apparoit par lectres dud. estat.

Et le xxiime Aoust sur la requeste portée par Edme de Courtenay, escuyer, gendre dudit de Nicey, exposant que par partaige faict avec led. de Nicey et ses aultres enfans, la terre et seigneurie dud. Escury sur Colle estoit escheue et advenue aud. Courtenay qui estoit l'un des cents gentilzhommes de la maison du Roy, partant exempt de faire service et contribucion oud. arriere ban.

Georges de Crequy, seigneur de Ricey et Baigneux qui vault de revenu par an VIII^{c}X^{lt}.

Taxé vi^{xx}vi^{lt}.

Jaquet a remonstré qu'il est eschanson du Roy, par quoy exempt.

Messire Anthoine de Clermont, seigneur de Laignes, Griselles et Ancy le Franc, qui valent de revenu par an VI^{c}LX^{lt}.

Taxé c^{lt}.

Guillaume de Betholat et damoiselle Jehanne Le Bascle sa femme, seigneurs en partie d'Argenteil qui vault de revenu par an II^{clt}.

Taxé xxx^{lt}.

A faict apparoir qu'il est d'ordonnance et homme d'armes de la compaignie du Sgr de Beaumont Brisay, par quoy déclaré exempt.

Thomas de Straton, seigneur de Molin qui vault de revenu par an II^{clt}.

Taxé xxx^{tt}.

Il est lieutenant de la bande escossoise et est présentement en Escosse, par quoy exempt.

Noble homme Urbain Tresbuchet pour la tierce partie de la seignorie de Bragelonne qui vault de revenu par an II^{ett}.

Taxé xxx^{tt}.

Jacques d'Ancienville, tuteur de Anthoine et Anne de Vauldrey, seigneurs d'Argentenay, le fief de Roches, le Coing, et de la vime partie de Turny, qui valent de revenu par an VIII^{xxtt}.

Taxé xxiv^{tt}.

Charlin pour led. Anne de Vauldrey a dit que led. de Vauldrey est maieur depuis la monstre derreniere, ce qu'ont rapporté les gentilzhommes assistans ; et a remonstré Charlin pour led. de Vauldrey qu'il est hommes d'armes de la compagnye de Monseigneur le conte d'Aulmalle.

Anthoine de Senevoy pour sa portion de la seignorie de Senevoy qui vault de revenu par an LXX^{tt}.

Taxé xii^{tt}.

Excusé du service personnel par son aage sexagenaire, rapporté par les assistans et contribuera.

Guillaume de Vauldrey, pour son fief de Villedieu, qui vault de revenu par an XLVI^{tt} X^s.

Taxé xii^{tt} iii^s.

Contribuera et exempt du service personnel pour son antiquité et debilitacion de forces certiffiée.

La vefve et heritiers de feu Edme de Mothelon pour sa part de la seignorie de la Chappelle de Senevoy, qui vault de revenu par an .....

Pierre de Breul, escuyer, seigneur pour la moictié de Poilly, des fiefz de Vaulx et des Ormes, qui valent de revenu par an VI^{xx}XV^{lt}.

<small>Taxée xx^{lt}.
Excusé du service personnel pour son antiquité, et a presenté pour faire service en son lieu François de Bruel, son filz, en estat d'arquebuzier qui a esté receu et faict le serment.</small>

Nicolas de Sainct Anthost, conseiller du Roy a Dijon, pour les héritages qu'il tient de fief au lieu de Cry et Perrigny, qui valent de revenu par an XX^{lt}.

<small>Taxé lxx^s.</small>

Jehan Stuart, seigneur de Vezannes, qui vault de revenu par an CXIV^{lt} XIV^s.

<small>Il est lieutenant de la garde escossoise soubz la charge du Sgr de Lorges, capitaine de lad. garde, ainsi qu'il a faict apparoir par lectres du Roy données à Harfleur le xime de ce mois signées François et de l'Aubespine, par quoy exempt comme aux monstres précédentes.</small>

Ledit Stuart pour la seignorie de Fontaine Gery qui vault de revenu par an LIX^{lt} XVII^s.

<small>Taxé xxx^{lt}. Item exempt.</small>

Edme de Guttry, seigneur pour la tierce partie du Tronchoy qui vault de revenu par an LX^{lt} XVII^d.

<small>Taxé ix^{lt}.
A faict remonstrer qu'il est en Escosse.</small>

Alexandre Bricardet, ou lieu de Jehan d'Amastel, pour le fief de Marnay, assiz a Crey soubz Rougemont, qui vault de revenu XX^{lt}.

<small>Taxé lx^s.</small>

Exempt parce qu'il est de la garde escossoise du corps du Roy.

Jehan de Sainct Estienne pour sa portion de la seignorie de Tronchoy, qui vault de revenu par an VI^{xx}I^{lt}.

Taxé xvii^{lt} xviii^s.
Exempt du service personnel pour ce qu'il a faict apparoir qu'il est present a Paris et contribuera.

Alexandre de Fontringant pour les fiefz de Villecien et la Bergerie qui vault de revenu par an XII^{lt}.

Taxé xl^s.
Exempt parce qu'il est de la garde escossoise du Roy.

Damoiselle Blanche de Courtenay, dame en partie de la Chappelle qui vault de revenu par an L^{lt}.

Taxé vii^{lt} vii^s vi^d. Contribuera.

Jehan de la Haye, pour sa portion de la seignorie de la Chappelle qui vault de revenu par an XXXVI^{lt}.

Taxé ciii^s iii^d.
A faict remonstrer qu'il est demourant ou bailliage de Troyes ; par quoy dit est qu'il contribuera.

Claude le Garennier, pour ce qu'il tient en la seignorie de Fulvy, Chassignelles et Mereul, laquelle seignorie de Chassignelles il a aliené à Nicolas de Hedin, qui peult valoir de revenu par an XX^{lt}.

Et le revenu des aultres seignories peut valoir XLII^{lt}.

Taxé vi^{lt}. Contribuera.

Nicolas de Hedin, pour le fief de Chassignelles acquis de Claude le Garennier, qui peut valoir de revenu par an XX^{lt}.

Taxé lviiiˢ. Contribuera.

Francois de Neufville, Pierre Barrault et Henry Piget, seigneurs de Vezannes, qui vault de revenu par an LXᵗᵗ.

Taxé viiiᵗᵗ xiˢ viiiᵈ.
Maistre Christofle Le Maire a faict apparoir par certification et rapport de la maladie dud. de Neufville, pour laquelle il a esté exempt du service personnel et contribuera.

Jehan Deschamps et consorts, pour les prez des Regnards tenuz de fief des seigneurs de Vezannes, qui valent de revenu par an Xᵗᵗ.

Taxé xxxˢ.

Damoiselle Marie de Vauldrey, pour ce qu'elle tient en la seignorie de Bragealoyne qui vault de revenu par an LXXIᵗᵗ.

Taxé ixᵗᵗ iˢ.

Messire Jehan de Saincts, chevallier, seigneur de Vutry le Croiser qui vault de revenu par an
CXIXᵗᵗ XVIˢ IXᵈ.

Taxé xvᵗᵗ viiˢ.
Deffault et saisie et a dit le Grec pour Jaques de Lentaiges, escuyer, qu'il avait acquis led. fief, et requis estre mis ou roolle ou lieu dud. de Sainctz.

Jehan de Courcelles, pour le fief de Plancy, assiz à Sainct Vinemer, qui vault de revenu XLVᵗᵗ VIIˢ.
Taxé viᵗᵗ.

Phillippes de Grancey, pour les fiefz de Chassinielles, Fulvy et Mercy, qui valent de revenu par an
VIIIˣˣIᵗᵗ Xˢ.

Taxé xxiv lt.

A presenté Jehan de Champaigne de Chassignelles en estat de picquier qui a esté receu et faict le serment.

La Vefve feu Loys de Carrefour, escuyer, pour le fief appellé le fief de Jehan de Laignes, qui vault de revenu par an XL.ˢ

Taxé xvi.ˢ Ladicte vefve de Carrefour a esté delaissée et rayée pour sa povreté, actendu l'infformation faicte par Pierre de l'Escluse, escuyer.

Christofle de Carrefour, ou nom de tuteur de Jehan de Carrefour, enfant mineur de feu Arnoul de Carrefour, pour la portion dudit myneur dudit fief de Laignes, Vault de revenu C.ˢ

Taxé xv.ˢ

Jehan de Gabot, escuyer, seigneur en partie du fief nommé Jehan de Laignes, qui vault de revenu par an LX.ˢ

Taxé ix.ˢ

Led. de Gabot a esté delaissé pour sa povreté, oye l'information de Pierre de L'Escluze, escuyer.

Marie Chevallier, dame de Viviers, qui vault de revenu par an VI.ˣˣXV.ᵗᵗ

Taxée xvii lt xi.ˢ

Maistre Juvénal Coiffart, chanoine en l'esglise de Troyes, a remonstré que lad. Marye Chevallier est décédée et ses heritiers Francoise Vuynart sa fille et appartient aujourdhuy led. fief a Loys Coiffart, filz et fille; lesd. Francoise et Loys natifs et demourans à Paris, requis qu'ilz soient déclarez exemptz.

Damoiselle Guillemette et Loyse de Marcenay, pour leurs portions du fief de Villecien, qui vault de revenu par an XXVI.ᵗᵗ

Taxé lxix^s, Contribueront.

Guillaume Le Porcher, pour sa portion de la seignorie de Rochefort, en son nom, et pour le droit qu'il a de damoiselle Symonne de Senevoy, sa mère, et encores pour ses consorts, seigneurs du fief des Porchers, assiz en la terre et seignorie de Rochefort, qui vault de revenu par an XXXVII^tt.

Taxé iv^tt xvi^s.

Anthoine Le Bascle, ou lieu de Jehan Lucas, seigneur de Balsey, qui vault de revenu par an XXIV^tt.

Taxé lxi^s vi^d. Contribuera.

Jehan de Chardonnay, seigneur en partie des Essarts, Vault de revenu par an XX^tt.

Taxé lii^s vi^d.
Exempt parce qu'il est de la garde du corps du Roy, soubz la charge du seigneur seneschal d'Agenois.

Pierre de Montarby, seigneur de la mothe de Rigny, qui vault de revenu par an XXII^tt.

Taxé lvii^s.

Regnault de Brie, pour ce qu'il tient aux lieux d'Ancy le Serveux et de Nycey en partie, qui luy valent de revenu XXX^tt.

Taxé lxxiv^s. Contribuera.

Damoiselle Georgette Garrault, pour ce qu'elle tient a Nicey qui vault de revenu par an IX^s VII^b VI^d.

Taxé xxii^s Contribuera.

Charles de Trixat, pour ce qu'il tient de fief audit Nicey, qui luy vault de revenu par an XIX^{lt} IX^s.

Taxé lii^s vi^d.
Contribuera, et exempt du service personnel pour ce qu'il a faict apparoir estre de morte paye ou chastel de Dijon.

Damoiselle Marguerite de Giborneau, pour ce qu'elle tient en la seignorie de Rameau et Montbalois qui luy valent de revenu par an L^{lt}.

Taxé vi^{lt} iv^s vi^d.

Damoiselle Guillemette de Roffey, pour la portion de la seignorie de Carisey, qui vault de revenu par an CVI^{lt} III^s II^d.

Taxé xvii^{lt} xv^s.
Contribuera.

Claude Le Bucherat, de Troyes, pour sa portion de la seignorie de Carisey, qui vault de revenu par an XXX^{lt}.

Taxé c^s.
Contribuera.

Les heritiers feu Maistre Jehan Boucher, en son vivant seigneur en partie de Roffey, qui vault de revenu par an XXV^{lt}.

Taxé iv^{lt}. Contribueront.
Lesd. heritiers sont Claude le Bucherat et Phelippes Larcher.

André et Francois de la Riviere et consorts, seigneurs de Quincy le Vicomte, qui vault de revenu par an CXVI^{lt}.

Taxé xvi^{lt}. Contribueront.

Maistre Jehan Prestat, advocat ou bailliage de Sezannes, seigneur en partie de Ravieres qui vault de revenu par an XXV^{lt}.

Taxé lx^s.
A faict remonstrer que à cause de son office d'advocat du Roy, il assiste aux monstres du ban et arriere ban du bailliage de Sezanne ; par quoy a esté declaré exempt a cause de sondit office.

Pierre de l'Escluse, pour son fief Jehan de Laignes assiz a Sainct Vinemer, qui vault de revenu par an XI^{lt}.

Taxé xxx^s.
A faict apparoir qu'il est archer de la compaignie de Monseigneur de Guyse, par quoy exempt.

Nicolas de Hedin de Ravieres, pour le fief de Chapolayne, assiz a Ravieres, qui vault de revenu par an XIV^{lt}.

Taxé xxviii^s vi^d.
Contribuera.

Michel de Vallesablon, pour les terres qu'il tient a Rochefort, qui luy valent de revenu par an IX^{lt}.

Taxé xxii^s vi^d.
A remonstré en personne qu'il est d'ordonnance et archer de la compaignie du Sgr de Beaumont Brisay, par quoy exempt quant a present.

Jehan de Ruvigny, seigneur de Potot, qui luy vault de revenu par an XV^{lt} III^{s} VIII^{d}.

Taxé xxxv^s.

Germain Ferron, seigneur de Junay et Pomart qui luy valent de revenu par an C^{lt}.

Taxé xv^{lt}. Contribuera.

Edme de Boulanges, seigneur de Villeneuve sur Buschin qui vault de revenu par an XXV^{lt}.

Taxé iv^{lt} v^s. Contribuera.

Maistre Artus de Fontaines, pour ce qu'il tient a Villiers Vineux, qui luy vault de revenu par an X^{lt} X^s.

Taxé xxxv^s.

Claude d'Aillenay, pour ce qu'il tient a Sanbourg, qui luy vault de revenu par an X^{lt} X^s.

Taxé xxxiv^s.

Estienne Danyer, esleu d'Aucerre, et Claude Vaultheron, pour le fief de la Bertauche, qui vault de revenu par an IX^{lt} X^s.

Taxé xxx^s. Contribuera.

Pierre de Nicey, pour ce qu'il tient a Laignes qui luy vault de revenu XI^{lt}.

Taxé xxviii^s.

La vefve Jacques Perriquart et consorts, pour les heritages qu'ilz tiennent a Tonnerre qui luy valent de revenu par an VI^{xx}X^{lt}.

Taxée xviii^{lt}. Lesd. vefve et consors contribueront.

Didier Jazn et consorts, pour le fief de Henry de Clermont assiz a Villiers Vineux, qui luy vault de revenu par chascun an XV^{lt}.

Taxé xxx^s. Contribuera.

Alexandre de Fontringant, ou lieu de Thibault du Val et sa femme, pour portion du fief de Villecien qui luy vault de revenu XII&tt;.

Taxé xxvii&s; vi&d;,
Exempt pour ce qu'il est de la garde escossoise du corps du Roy.

Bartholomy des Gueres et sa femme, pour les heritages du fief qu'ilz tiennent a Gyé, qui vault de revenu par an XX&tt;.

Taxé l&s;.

Jehan de Tournes, pour les héritages qu'il tient de fief à Sainct Vinemer, qui valent de revenu par an
VIII&tt; X&s;.

Taxé xx&s;.

Girard Bion et sa femme, pour leur portion de la seignorie de Laignes qui leur valent de revenu par an
XX&tt;.

Taxé lx&s;,
Exempt parce qu'il est mareschal des logis de Madame la Daulphine.

Le Duché de Bar le Duc.

Le Seigneur duc de Bar.

Le Conté de Ligny en Barrois.

Le Seigneur conte de Ligney.

Roolle tant des gentilzhommes qui se sont présentez pour faire en personnes service au Roy en son ban et arrière ban du bailliage de Sens que aultres qui ont esté présentez par aulcuns gentilzhommes ou roturiers inhabilles, pour faire service pour eulx oudit ban et arriere ban a la monstre du XVe Juillet cinq cens quarante cinq, lesquelz sont souldoyez par ceulx qui les ont présentez.

Jacques Tasche, escuyer, pour le Sgr de Sergines.

Jacques de Foulx, escuyer, arquebuzier } Pour le seigneur du
Pierre Fleury de } Plessiz Gaste Bled.

Denis Le Masle de Compigny, harquebuzier }
Pierre Petit de Thorigny } Pour les Sgrs de
Olivier Guilmin de Voisines } Thorigny.

Laurent du Val de Haulterive, hallebardier } Pour le Sgr du
Colas Charpentier de Sergines, picquier } Parc Viel.

Nicolas Boncoelier, harquebuzier, de Saillenay } Pour la dame
Claude Beau, dudit lieu, picquier } de Saillenay.

Pierre Huot d'Ormoy, harquebuzier, pour le Sgr d'Ormoy.

Jehan de Nuiz, escuyer, pour Bertrand de Nuiz.

Fiacre Jaulain de Vertron, pour le Sgr de Vertron.

Francois du Breuil, escuyer, pour le seigneur de Poilly, son pere

Jehan de Champaigne de Chassignelles, pour le Seigneur de Chassignelles.

Bernard Picart de Champignelles, pour le Sgr de Trichastel, lequel a confessé estre payé pour trois mois et a esté cautionné par le capitaine Claude de Can.

Loys Godin de Champigny, harquebuzier } Pour le Seigneur
Pierre Neronde de Villemanosche } de Dinteville.

A ULTRE ROOLLE TANT DES APPOINCTEZ QUE SOULDARS PRIS POUR FAIRE SERVICE AUDIT SEIGNEUR EN SONDIT BAN ET ARRIERE BAN DU BAILLIAGE DE SENS, OU LIEU DES INHABILLES ET ROTURIERS. ET LESQUELZ ONT ESTÉ RESPECTIVEMENT PAYEZ ET SOULDOYEZ POUR LE PREMIER MOIS DUDIT SERVICE A LA MONSTRE FAICTE AUDIT SENS LED. XVe JOUR DE JUILLET MIL V^c QUARENTE CINQ, AINSY QUE SENSUIT.

JEHAN de la Meslaye, escuyer, demourant a la Belliole, fourrier   xvi^{lt}.

    Jehan Pillemyer, escuyer, demourant à Arces, picquier   vi^{lt} xiii^s iv^d.

    Pierre Moreau des Sieges, picquier   vi^{lt} xiii^s iv^d.

    Lois Gillet de Sens, picquier   vi^{lt} xiii^s iv^d.

    Jehan du Buisson de Marigny, picquier   vi^{lt} xiii^s iv^d.

Thibault Gonault des Sièges, picquier	vi lt xiii s iv d.
Jacques Brouart de Fouchères, picquier	vi lt xiii s iv d.
Colas Aubour de Sens, picquier	vi lt xiii s iv d.
Pierre Gaubin de Villeufve la Genestz, picquier	vi lt xiii s iv d.
Pierre Gotart de Marsangy, picquier	vi lt xiii s iv d.
Estienne Robillart de la Chapelle sur Oreuse, harquebuzier	viii lt.
Francois Galette de la Chappelle sur Oreuse, harquebuzier	viii lt.
Didier Chevallerye de Vullaine, harquebuzier	viii lt.
Phillibert Chevallerye de Vullaine, harquebuzier	viii lt.
Pierre Audry de Domats, harquebuzier	viii lt.
Remy Guerin d'Arce, harquebuzier	viii lt.
Lienard Coullard de Domatz, harquebuzier	viii lt.
Charles de Thumes de Champignelles, harquebuzier	viii lt.
Bastien Guerin d'Arces, harquebuzier	viii lt.
Girard Jaques de Piffons, harquebuzier	viii lt.
Robert Martineau dudit lieu, harquebuzier	viii lt.
Jaques Audry de Sainct Valerien, harquebuzier	viii lt.
Guillaume Tatin de Sens, harquebuzier	viii lt.
Mathurin Siquot de Domatz, harquebuzier	viii lt.
Noel Cerveau de Villemanosche, harquebuzier	viii lt.
Estienne Barbier du Ponceau, harquebuzier	viii lt.
Sebastien Lambert, egiptien, harquebuzier, et en a respondu le capitaine Motheux, Jaques du Jarre	viii lt.

DU BAILLIAGE DE SENS

Jehan Moreau Deuchy, harquebuzier	viii lt.
Jaques Tollon de Courtouyn, harquebuzier	viii lt.
Claude Cave de la Selle sur le Bied, harquebuzier	viii lt.
Colas Feurey de Villeneufve la Genestz, harquebuzier	viii lt.
Estienne Barbot de Sens, harquebuzier	viii s.
Jehan Odinet de Marsangy, harquebuzier	viii lt.
Jehan Chachere d'Aucerre, harquebuzier	viii lt.
Simon le Roux de Vernoy, harquebuzier	viii lt.
Francois Viardot de Rameru, harquebuzier	viii lt.

Faict par nous Francois Le Clerc, chevallier, baron de la Forest Le Roy et de Givry, seigneur de Fleurigny, bailly et capitaine de Sens, en présence des lieutenant particulier, advocat et procureur du Roy le dix septiesme jour de juillet l'An mil v⁵ quarente cinq.

Et ledit jour en l'absence desd. lieutenant particulier, advocat et procureur du Roy, Sur la requeste a nous faite par Claude de Can et Regné de la Granche, escuyers, nommez comme gentilhommes pour assister a veoir faire les monstres dudit ban et arriere ban, Jaques de Jarre Sgr de Moteux, nostre lieutenant, Bernard de Jarre, escuyer, porte enseigne, Jehan Regnault, l'un des fourriers, Charles de Voves, Sébastien de la Mothe, centeniers ; Nicolas de Vergelot, Nicolas Auger, sergens de bande ; Anthoine Michel, fiffre ; Claude Polard et Phelippes Aubert, tabourins, afin d'estre payez pour ung mois, disans que aultrement ne partirerent, Avons ordonné afin que le service du Roy ne demeure, actendu aussi que l'affaire requiert célérité, et afin que les souldars ne demeurent sans conduicte, que lesd. appointez seront présentement payez pour ung mois entier par le Sgr de Vertilly, esleu et commis receveur des deniers dudit arrière ban, ainsi que l'ordonnance du Roy le contient ; ce qui a esté faict ainsi que sensuit ;

A nous bailly et capitaine	c lt.
A Jaques de Jarre, Sgr de Motheux, nostre lieutenant,	l lt.
Bernard de Jarre, escuyer, Sgr de la Vigne, porte enseigne,	xxx lt.
A Claude de Can, l'un des gentilzhommes pour assister aux monstres	xx lt.

A Regné de la Granche, Sgr du Parc, aultre gentilhomme   xx^{lt}.

A Jehan Regnault, l'un des fourriers,   xvj^{lt}.

A Charles de Voves, escuyer, centenyer,   xv^{lt}.

A Bastien de la Mothe, escuyer, demourant à Merinville, aultre centenyer   xv^{lt}.

A Nicolas de Vergelot, escuyer, demourant à Courtenay, sergent de bande   xv^{lt}.

A Nicolas Auger, demourant à Courtenay, aultre sergent de bande   xv^{lt}.

A Claude Polart, tabourin, de Sens   x^{lt}.

A Phelippe Aubert, aultre tabourin   x^{lt}.

A Anthoine Michel, fiffre du pais d'Egipte, demourant à Sens   x^{lt}.

Et pource que le nombre des souldars n'est suffisant, lesd. deux gentilshommes nous ont presenté, Pierre Drujon de Troyes, picquier, et Simon Guerin, harquebuzier, d'Arces, qui ont esté receuz et faict le serment, et leur a esté payé par led. receveur, assavoir

A Pierre Drujon, picquier, de Troyes   vi^{lt} xiii^s iv^d.

A Simon Guerin, d'Arces, harquebuzier,   viii^{lt}.

Aussi nous ont lesd. gentilzhommes presenté les cy apres nommez qui ont faict le serment et ausquelz a esté payé;

A Jaques Bonvarlet, harquebuzier, de Courtenay   viii^{lt}.

A Pierre de Compigny, harquebuzier, demourant a Fleurigny   viii^{lt}.

A Pierre Martin, demourant à Sens, harquebuzier   viii^{lt}.

A Jehan Hanepon, harquebuzier, de Foucheres   viii^{lt}.

A Jehan Genfrey de Foucheres, picquier   vi^{lt} xiii^s iv^d.

A Robert Ply de Soucy, harquebuzier   viii^{lt}.

A Vincent Hette demourant à Sens, harquebuzier   viii^{lt}.

DU BAILLIAGE DE SENS

George Marotte de Fleurigny, harquebuzier — viii lt.

Jehan Vaulthier de Fleurigny, harquebuzier — viii lt.

Claude le Croquier, barbier, demourant a Sens, natif de Beauvais en Beauvoisin, harquebuzier, et en a respondu Nicolas Aubour, souldart viii lt.

Jehan Pouart, demourant a Arces, harquebuzier, et en a respondu Jehan Pillemyer — viii lt.

Jehan Rayer de Montacher, harquebuzier — viii lt.

Martin du Jarre de Domatz, harquebuzier — viii lt.

Estienne Solignault de Domatz, harquebuzier — viii lt.

Geoffroy Champduice de Domatz, harquebuzier — viii lt.

Edme Robineau de Domatz, harquebuzier — viii lt.

Anthoine Perillat de Domatz, harquebuzier — viii.

Loys Guillon demourant a St Martin sur Oreuze, picquier — vii lt xiii s iv d.

Estienne Lange de la Chapelle sur Oreuze, harquebuzier — viii lt.

Claude Bouchart de Sens, harquebuzier — viii lt.

Jehan Brisebarre de Courtenay, harquebuzier — viii lt.

Claude Michon, harquebuzier — viii lt.

Claude Guyniers de Courtenay, harquebuzier — viii lt.

Jehan Martineau le jeune de Courtenay, harquebuzier — viii lt.

Guillaume Bynot de Courtenay, harquebuzier — viii lt.

Mathurin du Plessiz, harquebuzier de Villeneufve la Genestz — viii lt.

Pierre de Chaumes de Courtenay, harquebuzier — viii lt.

Francois Bidault de la Chapelle sur Oreuse, harquebuzier — viii lt.

Jehan la Guyde de Courtenay, picquier — vii lt xiii s iv d.

Robert du Plessiz de Fleurigny, harquebuzier   viii^{lt}.

Pierre de Guiot de Courtenay, harquebuzier   viii^{lt}.

Thomas Laugeux de la paroisse Sainct Savinian de Sens, picquier et en a respondu Pierre Reyṇau   vi^{lt} xiii^s iv^d.

Les payemens cy dessus ont esté faictz par le seigneur de Vertilly, gentilhomme esleu par les gentilzhommes dudit ban et arrière ban du bailliage de Sens à recevoir les deniers dud. arrière ban, ès presence de Nous soubzcriptz bailly et capitaine de Sens et des deux gentilzhommes esleuz a veoir faire les monstres.

Aultre Roolle des nobles et souldars du bailliage de Nemours, qui se sont assemblez et mis avec la compaignie et soubz l'enseigne de l'arrière ban du bailliage de Sens le xixe jour de Juillet l'an Mil V^e quarente cinq.

Adrian de Gelart, escuyer, esleu pour conduire lesd. gentilhommes et souldars dud. bailliage de Nemours.

Moyse de Gelart, son souldart, harquebuzier demourant à Gironnelle.

Jehan Desprez, escuyer, seigneur de Prey Fontaine, harquebuzier.

Vincent Doulcet, son souldart, demourant à Jouy, harquebuzier.

Guillaume Julien, escuyer, Sgr de Boissy, harquebuzier.

Anthoine Blondeau, son souldart demourant à Prey Fontaine.

Francois Bouchart, demourant en la parroisse de Courtampierre, harquebuzier.

Jehan Meger, son souldart, du Bugnon, harquebuzier.

Phelipes de Beschereau, escuyer, demourant à Lestournelle, harquebuzier.

Bertrand Nassier, demourant à Neronville, son souldart, harquebuzier.

Anthoine Boussier, demourant à Blondeaulx en Gastinois, harquebuzier.

Jehan Motereau, demourant à Bonnesse, son souldart, harquebuzier.

Anthoine Ferron, demourant à la Fosse, parroisse de Courtampierre, harquebuzier.

Edme Caillat, son souldart, harquebuzier.

Estienne Ferron, demourant à la Grone, harquebuzier.

Pierre Gogan du Bugnon, son souldart, harquebuzier.

Jehan Prevost, escuyer, Sgr de Montalen, harquebuzier.

Francois le Gendre de Grez, son souldart, harquebuzier.

Ledit Adrian de Gelart a dit que en faisant la monstre des nobles et aultres subjectz au ban et arriere ban dudit Bailliage de Nemours, auroit esté ordonné par le bailly dudit lieu en présence des advocat et procureur du Roy oudit Bailliage, que chascun desd. gentilzhommes auroit x^{lt} et chascun de leurs souldars viii^{lt} de soulde par chascun mois, et auroient les deniers de ladicte soulde, pour les trois mois entiers, esté délivrez audit de Gelart, avec quelques aultres deniers pour la contribucion des appoinctez en la compaignie et enseigne dudict ban et arriere ban. Parquoy après que lesd. gentilzhommes et souldars ont faict le serment de bien et loyaulment servir le Roy envers et contre tous, a esté ordonné aud. de Gelart payer lesd. gentilzhommes et souldars selon et en la maniere que ledit bailly de Nemours l'auroit appoincté.

Faict par nous Francois Le Clerc, chevallier, baron de la Forest le Roy et de Givry, Sgr de Fleurigny, Bailly et Capitaine de Sens, les an et jour dessusd.

Le Roolle des Exemps, Previlegiez, de ceulx qui ont fourny deniers pour leur service, les deffaillans et taxez pour leur service et ceulx qui font service en l'arriere ban, signé du greffier, a esté délivré a René de La Granche, seigneur du Parc, l'un des gentilhommes esleu à faire la monstre dud. arriere ban, pour le preter et délivrer au Capitaine Général suyvant l'Edit du Roy, le dernier jour d'Aoust Mil V^e quarente cinq.

De la GRANCHE.

Roolle des Convocation et Monstres faites en la ville de Sens, tant des nobles sujets au Ban et arrière Ban du Bailliage dud. Sens, pour les fiefs qu'ils y tiennent, que des roturiers et inhabilles receuz a contribuer ;

Le 20ᵉ jour de Mars 1551, 1ᵉʳ Juin et 28ᵉ Septembre 1552.

(Articles et passages contenant des indications différentes de celles données plus haut, avec renvoi aux pages du Rôle de 1545 auxquelles ces extraits se rapportent.)

Page 22 du Rôle de 1545 publié ci-dessus.

Le Seigneur de Fleurigny, Sergines et la Chapelle sur Oreuse en partie, qui valent de revenu par an IX^{cts}.

Messire Charles de Fleurigny, chevalier, seigneur desd. lieux, et de Ferrieres et Saulmont, Conseiller, escuyer tranchant ordinaire du Roy, Bailly et Capitaine de Sens.

Certificat qu'il est escuyer tranchant; ainsy exempt.

Nicolas de Sᵗ Falle, escuyer, héritier dud. défunt Guillaume du Molin, l'un des Sgrs de Sargines.

Excusé, est de la compagnie du Sgr Admiral de France.

p. 24.

Galas de Berulles, escuyer, héritier pour un cinquiesme, a cause de sa femme, de feue damoiselle Philberte de Belleville, vivant femme dud. de Foissy.

Exempt par lettres du Roy à Fontainebleau. 5 décembre 1551.

Le Sgr des Reaulx, aussy héritier pour un cinquiesme a cause de sa femme, de lad. de Belleville.

Exempt comme estant de la compagnie du Sgr d'Enghien.

Francois de Briscadiou, ou lieu de damoiselle Cecile Piedefer, Sgr des Clerymois et de Foissy en partie, et du fief de Vauleuvault au bailliage de Sezannes.
Valent   VII^{xx}XII^{lt} XI^s.

Claude Tixerant, bourgeois de Troyes, Sgr pour une huictiesme partie dud. Malay.

Exempt par certification de sa bourgeoisie et des privileges des habitans de Troyes; et les autres receuz a contribuer comme estans de robe et autres roturiers.

Le Sgr de Courtenay et Champignelles.

Led. Sgr qui est René de Boulainvilliers, exempt par lettres du Roy à Villers Cotrets. 14 Sept. 1552.

Le Seigneur de Valery, le M^{al} de St André.
Vault   MIII^{e}LXXV^{lt}.
Exempt.

p. 25.

Le Seigneur de St Valerian, qui est Messire Phelipes du Puis.

Exempt par lettres du Roy à Blois. 28 dec. 1551.

Le Seigneur de St Just, qui est Antoine de Sallazar, Sgr pour une partie.

Exempt comme homme d'armes de la compagnie du Comte de Nanteul, et par sentence donnée au siege dud. bailliage intervenue sur l'enterinement des lettres royaux obtenues par défunt Francois de Sallazar, en son vivant Sgr dud. St Just.

p. 26.

Damoiselle Catherine de Cuyse, dame de Misy-sur-Yonne et Champbertrand.

Jacques de Maubuisson, héritier pour un tiers de lad. damoiselle.

Et Me Anne de Terrieres, ayant le droit des autres héritiers.

Exempt, bourgeois de Paris.

p. 28.

Maistre Francois Desmier, conseiller du Roy en sa Cour de Parlement à Paris, Sgr dud. Marigny.

Exempt comme bourgeois de Paris.

Antoine de Conflans et Christofle des Ursins, héritiers dud. défunt Philbert de Beaujeu, Seigneurs des seigneuries dessusdites.

Exempts.

p. 29.

Eustache et Christofle de Crevecueur, etc.

Led. Christofle est exempt comme homme d'armes de la compagnie du Comte de Villars, et led. Eustache retenu pour servir.

Alpin de Bethunes, etc.

Jehan de Bethunes, son fils, Sgr desd. lieux. Exempt.

Led. Gilles de Foulx est exempt en consideracion de ce qu'il a esté esleu par les gentilshommes a lad. convocation pour assister à la monstre d'icelle.

p. 30.

Michel de Castres, etc.

A esté ordonné que la vefve et heritiers dud. Michel, decédé, fourniront un archer, non comprise la portion de Jehan de Castres, l'un desd. héritiers, qui a faict apparoir qu'il est homme d'armes du Duc de Guise, pour ce exempt.

Claude de Pontville, héritier pour un tiers dud. Galas de Chaulmont.

Arthus d'Assigny, aussy héritier pour un tiers.

Louis du Roux, autre héritier, pour sa troisiesme partie de lad. Seigneurie de Rigny le Ferron.

Exempt en considération de ce qu'il est gentilhomme esleu pour recevoir les deniers dud. arriere ban.

p. 31.

Hector de St Blaise, escuyer, Sgr de Poisy, pour sa portion entière qui vault   II^{c}XIII^{lt} V^s VI^d.

Et pour portion par luy acquise de Adrian de Torcy, vallant   LXXX^{lt}.

Et pour aultre portion acquise de Bonadventure de Foulx, qui vault   XV^{lt}.

p. 34.

Dame Renée d'Amboise, héritière de feu Messire Georges d'Amboise, dame de Cernon, vault LXXXX^{lt}.

Exempte.

Jacques et Bernard de Bryons, Jacques Menisson... etc...

<small>Sont demourans et stationnaires de Troyes. Exemptz par privileges de lad. Ville du Ban et arrière Ban.</small>

p. 35.

Maistre Jacques Peletrat, conseiller du Roy, lieutenant criminel au bailliage de Troyes, et damoiselle Odete d'Origny, sa femme. V escus de rente inféodez sur la seigneurie d'Origny.

<small>Exempts à cause des privilèges de lad. ville, dont ils sont bourgeois.</small>

p. 36.

Jacques de Courtenay, ou lieu de damoiselle Lucette de Chantier, dame du fief de Chevillon et Prunay qui vault XVI^{lt}.

<small>Exempt comme homme d'armes de la compagnie du Sgr d'Espinal.</small>

p. 38.

Damoiselle Magdelaine Pothin, vefve de feu Jehan du Deffend... etc...

<small>Claude du Deffend, son fils, a fait dire qu'il est archer de la compagnie du Sgr de Chastillon. Exempt.</small>

p. 39.

Jehan de Laleu, ou lieu de Maistre Jacques Spifame, tuteur de Me Gaillard Spifame, Sgr du fief de Beauregard en la seigneurie de Malay le Roy.

<small>Led. Jacques Spifame, Abbé de St Paul, est bourgeois de Paris.</small>

p. 40.

La vefve et héritiers Jehan du Mas, Sgrs du fief des Pelletiers.

Receuz à contribuer.

Maistres Jehan et Jacques les Hallegrins, ou lieu de M⁰ Jehan Rocquant, pour les fiefs de Villards... etc...

Bourgeois de Paris.

p. 41.

Dame Francoise Foucher, vefve de feu Joachin de la Chastres, Sgr de Thory les Chasteaulandon.

p. 42.

Jacques de Neufviz, à cause de sa femme héritière de Nicolas Aucourt, pour le fief de Mallevannes, assis à la Chapelle feu Payen.

Exempt comme gentilhomme de la Fauconnerie du Roy.

Damoiselle Marthe Le Roy... etc...
Gratian de Pontville, son fils, pour led. fief.

Est homme d'armes de la compagnie du Sgr de Chastillon.

p. 45.

Tristand de Bien, pour son fief des Espenarts.
La vefve et héritiers feu Maistre Jacques Hodoart ont dit estre détenteurs dud. fief, et contribueront.

p. 47.

Jehan du Pestitz, escuyer, pour son fief de Vauparfonde... etc...

Christofle du Pestitz, fils dud. défunt, déclare que led. fief luy appartient et le fief de la Gourretiere, et est homme d'armes de la compagnie du Sgr Admiral de France.

p. 49.

Claude Ambelin, marchant demeurant à Chalons. Une piece de prey en fief au finage et territoire de Mathogues.

p. 51.

Les héritiers feu Maistre Jehan Artauld pour le fief d'Estigny... etc...

Maistre Jacques Maslard, procureur en Cour d'Esglise à Sens, détenteur dud. fief, contribuera.

p. 53.

Maistre Christofle Richer, ou lieu de Jacques de la Puissonniere et ses frères, pour le fief de Chasteaufeuillet.

Exempt, Valet de chambre ordinaire du Roy.

Claude Bernard, escuyer, Sgr de Plenoche et en partie de Villemanoche.

Exempt comme escuyer de cuysine de Mgr le Daulphin.

p. 56.

Loys Le Hongre et Bernard de Jarre pour le fief des Chaesvres. Pierre Le Gaulthier a dict en avoir acquis une portion.

p. 60.

Guillaume Desquarat, dit de la Vernade, ou lieu de de Geoffroy d'Auvergne, Sgr du fief de Bassou.

Exempt à cause de son ancien aage.

p. 61.

Guyon Le Doulx, pour le fief de Chasteaubruslé.

Led. fief appartient à M⁰ Christofle Richer qui est valet de chambre du Roy.

p. 63.

Damoiselle Catherine de Roussy, dame de la Celle sur le Bied.

Pierre de Voves pour plusieurs terres... etc...

Est décédé, et contribueront la vefve et héritiers, nonobstant certificacion donnée par Charles de Tournebeuf qui dit avoir espousé la fille dud. défunt, et qu'il est de compagnie de Chevaux Legers.

Pregent Lucas, Sgr des Barres et de Brannay.

Receu à contribuer.

p. 64.

Benigne de Barbisey.

Est décédé, sa vefve mariée en secondes noces à Jacques Marie, mareschal des logis du Sgr de Chastillon, pour ce exempt.

Le fief de Milly, duquel sont détenteurs la vefve et héritiers Marignan de Milly.

Le fief de Guittry, assis à Rigny-le-Ferron.

Duché de Langres.

p. 65.

Nicolas Mace, ou lieu de Maistre Nicolas de Censey, pour le fief de Pierrefite.

Girard Barnerot, escuyer, trésorier de Salins, pour ce qu'il tient en fief en la seigneurie de Mornay sur Vigennes, et Roches.
<small>Est décédé.</small>

p. 66.

Les seigneurs de Challancey... etc...
<small>Led. Ciclier est décédé, et à l'esgard. desd. héritiers qui sont Jacques et Anthoine d'Orges sont déclarez exempts; led. Jacques pour sa portion de Challancey et des aultres seigneuries contribuera, faisant service personnel ou bailliage de Dijon.</small>

p. 67.

Geofroy de Rochebaron, ou lieu de feu Messire Phillibert de Rochebaron, chevalier, Sgr en partie de Baye, Germaine et d'Arbon.

Jehan de Martigny ou lieu de feu Claude de Martigny, Sgr de Montigny et Villeneufve sur Vigenne en partie.
<small>Exempt.</small>

p. 69.

La vefve Pierre de Sernac... etc...

Maistre Pierre Violle, conseiller du Roy en la Cour de Parlement et des Requestes du Palais, ou nom et comme ayant la garde noble de damoiselle Anne de Sernac, fille mineure d'ans dud. défunt Pierre et de lad. vefve.

<small>Est bourgeois et stationnaire de Paris.</small>

p. 70.

Le Seigneur de Grancey qui est Messire Joachin de la Baulme, Sgr de Chasteaublain.

<small>Est gentilhomme de la chambre du Roy, pour ce exempt.</small>

p. 73.

Jaspard de Saulx, Sgr de Cussey, Saulles, Grenant, etc... Guillaume de Grantmont, présent, a dit lesd. fiefs luy appartenir par acquisition dud. de Saulx.

Jehan de Martigny, ou lieu de Richard de Lenglay, détenteur du fief de Lachaulme, au lieu de Mornay.

p. 76.

Pierre Vauvel (?), pour le fief de Chaslemessain les Grancey.

Messire Guillaume de Cicon, a présent mary de la vefve feu Guy de Cleron, pour sa portion de seigneurie de Moilleron et Vivey.

<small>Est demeurant ou bailliage de Dijon.</small>

P. 77.

Didier Parisot, pour ce qu'il tient de fief a Santenaiges.

<small>Contribuera.</small>

P. 78.

Damoiselle Agnes Thierry, pour ses fiefs de Rivieres, Percey le Pautay... etc... Maistre Prudent Chabut, eslu et Prévost de Langres, a présent détenteur desd. seigneuries.

P. 79.

Messire Jehan d'Amoncourt, chevalier, Sgr des fiefs et seigneuries de Montigny sur Aube, Gevrolles, Veuxaulles, Boudreville et Cusey en partie.

<small>A faict apparoir qu'il est l'un des quatre commissaires des guerres, par lettres dud. estat. Déclaré exempt.</small>

Francois de Vingles pour son fief du four bannal de Chastoillenot ou Conté de Montsauljon.

Bertrand de Palasse, pour ses fiefs a Baissey, St Beroing les Fossés et Rivières les Fossés.

Georges de Palasse, pour son fief a Courlon lez Grancey.

Comté de Tonnerre.

p. 80.

Messire Anne de Montmorancy, connestable de France, ou lieu de Messire Francois de Montmorancy, Sgr de Thorey, Rugny, etc...

Exempt.

Georges de Mandelot... etc...

Francois et Antoine de Mandelot, héritiers chascun pour un tiers de Georges de Mandelot, leur père qui est décédé.

Sont chevaux legers par certificats du duc de Nemours.
Et a l'esgard de Grégoire du Chastellet, Sgr de Bonnes, dame Claude de Fossey, vefve de feu Phelipes de Mypont, Philbert de Mypont, fils dud. defunt et d'elle, Charlotte d'Igny, vefve de feu Georges de Mandelot, Antoine et Francois de Mandelot, Lois de Lussigny, Sgrs desd. fiefs, exempts par lettres du 6 novembre 1552.

p. 82.

Guillaume de Farnecq et Francois de Farnecq, seigneurs pour toute la seigneurie de Brageloigne, par ce qu'ils ont acquis le droit de Urbain Trabuchet.

La vefve de Francois de Boulainvilliers, dame de Courgy.

p. 83.

Claude Leger, tant de son chef que ayant le droit de Lois du Mas, Sgr de Villiers Vineux.

Exempt par lettres du Roy du 9 octobre 1552.

Jehan de Nicey... etc...

Ferry de Nicey, fils et héritier dud. Jehan, a présent détenteur desd. fiefs et seigneuries.

Exempt par lettres du Roy du 21 nov. 1552.

p. 84.

Anne de Vauldrey, Sgr d'Argentenay... etc...

Led. de Vauldrey est enseigne de la compagnie du duc de Guyse, pour ce exempt.

p. 85.

Jehan du Pin, Sgr en partie dud. Vezannes.

Exempt. Est archer de la compagnie du Sgr de Tavannes.

p. 88.

Marie Chevallier... etc...

Maistre Noel Coiffart, lieutenant général ou bailliage de Troyes, tuteur et curateur des enfans mineurs de luy et de feue damoiselle Francoise Vuyard, sa femme, a cause d'elle, Sgr dud. Viviers ; lad. damoiselle Marie Chevallier est décédée.

Exempt, bourgeois de Troyes.

p. 90.

Jehan le Mignot, ou lieu de damoiselle Marguerite de Giborneau, pour ce qu'il tient de seigneurie a Rameau et Montbaloys.

Damoiselle Guillemette de Roffey... etc...

M⁰ Odinet Gondrant, escuyer, docteur ès droit, Garde des Sceaulx de la Chancellerie et Cour de Parlement de Dijon, a dit estre mary de damoiselle Jeanne Noel, qui, à cause d'elle, comme mere et tutrice de André, Claude, Bénigne et Anne de Laval, enfans mineurs d'ans de feu Robert de Laval, en son vivant premier mary de lad. Jeanne Noel, Sgrs en partie dud. Carisey, comme fils et héritiers universels de lad. défunte Guillemette de Roffey, et que à raison de son estat de garde des sceaulx est exempt.

André et Francois de la Rivière... etc...

Led. Francois exempt comme homme d'armes de la compagnie du Sgr de Tavanes.

Il y reste plusieurs feuillets que l'on a déchirez.

(*Ms. Bibl. Nat., F. Français 21540. Copie faite au XVII⁰ Siècle sur l'original existant alors à Fleurigny.*)

Rooi.le faict des nobles et autres personnes sujets au Ban et Arrière Ban du Bailliage de Sens, pour raison des fiefs, arriere fiefs et possessions nobles qu'ils tiennent aud. bailliage, retenuz pour faire service personnel ; la monstre faicte aud. Sens, suivant les Lettres Patentes du Roy, par nous Charles de Fleurigny, chevalier, seigneur dud. lieu, de Ferrières et Saulmont, escuyer tranchant ordinaire du Roy, Bailly et capitaine de Sens, commissaire dud. Seigneur en ceste partie, le 20 mars 1552.

(Nous n'avons extrait et nous ne publions de ce rôle que les noms des hommes d'armes et archers qui ne figurent pas dans les montres précédentes.)

Hommes d'Armes

François de Briscadiou, Sgr de Foissy en partie, des Clerimoys pour le tout, du fief de Craners.

La vefve Pol Dyvoir ou lieu de Phelipes de Noyen, pour ce qu'il tient a la mothe de Hurtebise.

Damoiselle Anne de Thumery, dame du fief des Philippieres.

Estienne de Biesvre, Jehan de Biesvre et damoiselle Ysabeau David, vefve de feu Jehan de Biesvre, Sgrs de Couldray.

Francois de Sallezar, pour la treiziesme de la seigneurie de S¹ Just. Doit un homme d'armes qui a esté Léon de Soucy.

Damoiselle Madeleine de Savoisy, pour sa seigneurie de Cheny, et pour les deux tiers de Saillenay.

Jehan Bucheron, demeurant a Rebourseau, homme d'armes pour lad. de Savoisy.

Richard de St Falle, Sgr de Cudot; Pierre de Salley a esté fait homme d'armes en sa place a cause de sa maladie et antien aage.

Francois de la Royne, ou sa vefve pour le fief du

Donatien de Lespée, fait homme d'armes ou lieu de Lois de Herault, Sgr de Hault Charmoy; led. Lois de Herault pour son fief des Meures.

Phelipes de Grancey, Sgr de Chassignelles.

Jehan de St Estienne ou led. Donatien de Lespée, pour sa portion de Tronchoy.

Claude Feuillemyn, fait homme d'armes le jour de la monstre ou lieu de Jehan d'Amoncourt, Sgr de Piépape, qui a esté fait guidon; led. d'Amoncourt pour lad. seigneurie de Piépape et Longeau assises au bailliage de Sens, et Thaney au bailliage de Dijon.

Jehan de Laleu a esté fait homme d'armes au lieu de Jehan de Martigny, absent; led. de Martigny pour sa portion de seigneurie de Montigny, Villeneuve sur Vigenne, Provencher et Sacqueney.

Jehan de Sacqueney ou Martin de Sacqueney, son fils, pour le fief de Champy.

Jehan de Chaulvirey, Sgr de Gratedoz.

Le Baron de Tilchastel, pour led. Tilchastel et seigneurie de Bourberain. Absent, en son lieu Lois Moreau, Sgr de la Brosse, a esté fait homme d'armes.

Marc de Chavanges, pour ce qu'il tient en fief de la Colombiere.

Messire Geofroy de Rochebaron, Sgr de Rochetaillé.

Damoiselle Blanche de Courtenay ou Marc de Mothelon son fils, pour ce qu'il tient en fief a la Chapelle de Senevoy.

Le Sgr de Champlay.

Lois de Montarby, ou lieu de Pierre de Montarby, son père, pour la seigneurie de la mothe de Regny.

Phelipes Boucher, ou lieu des héritiers feu Mᵉ Tristan Boucher, pour la portion du fief de Roffey.

Messire Lois d'Estampes, Sgr du Mont Sᵗ Suplix.

Archers

Les Sgrs de Sergines, Tristan de Hemery, la vefve et héritiers Pierre Tasche, et Guillaume du Moulin ou ses héritiers, excepté la portion de Nicolas de Sᵗ Phalle, escuyer.

Jehan de Tournebeuf, de Charmoy.

Pierre du Jard, dit de Castron, presenté pour les Sgrs de Sergines.

Edme de Chaulmont a esté fait archer ou lieu de Regné de Boulainvilliers Sgr de Courtenay et Champignelles.

Jehan Polyart ou lieu de Pierre le Gaulthier, pour le fief des Pyats.

Gabriel de la Marche
Georges de Melun } Héritiers chascun pour un cinquiesme de feue damoiselle Philberte de Belleville.
Jacques de Neufviz le jeune

La vefve et héritiers feu Jehan Bernard, Sgr de Champigny.

Jehan Pasturange.

Jehan d'Assigny pour le fief de

Jacques du Perier ou lieu de Pierre de Vielchastel, Sgr de Vertilly.

Damoiselle Claude le Duc, pour la Vicomté de Sens.

Guion le Doulx, ou lieu de Charles Vollant, Sgr de Dolot. Excusé pour son ancien age.

Bertrand de Nuys ou lieu d'Hector de Blondeaux, Sgr de Villefranche.

Francois de la Tour, ou lieu de la vefve et héritiers Michel de Castres, et portion de Jehan de Castres, l'un desd. héritiers, non comprise.

Regnault de Domart ou lieu de Messire Francois de Courtenay, pour son fief de Parvier.

Jehan Damont, ou lieu des vefve et héritiers Messire Phillibert de Beaujeu, pour les seigneuries de Villiers Bonneux, le fief des Noyseaulx, la Thuillerie, de Maulny... etc...

Nicaise Lestouppier, ou lieu du Sgr de Poisy du nom de St Blaise, pour portions acquises de Adrian de Torcy et Bonaventure de Foux.

Etienne Bonfromment, ou lieu de Nicolas Pouart, pour sa portion de Venisy.

Edmon du Jarre, ou lieu de Claude Feullemin, fait homme d'armes ou lieu de Jehan d'Amoncourt, pour la seigneurie des Bourses.

Jacques de Lentaiges pour la seigneurie de Vitry le Croisey.

Guillaume de Pommay, au lieu de Jehan de Laleu, fait homme d'armes. Led. Jehan de Laleu pour son fief de Beauregard au lieu de Jacques Spifame.

Lois de Milly, fait archer au lieu de Jehan et Robert de Germigny.

Jaspard Fourny, fait archer au lieu du Sgr de Vergy, Sgr de Fouvant.

Lancelot de Lormoy, fait archer ou lieu d'Aubert de Senevoy.

Damoiselle Huguette de Saultour, vefve de feu Elion de Varennes, Claude de Chenu au lieu de Pierre de Chenu son père, Sgrs en partie de Ravieres et des fiefs de Beauchamp et Feulvy.

Guillaume de Ville Jacques, fait archer au lieu de Claude Leger, tant de son chef que comme ayant le droit de Lois du Mas, Sgr de Villiers Vineux.

Signé, Rouget, pour le greffier.

(Ms. Bibl. Nat., F. Français 21 540.)

ARRIERE BAN POUR L'AN MIL CINQ CENS SOIXANTE ET QUINZE.

Roolle général des fiedz subjectz au ban et arriere ban du bailliage de Sens, distinguez les assietes et climatz du pays.

I

Fiedz assis en la ville de Sens et entre les Rivieres d'Yonne, Seyne et Vannes, en ce compris les fiedz de Theil, Noées, Vaumort, Villechétive, Palteau et la Houssoie.

Et premierement en la ville de Sens Monsieur Mᵉ   du Faure, conseiller du Roy en la court des généraulx a Paris, est seigneur et détenteur pour les deux partz du fied de la Vicomté de Sens, vallant de revenu par an la somme de   LXXV ͫ.

A raison de quoy il doibt contribuer la somme de xxiᵗᵗ iˢ xiᵈ.

Ayant esgard que led. du Faure est notoirement bourgeois et stationnaire de Paris, l'avons du consentement des gens du Roy declaré exempt de service personnel et contribution aud. ban et arriere ban, Faict le xvᵉ Octobre 1575.

M° Eusebe Ferroul, conseiller au siege présidial d'Auxerre, seigneur et detenteur de certaines censives a Sens a cause de damoiselle Paulle Hodoart, sa femme, au lieu de feu M° Gabriel Bouchard ; Lesd. censives vallant de revenu par an la somme de VIII^{lt}.

<small>A raison de quoy il doibt contribuer la somme de xlv^s.</small>

Damoiselle Loyse Hodoart, vefve de feu..... de Mas, dame du fied appelé antiennement le fied de la Chastelleine et de présent le fied des Pelletiers, assis en la parroisse de Soucy lez Sens, vallant de revenu par an XLII^{lt} VII^s II^d.

<small>Doibt contribuer xi^{lt} xviii^s iv^d.

Ladicte Hodoart est exempte de service personnel aud. ban ayant esgard qu'elle est femme, et contribuera.</small>

Les héritiers de feu M° Jacques de Montery, advocat en Parlement, pour le fied qu'ilz tiennent a Gisy les Nobles, vallant de revenu par an VII^{xx}X^{lt}.

<small>Doibvent contribuer xliii^{lt} iii^s ix^d.</small>

Les heritiers de feu M° Hyerosme de Les..... advocat en Parlement, pour ce qu'ilz tiennent de fied audict Gisy, vallant de revenu par an C^{lt}.

<small>Doivent contribuer xxviii^{lt} ii^s vi^d.

Ayant esgard qu'ilz sont bourgeois et stationnaires de Paris attendu le privilege notoire octroyé ausd. bourgeois, lesd. héritiers sont declarez exemptz de contribution et service personnel.</small>

M° Jehan Cartault, conseiller au siege presidial de Sens, seigneur du fied de la mothe lez Gisy, a cause de dame. . . . . Pesnot, sa femme, vallant de revenu par an VI^{lt}.

<small>Doibt contribuer xxxiii^s ix^a.
Ayant esgard a la qualité dud. Cartault il est declaré exempt du service personnel et néantmoins contribuera.</small>

Jehan de Castres, escuyer, seigneur et detenteur du fied de Michery appellé Ternantes, vallant de revenu par an II^{clt}.

<small>Doibt contribuer lvi^{lt} v^s.</small>

Ledict de Castres encores seigneur du fied de Garlandes assis audict Michery, scavoir en son nom pour la moictié et par puissance de fied pour l'aultre moictié, ledict fied vallant de revenu par an CXXXXX^{lt} IX^s III^d.

<small>Sur la remonstrance faicte par Jamard que ledict de Castres estoit seigneur desdictz fiedz et qu'il estoit, encores qu'il soit sexagenaire, employé pour le service du Roy soubz la cournette de Monsieur le Vicomte de Tavannes, comme équippe d'armes et de chevaulx, et a esté led. de Castres exempté de service personnel aud. ban pour lesd. fiedz de Michery, Ternantes et Garlandes.</small>

Damoiselle Jehanne de Fretel vefve de feu Messire Robert de Bragues, en son vivant chevalier, conseiller et maistre d'hostel ordinaire de la Royne, et Nicolas de Gonnelieu, seigneur et dame du fied de Misy et Champbertrand sur Yonne, chacun pour une moictié, vallant de revenu annuel la somme de VII^{xx}XIII^{lt}.

<small>Doibvent contribuer xliii^{lt} viii^a.
Ayant esgard a la qualité de lad. de Fretel et que led. de Bragues, son mary, estoit officier domestique de la Maison de la Royne, ainsi qu'il nous est apparu par certiffication et par le registre de la convocation derniere dud. ban en l'an Mil cinq cens soixante neuf, nous la déclarons exempte de contribution et service personnel aud. ban pour la moictié dud. fied, et quant audit</small>

Gonnelieu, ayant esgard qu'il faict service personnel actuellement au camp du Roy et armée estant a Montmirail en Brye, comme lieutenant estant de la compagnye du Sgr d'Estrées, grand maistre et capitaine général de l'Artillerye du Roy et capitaine de cinquante hommes d'armes des ordonnances dud. Seigneur, l'avons declaré exempt de contribution et service personnel aud. ban et arriere ban, pour la moictié dud. fied.

Me Mathieu de Challemaison, Doyen de Sens, seigneur du fied terre et seigneurie de La Ragane, assis en la parroisse de Vinneuf, par luy acquis des religieux, abbé et couvent de Sainct Remy lez Sens, a l'aliénation des biens ecclesiastiques faicte en l'an 1575, vallant de revenu annuel la somme de. . . . .

La vefve et heritiers feu Tristand de Hemery, seigneurs et détenteurs du fied de Sergines, vallant de revenu par an la somme de . II$^{c\tt}$.

Doibvent contribuer lvi^{tt} v^s.

Dame Phelipes du Moulin, vefve de feu Messire Charles de Fleurigny en son vivant chevalier, escuyer tranchant ordinaire de la Maison du Roy et Bailly de Sens, dame et détentrice d'un fied assis a Sergines tant en son nom que comme ayant la garde noble des enfans mineurs dudict defunct et d'elle, ledict fied vallant de revenu par an la somme de IV$^{c\tt}$.

Doibt contribuer cxii^{tt} x^s.
Exempte de contribution et service personnel aud. ban attendu que led. feu seigneur de Florigny estoit officier domestique de la Maison du Roy, exempte tant pour led. fied de Sergines que pour les fiedz de Florigny et La Chapelle sur Oreuze a elle appartenans esd. noms.

Alexandre de la Chaulsée, a cause de . . . . . Parquier sa femme, et Jehanne Parquier, vefve de feu Mᵉ Jehan Fleury, en son vivant procureur en. . . . ., seigneurs et detenteurs du fied de Charmoy lez Sargines, au lieu de feu Jehan Poulain, duquel ilz sont héritiers, lequel avoit le droict aud. fied a cause de Jullien de Tournebeuf, ledict fied vallant de revenu par an VIᵗ.

Doibvent contribuer xxxiiiˢ ixᵈ.

Mathurin Le Bachelier, demourant a Courlon, au lieu des heritiers de feu Sebastien de Villiers, seigneur et détenteur du fied de Fontenelles assis aud. Sargines, vallant de revenu par an la somme de CVˢ.

Doibvent contribuer xxixˢ viᵈ.

La vefve et heritiers feu Francoys Raguier, seigneurs et detenteurs du fied de la Vallée de Sergines, vallant de revenu annuel LXᵗ.

Doibvent contribuer xiᵗ vˢ.

Luc Olivier, a cause de Marie Bouchart sa femme au lieu de feu Ferry de Choiseul, pour ce qu'il tient de fied de Plessis les Sergines vallant de revenu annuel IVᵗ Xˢ.

Doibt contribuer xxvˢ ivᵈ.
Ayant esgard que led. Olivier est inhabille a porter armes l'avons déclaré exempt de service personnel aud. ban, et néantmoins ordonné qu'il contribuera.

Mᵉ Thierry Gressin, advocat en la Cour de Parlement a Paris, seigneur et détenteur du fied de Souchet, assis en la parroisse de Sargines, vallant de revenu par an Lᵗ.

Doibt contribuer xiv# i^s iii^d.

Ayant esgard que led. Gressin est bourgeois et stationnaire de Paris, nous l'avons déclaré exempt de service personnel et contribution.

Dame Phelipes du Moulin, vefve de feu Messire Charles de Florigny en son vivant chevalier, escuyer tranchant ordinaire de la Maison du Roy et Bailly de Sens, dame et détentrice du fied et seigneurie de Florigny, tant en son nom comme douairiere que comme ayant la garde noble des enfans mineurs dud. defunct et d'elle, led. fied vallant de revenu IV^{c #}.

Doibt contribuer cxii[#] x^s.

Encores ladicte du Moulin esd. noms dame d'un aultre fied, terre et seigneurie assis à la Chapelle sur Oreuze vallant de revenu par an C[#].

Doibt contribuer xxviii[#] ii^s vi^d.
Exempte.

Messire Jacques de Neufvy, chevalier de l'Ordre du Roy, au lieu de feu Jehan et Juvénal de Belleville, seigneur et détenteur du fied de Thorigny, vallant de revenu par an V^cXI[#] compris une cinquiesme partie de ce qu'il tient en fied audict lieu a cause de Philleberte de Belleville, sa mère;

Doibt contribuer vii^{xx}iiii[#] xiii^s vi^d.

A esté remonstré que led. de Neufvy, seigneur de Thorigny et Gumery, est chevalier de l'Ordre du Roy, employé au service de sa Majesté en l'armée conduictte en Champaigne, par quoy exempt.

Ledict de Neufvy, pour les menuz cens par luy acquis du Prieur de Sainct Sauveur lez Sens a la vendition des biens ecclesiastiques, vallant de revenu par an la somme de XXXIII^s IX^d.

Charles des Reaulx, escuyer, seigneur de Lynant, a cause de damoiselle. . . . . de Neufvy, sa femme, pour une cinquiesme partie de ce que tenoit en fied audict Thorigny feu Phillebert de Belleville, vallant de revenu annuel la somme de XI^lt pour lad. cinquiesme partie.

<small>Doibt contribuer lxii^s ii^d.

Me Jacques Bouquot, advocat, a remonstré que led. des Reaulx a toujours faict service au Roy durant les precedantes guerres et mesmes durant le camp de la Rochelle estoit mareschal de la compagnye du Roy lors seigneur et duc d'Anjou, et sont deux des enfans dud. des Reaulx en l'armée du Roy conduicte par le seigneur duc de Guise, que led. Charles des Reaulx, seigneur de Lynant, Courchamp, Boullay en partie et du Petit Plessis près Lusarche en France, est ordinairement employé en l'estat de mareschal de camp; Sur ce oy lesd. gens du Roy avons déclaré exempt led. des Reaulx de service personnel et contribution aud. ban.</small>

Loyse de Neufvy, vefve de feu Gallas de Berulles, seigneur de Viel Verger, pour une aultre cinquiesme partie de ce que tenoit en fied audict Thorigny lad. Phileberte de Belleville sa mère, vallant de revenu annuel XI^lt.

<small>Doibt contribuer lxii^s ii^d.

Me Sebastien de la Faye, procureur de lad. Loyse de Neufvy, a remonstré que led. de Berulles, son mary, estoit l'un des Cent gentilzhommes de la Maison du Roy et officier domestique, par quoy exempte.</small>

Damoiselle Jehanne de Neufvy, vefve de feu Gerard de Melun, seigneur de la Louptiere, pour une aultre cinquiesme partye de ce que tenoit en fied aud. Thorigny lad. Phileberte de Belleville, sa mère, vallant de revenu annuel XI^lt.

Doibt contribuer lxii^s ii^d.

Edme de Crevecueur, escuyer, seigneur de Vienne, au lieu de Marie de Neufvy, femme de Gabriel de La Marche, seigneur pour une aultre cinquiesme partie de ce que tenoit en fied aud. Thorigny, Phileberte de Belleville, mère de lad. Marie, vallant de revenu annuel XI^lt.

Doibt contribuer lxii^s ii^d.

Me Pierre Jamard, procureur dud. de Crevecueur a faict apparoir par certificat qu'il estoit homme d'armes de la compagnie du Sgr de Clermont, capitaine de cinquante hommes d'armes des ordonnances du Roy, par quoy déclaré exempt.

Messire Anne de Vauldrey, chevalier de l'Ordre du Roy, Bailly de Troyes et seigneur du fied de Roches, aultrement dict Thirloze, assis en la parroisse de Thorigny, vallant de revenu par an XVI^lt.

Doibt contribuer iv^tt x^s.

Me Nicolle Jodrillat a remonstré que led. de Vauldrey doibt estre déclaré exempt tant a cause qu'il fait service personnel au Roy comme bailly dud. Troyes pour la convocation du ban dud. bailliage que comme estant l'un des Cent gentilzhommes de la Maison du Roy, et que ceste exemption luy doibt aussy estre octroyé pour le fied d'Argentenay assis au pays de Tonnerrois, dont il est seigneur.

Les héritiers de feu Me Jacques du Boys, en son vivant advocat au bailliage de Sens, seigneur et detenteur du fied de Vermont assis en la parroisse de Thorigny, vallant de revenu annuel LV^lt V^s.

Doibvent contribuer xv^tt x^s ix^d.

Claude Le Goux, seigneur de la moictié du fied de Champloust, assis en la parroisse de Granche, vallant de revenu annuel   XVI^{lt} XIII^{s}.

<small>Doibt contribuer iv^{tt} xiv^s i^d.</small>

Me Loys de Mas, esleu a Sens, pour ce qu'il tient audict fied de Champloust a cause de l'acquisition par luy faicte de l'Archevesque de Sens a la vendition des biens ecclesiastiques l'an 1564, vallant de revenu annuel
XVI^{lt} XIII^{s}.

<small>Doibt contribuer iv^{tt} xiv^s i^d.</small>

La vefve et héritiers feu Messire Gilles des Ursins, seigneur du fied terre et seigneurie de Villiers, vallant de revenu par an   II^{c}L^{tt}.

<small>Doibvent contribuer lxx^{tt} vi^s iii^d.</small>
<small>Veu la requeste a nous presentée par Christofle des Ursins chevalier de l'Ordre du Roy, Sgr de la Chappelle, tuteur des enffans mineurs de feu Messire Gilles des Ursins, en son vivant chevalier dud. Ordre, Sgr d'Armentieres et de Villiers Bonneux, narrative que par lettres patentes du Roy du xxive Septembre dernier lesd. mineurs ont esté deschargez de contribution aud. ban et arriere ban ; Nous en enterinant lad. requeste avons deschargez et deschargeons lesd. mineurs de service personnel et contribution aud. ban et arriere ban pour led. fied de Villiers Bonneux.</small>

Dame Phelipes du Moulin, ès noms que dessus, pour huict vingtz arpens de boys tailliz assiz ou lieu dict le Boys au Pois, faisans portion dudict fied de Villiers Bonneulx, vallans par chascun an   LXXX^{tt}.

<small>Doibt contribuer xxii^{tt} x^s.</small>
<small>Pareille requeste et appoinctement que dessus pour le fied de Fleurigny.</small>

Les heritiers de feu Me Christofle Richer, pour les troys partz, dont les cinq font le tout, qu'ilz tiennent en fied a Chasteaufeuillet, assis parroisse de Villiers Bonneulx, vallans de revenu par an　　　　　　XVIII#XVI^s.

<small>Doibvent co ntril vci cv^{ds}.</small>

Les heritiers de feu Guillaume Denis et damoiselle
. . . . . La Puissonniere, femme de feu Guyon Le
Doulx, detenteurs des deux aultres cinquiesmes dud.
fied de Chasteaufeuillet vallans comme dessus.

<small>Contribueront xliij^s iv^d.</small>

Damoiselle . . . . . de Vielchastel, dame du fied
de Fricambault, assis en lad. parroisse de Villiers
Bonneulx, led. fied acquis des seigneurs de Villiers
Bonneulx, et vallant de revenu annuel　　　LXXV#.

<small>Doibt contribuer xxi^{lb} j^s xi^d.</small>

Anthoine de Malhortye, a cause de damoiselle Marie
de Vielchastel, sa femme, Sgr du fied, terre et seigneurie
de Vertilly, hormis la portion appartenant a Messire
Christofle de Tenance, a cause de dame Loyse de
Vielchastel, sa femme, la totalité vallant de revenu annuel　　　　　　　　　　　　　　　　　　II^c #.

<small>Doibt contribuer xlvij# xvi^s.</small>

Led. de Malhortye, audit nom, encores seigneur d'un
fied appellé le Boys Gravis, assis en la parroisse de
Villenauxe la Petite, vallant de revenu par an XXXIX^s.

<small>Doibt contribuer xi^s.

Me Juvenal Rayer, procureur, a remonstré que led. de Malhortie est aveugle des deux yeulx et ne peut faire service personnel, comme il a tousjours faict par le passé tant qu'il a peu, et sont a présent deux de ses enfans au service du Roy, a raison de quoy il doibt estre exempt de service personnel et contribution aud. ban, encores qu'il soit contribuable, si est ce qu'il ne debvroit payer si grande somme, d'aultant qu'il ne tient entierement led. fied et terre</small>

de Vertilly, ains en a esté desmembré une partie appellée le lieu de La Tuillerie par le partaige faict avec les coheritiers de sad. femme, lequel lieu est advenu a dame Loyse de Vielchastel femme de Messire Christofle de Tenance, chevalier de l'Ordre du Roy, seigneur de Tenance, lequel aussy doibt estre declaré exempt attendu qu'il faict service au Roy, Sur ce oyz lesd. gens du Roy qui ont soustenu qu'il debvoit contribuer attendu que lad. terre appartient a lad. damoiselle Marie de Vielchastel, femme dud. de Malhortye, Nous avons dict que led. de Malhortie sera déclaré exempt de service personnel et néantmoins qu'il contribuera aud. ban la somme de xlvii^{lt} xvi^s iiii^d pour ce qu'il tient aud. fied de Vertilly, et a l'esgard du Sgr de Tenance y sera faict appoinctement cy apres.

Messire Christofle de Tenance, chevalier de l'Ordre du Roy, seigneur de la metairie de La Tuillerie lez Vertilly, a cause de dame Loyse de Vielchastel, sa femme ; lad. metairie vallant de revenu par an XXX^{lt}.

Doibt contribuer viii^{lt} viii^s ix^d.
Exempt.

Messire Nicolas de Foulx, seigneur du fied, terre et seigneurie du Plessey Gaste Bled, vallant de revenu par an VI^{xx} ^{lt}.

Doibt contribuer xxxiii^{lt} xv^s.
Sur la remonstrance faicte par Me Baltazar Taveau procureur, que led. de Foulx estoit homme d'Eglise, nous l'avons déclaré exempt de service personnel et neantmoins ordonné qu'il contribuera.

Encores ledict Messire Nicolas de Foulx seigneur du fied, terre et seigneurie de Songnes, vallant de revenu annuel   IX^{xx} ^{lt}.

Doibt contribuer l^{lt} xii^s vi^d.

Les seigneurs du fied, terre et seigneurie de la Louptiere vallant de revenu annuel   II^{c}LV^{lt} XIV^s.

Doibvent contribuer lxxi^{lt} xiv^s v^d.

Les seigneurs du fied, terre et seigneurie des Barres assis en lad. parroisse de La Louptiere, vallant de revenu par an L*.

<small>Doibvent contribuer xiv^{lt} i^s iii^d.</small>

Les seigneurs du fied, terre et seigneurie de Toussac assis en la parroisse de Villenauxe la Petite, vallant de revenu annuel L*.

<small>Doibt contribuer xiv^{lt} i^s iii^d.</small>

Claude Le Goux, seigneur de Lours, pour les acquisitions par luy faictes des religieulx, prieur et couvent de la Chappelle sur Seyne a la vendition des biens ecclesiastiques pour la somme VIII cens LXXXV livres XIII solz IV deniers.

<small>Contribuable.</small>

Les héritiers de feu Messire Jehan de Sainct Symon, pour les acquisitions faictes par led. de Sainct Symon de certains heritaiges assis en la parroisse de Sainct Martin Chesnetron et ès environs, près Nogent sur Seine, auparavant appartenant aux religieux abbé et couvent de Vauluysant, vallans de revenu annuel XXV^s.

<small>Doibt contribuer vi^s ix^d.</small>

Loys de Madere, seigneur et detenteur du fied de Courcerroy et aultres heritaiges assis au bailliage de la Mothe de Thilly, vallans de revenu annuel XLVII^{lt} XVII^s.

<small>Doibt contribuer xiii^{lt} ix^s ii^d.</small>

Dame Marie de Bethunes, vefve de feu Messire Jehan Raguier, en son vivant chevalier, seigneur d'Esternay, tant en son nom comme douairiere que comme ayant la garde noble des enfans mineurs dud. defunct et d'elle, dame du fied, terre et seigneurie de la Mothe de Tilly, vallant de revenu annuel   V^cLXX^{tt}.

<small>Doibt contribuer viii^{xx}vi^s iii^d.</small>

Ladicte de Betunes, oudict nom, dame du fied, terre et seigneurie de Solligny vallant de revenu annuel la somme de   VI^{c tt}.

<small>Doibt contribuer viii^{xx} viii^{tt} xv^s.</small>

Ladicte dame Marie de Betunes, oudict nom, dame des fieds de Villeneufve, Mauny et Sainct Maurice aux Riches Hommes vallans de revenu annuel   VIII^{xx tt}.

<small>Doibt contribuer xlv^{tt}.
Me Pierre Jamard a remonstré que lad. dame est vefve dudict deffunct Raguier, l'un des cent gentilzhommes de la Maison du Roy ; faulte de faire apparoir de ce que dessus contribuera.</small>

Le seigneur du fied appellé le Boys du Different assis en la parroisse dud. Sainct Maurice, pres Courroy, vallant de revenu annuel   XL^{tt}.

<small>Doibt contribuer xi^{tt} v^s.</small>

Nicolas de Richard, seigneur pour la moictié du fied de Charmeceaulx, au lieu de feu Guillaume Raguier, seigneur de Solligny, ledict fied vallant de revenu annuel   XXX^{tt}.

<small>Doibt contribuer viii^{tt} viii^s ix^d.
Veu par nous Loyz Thoison, lieutenant particulier aud. bailliage, la certif-</small>

fication signée Henry d'Angolesme, par laquelle Monseigneur le Grand Prieur de France, certiffie que led. de Richard est son domestic et homme d'armes de sa compagnie, Nous avons declaré exempt led. Richard de contribution et service personnel aud. ban pour la moictié dud. fied de Charmeceaulx.

Messire Christofle des Ursins, chevalier de l'Ordre du Roy, Lieutenant au gouvernement de l'Isle de France, seigneur des fiedz de Nouzeaulx, la Tuilerie, de Maulny, la Vigne, de Songnes, de Cercy en partie, de Charmeceaulx en partie, et d'un petit fied assis a Fontenay Baussery, le tout vallant de revenu par an CXIV^{lt} V^s.

Doibt contribuer xxxii^{lt} iij^s viij^d.

Ayant esgard a la qualité dud. seigneur des Ursins et veu les registres des convocations précédantes, nous l'avons déclaré exempt.

Me Grégoire Maslard, Procureur du Roy au bailliage de Sens, a cause de dame Marie Minagier, sa femme, seigneur du fied de la Mothe Graval, assis en la parroisse de Fontaine Forche, vallant de revenu annuel X^{lt}.

Ayant esgard au service personnel que led. Maslard faict au Roy en la presente convocation, l'avons déclaré exempt de contribution et service personnel touchant led. fied.

Charles Aucourt, pour le fied qu'il tient aud. Cercy, vallant de revenu annuel XL^{lt}.

Doibt contribuer xii^{lt} v^s.

Sur la remonstracion faicte par Virloys que led. Aucourt estoit employé au service du Roy soubz la charge du seigneur de la Chappelle aux Ursins, avons continué le default jusques a ung mois dedans lequel il sera tenu de faire apparoir de ce que dessus.

Messire Jacques de Neufvy, Chevalier de l'Ordre du Roy, seigneur des deux fiedz, terre et seigneurie de Gumery, l'un appelé le fied de la Petite Cour, aultrement le fied du Millieu, et l'aultre le fied de. . . . . ; lesd. deux fiedz vallans de revenu annuel IIᶜLᵗᵗ.

<small>Doibt contribuer lxxᵗᵗ viˢ iiiᵈ.
Exempt.</small>

Jehan de Longeau, Chevalier de l'Ordre du Roy, a cause de dame Marie Aucourt, sa femme, seigneur et detenteur du fied de La Planche, assis en la parroisse dudict Gumery, pour les troys partz, les quatre faisans le tout, led. fief vallant de revenu annuel LXXᵗᵗ.

<small>Doibt contribuer xixᵗᵗ xiiiˢ ixᵈ.</small>

Hector de Sainct Blaise, seigneur du fied, terre et seigneurie de Pouy, vallant de revenu annuel IIIᶜLXXᵗᵗ Vˢ VIᵈ· tant pour les portions antiennes dud. de Sainct Blaise que pour les acquisitions faictes des portions de Adrian de Torcy, Bonadventure de Foux et Anthoine de Champaigne.

<small>Doibt contribuer civᵗᵗ iiiˢ.
Mᵉ Juvenal Rayer procureur, a remonstré que led. de Sainct Blaise est prest de s'acheminer au service du Roy.</small>

Damoiselle Guillemete Pinele, vefve de feu Nicolas Coiffart, demourant a Troyes, dame du fied, terre et seigneurie de Marcilly le Hayer, vallant de revenu annuel IVᶜLXXXIIIᵗᵗ IIˢ VIᵈ·.

<small>Doibt contribuer viˣˣxvᵗᵗ xviiˢ viiiᵈ.
Mᵉ Sebastien de la Faye a remonstré que lad. Pinele, vefve de feu noble homme Nicolas Coiffart en son vivant seigneur de Sᵗ Benoist sur Seyne et de Marcilly le Hayer, estoit bourgeoise et stationnaire de la ville de Troyes, par quoy exempte.</small>

Guillaume de Flixelles, seigneur d'un fied appellé le

fied de la Vente aux Moines assis en la seigneurie dud. Marcilly le Hayer, vallant de revenu par an

XVI^{lt} X^s VI^d.

Doibt contribuer iv^{lt} xv^s j^d.

Ledict de Flexelles pour son fied de Maignil Sainct Flavy mouvant dudict Marcilly le Hayer, vallant de revenu annuel LX^s.

Doibt contribuer xvi^s xi^d.

Les heritiers de feu Guillaume Desguerat pour ce qu'ilz tiennent au fied de Basson, assis en lad. parroisse de Marcilly, vallant de revenu annuel

XXXI^{lt} XIII^s VIII^d.

Doibvent contribuer viij^{lt} xviij^s iij^d.

La vefve et heritiers de feu Jehan et Loys Les Fevres pour ce qu'ilz tiennent audict fied de Basson, vallant de revenu annuel la somme de XXVIII^{lt} IV^s.

Doibvent contribuer vij^{lt} xviij^s viij^d.

Me Mathieu de Challemaison, Doyen et chanoine de Sens, détenteur d'une dixiesme partie du fied de Basson en la seigneurie de Marcilly le Hayer, qui luy vault de revenu par an XL^s.

Ayant esgard à la qualité dud. de Chalmaison l'avons declaré exempt de service personnel et néantmoins contribuera la somme de x^s iv^d.

Maistre Germain Sageot, notaire et secrétaire du Roy, seigneur du fied terre et seigneurie d'Avon, vallant de revenu annuel XXXV^{lt}.

Doibt contribuer ix^{lt} xvj^s xi^d.

Ayant esgard a la qualité dud. Sageot, nous le declarons exempt de contribution et service personnel aud. ban.

Les seigneurs du fied, terre et seigneurie de Marigny le Chastel en Champaigne, vallant de revenu annuel V$^{c\,tt}$.

Doibvent contribuer vii^{xxtt} xii^s vi^d.

Me Edme Gaulthier a remonstré que led. fied a appartenu a feu Francoys Desrues, lequel estoit gentilhomme ordinaire de la Maison du Roy et est sa vefve bourgeoise et stationnaire de Paris; neantmoins faulte de comparoir et faire apparoir de ce que dessus contribuera.

Messire Gratian de Pontville, chevalier de l'Ordre du Roy, seigneur du fied appellé Jehan Jully, assis au lieu de Vullaines, vallant de revenu annuel XL^{tt}.

Doibt contribuer xi^{tt} v^s.

Ledict seigneur de Pontville, encores seigneur d'un aultre fied assis aud. Vullaines, vallant de revenu annuel L^{tt}.

Doibt contribuer xiv^{tt} i^s iii^d.

Ledict seigneur de Pontville, encores pour les censives, coustumes et rentes par luy acquises aud. lieu, des Religieulx abbé et couvent de Vauluysant, vallant de revenu annuel XL^s.

Doibt contribuer xi^s iii^d.

Me Jacques Bouquot, advocat, a remonstré que led. de Pontville estoit chevalier de l'ordre du Roy et estoit employé pour son service, par quoy donné delay pour en faire apparoir.

Les enfans mineurs de feu Jehan de Verdelot, pour les cinq pars, les six faisans le tout, des fiedz de Baignaulx et Maulny le Repos, assis en la parroisse dudict Baignaulx, vallans de revenu annuel CXV lt.

Doibvent contribuer xxxij lt vj s xj d.

Ayant esgard que lesd. mineurs sont en bas aage, les avons declarez exemptz de service personnel et neantmoins contribueront.

Les seigneurs et détenteurs du fied de la mothe (Moncorbon) les Villeneufve l'Archevesque en ce qui a cy devant appartenu a Adrian de Beaumont, vallant de revenu annuel XXXII lt.

Doibvent contribuer viij lt iij s vj d.

Les seigneurs et detenteurs du fied de la mothe les Villeneufve, en ce qui a appartenu a Nicolas de la Mothe et Nicolas Moreau, vallant de revenu annuel XIII lt

Doibvent contribuer lxxiij s ij d.

Rigollet pour Vincent Miollat, seigneur dud. fied s'est présenté et requis estre mis en presentacion pour led. fied de la mothe et que ayant esgard a sa qualité il soit declaré exempt de service personnel offrant neantmoins contribuer aud. ban ; ce qui a été ordonné.

Messire Odard de Launay, chevalier de l'Ordre du Roy, seigneur du fied de Molinons, qui fut jadis à Jacquin de Montcorbon, vallant de revenu annuel la somme de CXVII lt X s.

Doibt contribuer xxxiij lt j s.

Led. seigneur de Launay encores pour ung aultre fied assis aud. Molinons, mouvant du Sgr de Villemor, et vallant de revenu annuel XVII lt.

Doibt contribuer iv lt xv s viij d.

Encores pour ung aultre fied, mouvant du seigneur de

La Louptiere, assis aud. Molinons, vallant de revenu la somme de VIII^{xx}VII^{lt} VII^{s}.

_{Doibt contribuer xlvii^{lt} i^{s} v^{d}.}

Encores pour ung aultre fied, mouvant du Roy, assis aud. Molinons, appellé Les Garenes de la Mothe, vallant de revenu annuel IV^{lt}.

_{Doibt contribuer xxii^{s} vi^{d}.}

Encores pour ung aultre fied, mouvant de Bourdenay, assis audit Molinons, appelé Molinons, vallant de revenu par an LXXXX^{lt} III^{s}.

_{Doibt contribuer xxv^{lt} vii^{s} ii^{d}.}

Encores pour le fied de Vauremy, assis aud. Molinons, vallant de revenu annuel XXVI^{lt}.

_{Doibt contribuer vii^{lt} vi^{s} iii^{d}.}

Ledict seigneur de Launay encores pour ce qu'il tient en fied aud. Molinons, a cause des acquisitions qu'il a faictes en l'année présente 1575 des Religieulx, Abbé et Couvent de Vauluysant a l'alliénation qui s'est faicte des biens ecclésiastiques, vallans de revenu annuel la somme de. . . . .

_{M^{e} Baltazar Taveau a remonstré que led. Sgr de Launay est employé actuellement au service du Roy comme enseigne de la compaignie du Sgr Comte de Bryenes, par quoy exempt.}

Les hoirs de feu Pierre Miolat, pour le fied qu'ilz tiennent aud. Molinons, consistant en douze arpens et ung quartier de terre et mouvans du fied appellé Molinons, vallant de revenu annuel L^s.

<small>Doibvent contribuer xiv^s i^d.</small>

Les hoirs de feu Jehan Guillaumet, pour le fied qu'ilz tiennent aud. Molinons, consistant en huict ou dix arpens de terre dependans du fied de Molinons, qui est mouvant de Villemor, vallant de revenu annuel XL^s.

<small>Doibvent contribuer xi^s iii^d.</small>

Les hoirs de feu Guillaume Desguerat, dict de la Vernade, seigneurs du fied appellé Le Caulestat, assis en la seigneurie dud. Molinons, vallant de revenu annuel VIII^{lt}.

<small>Doibvent contribuer xlv^s.</small>

Jehan Dauge, seigneur du fied de Lailly en partie, vallant de revenu annuel CXLIX^{lt} XIX^s IX^d.

<small>Doibt contribuer xliii^{lt} i^s ii^d.</small>

<small>Me Jehan Minagier pour led. Dauge a remonstré que led. Dauge est capitaine de Fontainebleau et gentilhomme ordinaire de la Maison du Roy, et nous avons donné default a faulte de faire apparoir de ce que dessus, et il contribuera.</small>

Maistre Jehan Hodoart, seigneur pour deux parts et demye, dont les quatre font le tout, en la moictié du fied de Foissy, et damoiselle Claude Hodoart, vefve de feu Charles de Briscadiou, sa niepce, dame d'une part et demye de ladicte moictié du fied, comme heritiere par benefice d'inventaire de feu Messire Claude Hodoart, chevalier de l'Ordre du Roy, son père; la totallité de ladicte moictié vallant de revenu annuel la somme de IX$^{xx\,lt}$.

Doibvent contribuer, Scavoir led. Jehan Hodoart la somme de xxxi^{tt} xii^s vi^d et lad. Claude Hodoart, la somme de xviii^{tt} xix^s viii^d.

M• Baltazar Taveau, procureur, a remontré que led. M• Jehan Hodoart qui est homme d'Eglise et lad. damoiselle Claude Hodoart doibvent estre déclarez exemptz de service personnel.

Ladicte damoiselle Claude Hodoart, vefve dud. feu Briscadiou, dame pour les deux partz, les troys faisans le tout, en l'aultre moictié, à cause de la donation qui luy en a esté faicte en faveur de mariage par led. de Briscadiou, son mary, la totallité de ladicte moictié vallant de revenu annuel LX^{tt}.

Doibt contribuer xi^{tt} v^s.

Loys de Milly, seigneur d'une troysiesme partie en la moictié dud. fied de Foissy, vallant comme dessus.

Doibt contribuer cxii^s vi^d.

M• Pierre Jamard a remonstré que led. de Milly est homme d'armes de la compagnye du seigneur Comte de Bryenes, par quoy exempt de service personnel et contribution aud. ban.

Ledict Me Jehan Hodoart, et ladicte damoiselle Claude Hodoart, seigneurs et detenteurs du fied des Héraultz assis audict Foissy, pour les partz que dessus, vallant de revenu annuel XLV^{tt}.

Doibvent contribuer xii^{tt} xiii^s ii^d.

Qui sera pour les deux partz et demye dud. Maistre Jehan Hodoart vii^{tt} xviii^s iii^d, et pour une part et demye de lad. damoiselle Claude Hodoar$_t$ iv^{tt} xiv^s xi^d.

Ladicte damoiselle Claude Hodoart, encores dame du fied de Vauderup, dict de Chastillon, assis en la seigneurie dudict Foissy, comme heritiere par benefice d'inventaire dud. feu Messire Claude Hodoart, son père, ledict fied vallant de revenu annuel XXII‍ₓ.

Doibt contribuer vi ͨͭ iii ͨ ix ᵃ.

Loys de Milly, seigneur du fied de Milly assis en ladicte seigneurie de Foissy, vallant de revenu annuel . XXIV‍ₓ.

Doibt contribuer vi ͨͭ xv ͨ. Exempt.

La damoiselle du Doy, pour ce qu'elle tient aud. Milly, vallant de revenu annuel XL ͨ.

Doibt contribuer xi ͨ iii ᵃ.

Pierre du Chocquet, seigneur du fied de Clerimoys, assis en la parroisse de Foissy, vallant de revenu annuel XXX‍ₓ.

Doibt contribuer viii ͨͭ viii ͨ ix ᵃ.

M ͤ Juvenal Rayer a remonstré que led. de Chocquet est prest de s'acheminer au service du Roy, et avons donné délay.

Le fied terre et seigneurie de Malay le Roy, consistant en huict villaiges, Scavoir
  Malay le Roy
  Theil
  Pontz sur Vanne
  Villiers Loys
  Noées
  Vaumour
  Palleteau
  et Villechétive.

Laquelle Chastellenye a esté partaigée et divisée et appartient aujourdhuy a ceulx qui sensuyvent.

Guillaume du Val et damoiselle Loyse de La Riviere sa femme, demeurant a la Magdelaine parroisse de Theil, seigneurs du fied, terre et seigneurie de Malay le Roy pour les troys partz, les quatre faisans le tout, et damoiselle Loyse Hodoart, vefve de feu Jehan de Mas, dame dud. Malay pour l'aultre quatriesme partie, la totalité dud. fied vallant de revenu annuel LV^{lt}.

<small>Doibvent contribuer xv^{lt} viii^s vii^d.
Qui est pour les troys partz dud. du Val xii^{lt} xi^s vi^d et pour la quatriesme partie de lad. Hodoart lxxvii^s ii^d.
Et le xe Jour de febvrier 1576, Veu la requeste a nous présentée par Guillaume du Val, escuyer, Sgr du Fay, de Malay le Roy et de Villechétive en partie, contenant que led. suppliant est gentilhomme servant ordinaire de la Maison du Roy de Navarre, par quoy exempt de service personnel et contribution aud. ban.</small>

Loys de Sainct Blaise, a cause de damoiselle Anthoinette de Nantoillet sa femme, Sgr du fied de Beauregard, assis en la parroisse de Malay le Roy, vallant de revenu annuel la somme de XX^{lt} VI^s.

<small>Doibt contribuer cxiv^s ii^d.</small>

Me Thierry Gressin, advocat en la Court de Parlement a Paris, seigneur du fied Denisot assis en la parroisse de Malay le Roy, vallant de revenu annuel XL^{lt}.

<small>Doibt contribuer xii^{lt} v^s.</small>

Led. Gressin encores seigneur du fied de Trémont en la parroisse de Villiers Loys, vallant de revenu annuel LXX^{lt}.

Doibt contribuer xix*t* xiii*s* ix*d*.

Ayant esgard que led. Gressin est bourgeois et stationnaire de Paris et privilégié a cause de ce, nous l'avons exempté de contribution et service personnel aud. ban.

Nicolas Hanoteau et la vefve et heritiers de feu Maistre Pierre Baltazar, en son vivant advocat au bailliage de Sens, seigneurs et detenteurs, chacun pour moictié, du fied de Villiers Loys, vallant de revenu annuel LV*lt*.

Doibvent contribuer xv*lt* viii*s* vii*d*.

Ayant esgard a la maladie et aage dud. Hanoteau qui passe soixante ans et à la qualité de lad. vefve et heritiers qui sont mineurs, nous les avons declarez exemptz de service personnel, et neantmoins ordonné qu'ilz contribueront.

Les héritiers de feu Loys Misée pour ce qu'ilz tiennent au fied de Vaultour, assis aud. Villiers Loys, vallant de revenu annuel CV*s*.

Doibvent contribuer xxix*s* vi*d*.

Damoiselle Perronnelle de l'Abaye, vefve de feu Loys de Montsauljon, dame du fied, terre et seigneurie de Pontz sur Vanne, vallant de revenu LV*lt*

Doibt contribuer xi*lt* v*s*.

Ladicte de l'Abaye encores dame du fied, terre et seigneurie de Theil, vallant de revenu annuel LV*lt*.

Doibt contribuer xi*lt* v*s*.

Ladicte de l'Abaye encores dame du fied, terre et seigneurie de Noées, vallant de revenu annuel LV*lt*.

Doibt contribuer xi*lt* v*s*.

Lad. de l'Abaye encores dame d'un fied assis aud. Noées, qui fut aux Drillacz, vallant de revenu annuel XII^{lt} X^s.

Doibt contribuer lxx^s iv^d.

A l'esgard desd. fiedz de Theil, Pontz et Noées, ayant esgard a la requeste présentée par lad. de l'Abaye a fin de reduire et modérer la taxe et contribution d'iceulx a la somme de xi^lt v^s pour chacun desd. fiedz, d'aultant qu'ilz ont été taxez sans deduire sur la valeur generalle de lad. Chastellenye de Malay, la somme de Cent livres parisis de rente dont lad. Chastellenye est redevable envers le principal et bourciers du Collége de Cambray à Paris, il est dict que la taxe de chacun desd. fiedz est réduicte à la somme de xi^lt v^s.

Jehan du Val, a cause de sa femme, seigneur du fied de Vaumour, vallant de revenu annuel LV^{lt}.

Doibt contribuer xv^{lt} viii^s vii^d.

Me Baltazar Taveau, procureur, a remonstré que led. du Val est archer des gardes de la Royne, par quoy a esté declaré exempt.

Me Miles Gibier, advocat du Roy en ce bailliage, seigneur du fied de Palleteau, vallant de revenu annuel LV^{lt}.

Doibt contribuer xv^{lt} viii^s vii^d.

Led. Gibier, advocat du Roy, a esté declaré exempt de contribution et service personnel aud. ban, pour le service personnel qu'il fait au Roy en la présente convocation.

Guillaume du Val à cause de damoiselle Loyse de la Riviere sa femme, seigneur du fied de Villechétive, vallant de revenu annuel LV^{lt}.

Doibt contribuer xv^{lt} viii^s vii^d, Exempt.

Francoys de Piedefer, seigneur pour la moictié du fied des Moulins bannaulx et boys tailliz de Passemer, assis en la parroisse de Malay le Vicomte, et les heritiers de feu Jehan de Piedefer, Sgr de Borde Regnault, et les héritiers de feu Pierre de Piedefer, Sgr d'Avrolles, seigneurs de l'aultre moictié dud. fied, qui est chacun pour un quart en la totalité d'icelluy et vault la totallité de revenu annuel XLV^{lt} XIII^{s}.

<small>Doibvent contribuer xii^{lt} xvi^s x^d.

Me Jehan Minagier, procureur, a remonstré que les dessusditz, hors les heritiers dud. Sgr d'Avrolles qui sont mineurs, sont employez au service du Roy, partant a requis que eussions a les déclarer exemptz de service personnel et contribution ; il est dict qu'ilz feront apparoir comme ilz sont employez au service du Roy.</small>

La vefve et héritiers feu Jehan de Barbisey, seigneurs du fied de la Houssoye, assis en la parroisse dud. Malay le Vicomte, vallant de revenu annuel VI^{xx} ^{lt}.

<small>Doibvent contribuer xxxiii^{lt} xv^s.

Ayant esgard a la qualité de lad. vefve et héritiers qui sont tous mineurs et en bas aage, nous les avons declarez exemptz de service personnel aud. ban et néantmoins ordonné qu'ilz contribueront.</small>

<small>(Les 5 art. qui suivent sont rayés dans le manuscrit.)</small>

Me Guillaume Blanche pour l'acquisition par luy faicte de huict septiers de bled froment de rente viagere des Religieux, Abbé et Couvent de Sainct Jehan lez Sens a l'allienation qui s'est faicte l'année présente des biens ecclésiastiques, moyennant la somme de V^{c}LXXXX^{lt}.

Loys Farinade, marchant demourant à Sens, pour l'acquisition par luy faicte du prieur Curé du Plessey du Mez, de la quantité de dix huict bichetz ung boisseau froment, mesure de Sens, de rente, moyennant la somme de VII^{xx}X^{lt}.

Mᵉ Daniel David, controlleur du grenier à sel de Sens, pour l'acquisition par luy faicte du Prieur du Charnier de la quantité de seize arpens de terre et aultres droictz, venduz par led. Prieur la somme de   IIIᵉLXXXVIᵗ Xˢ.

Loys du Val, seigneur du Fay, pour l'acquisition par luy faicte des menuz cens deubz à l'Abbaye de Saincte Colombe lez Sens, au finaige de Rigny la Nonneulx, moyennant la somme de   CLIIᵗ.

Huet Guymebault, pour l'acquisition de la terre et seigneurie de Ury en Byere, qui a appartenu aux Religieux, Abbé et Couvent de Sainct Séverin lez Chasteaulandon, et vendue la somme de   M.IVᶜLXXXᵗ.

II

A ultres fiedz dud. Bailliage de Sens, assis entre les Rivieres de Seine et Marne.

Et premierement le fied terre et seigneurie de la Baronnie de Baie, vallant de revenu annuel
M.CL^{lt}.

Le seigneur dud. fied doibt contribuer iii^cxxiii^{lt} viii^s ix^d.

Me Pierre Jamard a remonstré que lad. terre et barronnye de Baye appartient a Ma damoiselle de Bourbon, fille de Monsieur le Prince de Condé et de defuncte Dame Marie de Clesves, son espouse, de laquelle damoiselle est tuteur Monsieur le Reverendissime Cardinal de Bourbon, son oncle, et qu'elle debvoit estre declarée exempte de service personnel et contribution aud. ban, comme estant lad. damoiselle princesse du Sang de France ; Sur ce l'avons déclarée exempte.

Le seigneur du fied de Maulcreux assis en la paroisse de Sainct Cir pres Baye, duquel a esté détenteur Guyuaud de Mauldemont et Charles de Cartule, escuyer ; led. fied estant de lad. barronnye de Baye qui vault par an de revenu XXIV^{lt} VII^s VI^d.

Doibt contribuer v i^{lt} xvii^s ii^d.

Orothe de Bricart, seigneur du fied des Boulleaulx

tenu en fied du Seigneur de Baye, vallant de revenu
annuel   XXV^{lt}.

Doibt contribuer vii^{lt} viii^d.

Dame Marie de Bethunes, vefve de feu Jehan Raguier,
dame du fied terre et seigneurie de Villevenard, vallant
de revenu annuel   IV$^{c\,lt}$.

Doibt contribuer cxii^{lt} x^s.

Le seigneur du fied de Montarmé, assis en la Bar-
ronye de Baye, duquel est detenteur Jacques de la Gravelle, escuyer, vallant de revenu annuel   CXVI^{lt} XV^s.

Doibt contribuer xxxii^{lt} xvi^s ix^d.

Me Anthoine de Loines, seigneur du fied de Fromen-
tieres, vallant de revenu annuel   IV$^{c\,lt}$.

Me Sebastien de la Faye, procureur, a dict que led. de Loynes est conseiller en la Court de Parlement a Paris, bourgeois et stationnaire de lad. ville et que par privilege du Roy les bourgeois de lad. ville sont exemptz de service personnel et contribution.

Le seigneur du fied, terre et seigneurie. . . . . assis
en la prevosté de Compertrix, duquel est détenteur
Claude de La Croix, ou lieu de M^e . . . . . Robin,
Bailly de Chalons, qui vault de revenu par an
                                        VII^{xx}I^{lt} XVIII^s.

Doibt contribuer xxxix^{lt} xviii^s iv^d.

Claude Aubelin, marchand demeurant a Chalons,
détenteur d'une piece de prey, contenant quatre faulchées, assis en la terre de Mathogues, qui vallent de
revenu annuel   L^s.

Doibt contribuer xiv^s j^d.

Me Jehan de Brion, archidiacre de Mergerie en l'esglise de Troyes, Jacques Menisson, Receveur des tailles en l'Eslection de Troyes, Bonadventure de Brion, sa femme, detenteurs d'une piece de prey, contenant vingt quatre faulchées ou environ, assises au finaige et territoire de Mathogues, appellé le Prey Allaigny, qui vallent par an de revenu   VIII^lt.

Doibvent contribuer xlv^s.

Claude Lhoste, escuyer, seigneur du fied des prez d'Alligny en la terre de Mathogues, vallant de revenu par an   X^lt.

Doibt contribuer lvi^s iiij^d.

Jehan de Condey, escuyer, seigneur de Sussigny en Vermandoys, détenteur des troys partz, les quatre faisans le tout, des Rousseaulx appelé le fied d'Averly de la Riviere de Mathogues qui est sur la Riviere de Marne, avec les rentes et ruisseaulx d'icelle, a prandre et commancer depuys le lieu appellé Le Blanc Bec et continuant jusques a ung aultre lieu appellé l'Espinette, vallant par an de revenu   CVIII^lt XV^s.

Doibt contribuer xxxviii^lt xi^s ix^d.

Damoiselle Marie du Godard, vefve de feu Pierre de Condey, détenteresse de la quatriesme partie de lad. Riviere de Mathogues qui luy vault de revenu annuel.
                XXXVI^lt V^s.

Doibt contribuer x^lt iv^s.

Guillaume d'Apremont, seigneur et détenteur des troys partz, les cinq faisans le tout, du fied terre et seigneurie des Couppertz sur Colle, qui vallent de revenu annuel XLV^{lt}.

Doibt contribuer xii^{lt} xiii^s ii^p.

Charles des Coustes, et damoiselle Jacquette Bayart, sa femme, vefve de feu noble homme Clessin Lingault, detenteurs chacun pour une cinquiesme, dont les cinq font le tout, du fied, terre et seigneurie des Couppetz sur Colle, qui vallent par an de revenu XXIX^{lt} XVII^s.

Doibvent contribuer viii^{lt} viii^s.

Le fied terre et seigneurie de Cernon sur Colle, duquel est seigneur et détenteur Me Francoys Godet, conseiller du Roy, Correcteur ordinaire de sa Chambre des Comptes à Paris, vallant de revenu annuel LXXXX^{lt}.

Doibt contribuer xxv^{lt} vi^s iii^a.

Ledict Godet, seigneur et detenteur du fied de Vaugentian et Sainct Quentin sur Colle, vallant de revenu annuel . C^{lt}.

Doibt contribuer xxviii^{lt} ii^s vi^a.
Ayant esgard que led. Godet, Sgr d'Ormes sur Marne, bailliage de Vitry, en partie, Vaugentian, Sainct Quentin sur Colle, Cernon, Fontaines, Vesigneulx et du Ban de Montsuzan, bailliage de Sens, est bourgeois et stationnaire de Paris, nous le declarons exempt de contribution et service personnel aud. ban.

Damoiselle Francoise de La Platiere, détenteresse du fied de Songy et la Chappelle sur Colle en Champaigne qui vallent de revenu par an II^{c}XL^{lt}.

Doibt contribuer lxvij^{lt} x^s.

Le fied terre et seigneurie de Lestrée, dont est detenteresse damoiselle Marguerite de Biscuit, vefve de feu Jehan de Favilles, vallant de revenu annuel XX^{lt}.

Doibt contribuer cxiij^s vj^d.

Le seigneur du fied de Courtesnaus, consistant en gros et menuz dismes de Lestrée, qui ont appartenu a Guillaume de Baleynes, escuyer, vallant de revenu annuel XV^{lt}.

Doibt contribuer iv^{lt} iv^s.

Le fied de Chyniers lez Chalons, duquel Guillaume Le Goux, escuyer, procureur du Roy a Chaalons, et damoiselle Marie de Goussaut, sa mere, sont seigneurs, vallant de revenu annuel LXX^{lt}.

Doibvent contribuer xix^{lt} xiij^s ix^d.

Le fied de Beuvery sur Colle, duquel sont detenteresses damoiselles Jacquette Grollier, vefve de feu Pierre Bougault, escuyer, et damoiselle Jacquette Grollier, sa fille, vallant de revenu par an LVII^{lt}.

Doibvent contribuer xvj^{lt} viij^d.

Jacques Morillon, et damoiselle Perrette Lhoste, vefve de feu Jehan d'Aubelin, tutrice de ses enfans, seigneur et dame de Nuysement sur Colle, demourans a Chaalons, qui vault de revenu par an XXXI^{lt}.

Doibvent contribuer viij^{lt} xiv^s v^d.

Le fied terre et seigneurie d'Escurey sur Colle en

Champaigne duquel a esté detenteur Jehan, seigneur de Nicey, et vault de revenu $\text{II}^\text{c}\text{VIII}^\text{lt}\text{ X}^\text{s}$.

<small>Doibt contribuer lviii^{lt} x^s.</small>

Le fied de Matonne sur Marne, duquel damoiselle Marie Couchon dict du Godard, vefve de feu Pierre de Conde, en son vivant escuyer, seigneur des Vendieres, est detenteresse pour ung quart qui vault de revenu par an $\text{XXXVI}^\text{lt}\text{ V}^\text{s}$.

<small>Doibt contribuer x^{lt} iv^s.</small>

Le seigneur du fied de Estrelles, près Méry sur Seyne, duquel Messire Jacques de La Riviere est seigneur et detenteur pour la moictié et seigneur de Migennes pour la moictié, le total duquel fied Estrelles vault de revenu annuel $\text{CLXXXIX}^\text{lt}\text{ XII}^\text{s}$.

<small>Doibt contribuer liii^{lt} vi^s vii^d.</small>

Messire Francoys de Sallazar, seigneur du fied et Barronnye de Sainct Just en L'Angle, vallant de revenu annuel $\text{M.LXVI}^\text{lt}\text{ VIII}^\text{s}\text{ IV}^\text{d}$.

<small>Doibt contribuer ii^clxxxix^{lt} xviii^s vii^d.</small>

Ledict de Sallazar encores seigneur de la Metairie nommée La Presle, assise aud. Sainct Just, par luy acquise de Nicolas Foison de Renne, vallant de revenu annuel $\text{VI}^\text{xx lt}$.

<small>Doibt contribuer xxxiii^{lt} xv^s.</small>

Ledict de Sallazar encores seigneur du fied de Clesles, vallant de revenu annuel LXXXIV^lt.

Doibt contribuer xxiii^{lt} xij^s vi^d.

Guillaume Corard, marchant demourant a Sainct Just, seigneur du fied de Lenharey assis en la parroisse de Baigneulx, vallant de revenu annuel la somme de. . . . .

Gilles de Herault, seigneur du fied de la mothe de Clesles vallant de revenu annuel LXXX^{lt}.

Doibt contribuer xxiii^{lt} x^s.

Le fied de Hérault, assis audict Clesles, duquel fied a esté detenteur pour la moictié Loys de Herault, lad. moictié vallant de revenu annuel LXIV^{lt}.

Doibt contribuer xviii^{lt}.

Me Nicole Poullet, conseiller du Roy, lieutenant général au bailliage de Sezanne, pour les terres qu'il tient en fied es terres et finaiges de Sainct Aoulph et Claisles, qui luy vallent de revenu par an XLVI^{lt} V^s.

Doibt contribuer xiii^{lt} ii^d.
Me Pierre Cheron a remonstré que led. Poullet faisoit service personnel au Roy, en son office de lieutenant général au bailliage de Sezanne pour pareille convocation qui se faict aud. lieu dud. ban et arrière ban, par quoy exempt de service personnel, et contribuera.

Me Adrian du Drac, Conseiller en Parlement, Sgr d'un fied assis aud. Clesles, nommé Arbaleste, vallant de revenu annuel XIV^{lt} IV^s.

Doibt contribuer lxxix^s xi^d.
Ayant esgard que led. Sgr du Drac est bourgeois et stationnaire de Paris, nous le declarons exempt de contribution et service personnel.

Le fied de Meures assis a Clesles, duquel a esté détenteur Loys de Herault, escuyer, vallant de revenu annuel XII^{lt} XV^s.

Doibt contribuer lxxi^s ix^d.

Francoys Chaumet pour ung quart, dont les quatre font le tout, du fied de Meures, qui vault par an de revenu X^{lt}.

Doibt contribuer lvi^s iii^d.

Messire Loys Picot, chevalier, baron de Dampierre, seigneur du fied de la mothe de Meures, en la seigneurie de Clesles, vallant de revenu par an LXVII^{lt}.

Doibt contribuer xviii^{lt} xvi^s xi^d.

Le fied de Saulvement, mouvant de la Chastelnye de Mery sur Seyne, duquel a esté detenteur noble homme Jacques Thevenin demourant à Troyes, qui vault de revenu par an LX^s.

Doibt contribuer xvi^s xi^d.

Charles Raguyer, seigneur du fied terre et seigneurie de Rigny en Champaigne, vallant de revenu par an II$^{c\,lt}$.

Jehan d'Origny, vefve de feu Claude Moslé, et Odette d'Origny, vefve de feu Me Jacques Le Pelletrat, pour cinq escuz de rente inféodée qu'ilz tiennent en lad. seigneurie d'Origny.

Anthoine de Champaigne pour les heritaiges qu'il tient en fied au lieu de Poisy, qui vallent par an de revenu LX^s.

III

Fiedz du Bailliage de Sens assis entre les Rivieres de Vannes et Armanson, excepté ceulx qui ont esté demembrez de la Chastellenye de Malay le Roy.

Me Thierry Grassin, advocat en Parlement a Paris, pour le droict de Riviere qui luy appartient tant a cause de la Vicomté de Sens, que au lieu de Marsangy sur la Riviere d'Yonne, estimé valloir de revenu annuel, scavoir celluy de Marsangy XXVIII^lt X^s, et celluy de la Vicomté la somme de XV^#.

Ledict Grassin encores pour ce qu'il tient en fied a Richebourg et Tout y Fault, parroisse de Véron, vallant de revenu annuel   XLV^#.

Ayant esgard que led. Grassin est notoirement bourgeois et stationnaire de Paris, nous le déclarons exempt de contribution et service personnel aud. ban.

Le seigneur du fied de Chambertrand lez Sens, vallant de revenu par an X^#, duquel est seigneur et détenteur Jehan de Piedefer, seigneur de Champlost, a cause de damoiselle. . . . . de Rogres, sa femme.

Doibt contribuer lvii^s iii^d.

Me Jehan Minagier, procureur, a remonstré que led. de Piedefer est l'un des gentilzhommes de la Maison du Roy ; Sur ce nous avons declaré led. de Piedefer exempt de service personnel et contribution aud. ban pour led. fied de Chambertrand et pour les fiedz de Traversin et la Cour Charrier assis en la parroisse de Nargy.

Damoiselle Perronnelle de l'Abaye, vefve de feu Leger de Montsauljon, dame du fied de Rousoy lez Sens, vallant de revenu annuel LV^{lt}.

Doibt contribuer xv^{lt} ix^s v^d.

Le seigneur du fied de Sainct Martin lez Villeneufve le Roy, vallant de revenu annuel X^{lt}.

Me Simon Paullier, advocat a Villeneufve le Roy, nous a remonstré qu'il estoit seigneur dud. fied, et ayant esgard a sa qualité nous l'avons declaré exempt de service personnel et néantmoins ordonné qu'il contribuera la somme de lvi^s iii^d.

Magdelaine Olivier, vefve de feu Messire Loys de Saincte Maure, comte de Joigny, tant en son nom que comme ayant la garde noble de . . . . . de Saincte Maure, enfant mineur d'ans dud. Sgr Comte et d'elle, dame et detentrice de la Chastellenye et seigneurie de Dymon, vallant de revenu annuel C^{lt}.

Doibt contribuer xxviii^{lt} ii^s vi^d.

Le seigneur du fied des haultes censives et terraiges de Dymon, Les Bordes et Villechétive, vallant de revenu par an la somme de LX^{lt}, dont sont détenteurs, Scavoir, Claude de Brunes, escuyer, pour la moictié dud. fied, laquelle moictié luy vault de revenu par an LX#.

<small>Doibt contribuer xvi# xviiiᵈ viᵃ.</small>

Mᵉ Loys Bernaige, advocat en la Cour de Parlement à Paris, et Mᵉ Pierre Tolleron, Conseiller Magistrat au bailliage de Sens, seigneurs et detenteurs pour l'aultre moictié dud. fied des haultes censives de Dymon, des Bordes et Villechétive, laquelle moictié leur vault de revenu par an LX#.

<small>Doibvent contribuer viii# viiiˢ viiiᵃ.</small>

Fleury a remonstré que led. Bernaige estoit bourgeois et stationnaire de Paris, et nous avons ordonné a l'esgard dud. Bernaige qu'il est et sera exempt de contribution et service personnel et a l'esgard dud. Tolleron qu'il contribuera la somme de iv# ivˢ ivᵃ.

Le seigneur du fied de Bourdebuysson et Pimanson, dont est detenteur Mᵉ Loys Bernaige, advocat en Parlement a Paris, qui vallent de revenu CVIII# XIIˢ IVᵃ.

<small>Doibt contribuer xxx# xiˢ.
Exempt.</small>

Alexandre de Sallazar, seigneur du fied de Vaudeurre, pour la moictié, vallant de revenu annuel XL#.

<small>Doibt contribuer xii# vˢ.</small>

Mᵉ Claude de Berulles, conseiller en la Court de Parlement a Paris, seigneur du fied de Ferrieres, assis en la parroisse des Sieges, vallant de revenu annuel L#.

<small>Doibt contribuer xiv# jˢ iiiᵃ.</small>

Ayant esgard que led. de Berulles est bourgeois et stationnaire de Paris, nous le déclarons exempt de contribution et service personnel.

Le seigneur du fied de Craneres, assis en la parroisse

des Sieges, vallant de revenu annuel L*ˢ*

Doibt contribuer xiv*ᵈ* i*ᵃ*.

Les seigneurs du fied de Rigny le Ferron, vallant de revenu par an la somme de VIᶜL*ᵗ*. duquel sont detenteurs, assavoir Juvenal de Roux, escuyer, seigneur pour une troysiesme partie dud. Rigny, dont les troys font le tout, Savenien de Pontville, escuyer, seigneur pour une troysiesme partie dud. Rigny, et damoiselle Paulle de Chaumont, pour une aultre troysiesme partie.

Doibvent contribuer ix*ˣˣ*iii*ᵗ* xvi*ᵈ* iii*ᵃ*.

A l'esgard dud. de Roux et de Pontville, après que Cleron et Jamard, leurs procureurs, ont remonstré qu'ilz étaient employez au service du Roy, delay leur est donné pour en faire apparoir.

Et veu la requeste a nous présentée par damoiselle Perronnelle de Chaulmont, vefve de feu Arthus d'Assigny, en son vivant escuyer Sgr de Fourt et Pont Marquis, gentilhomme ordinaire de la chambre du Roy et gouverneur pour sa Majesté en la ville et comté d'Auxerre, dame de Rigny le Ferron, nous avons déclaré lad. damoiselle exempte de contribution aud. ban.

Les seigneurs du fied, terre et seigneurie de Venisy, vallant de revenu par an VIᶜ*ᵗ*, dont sont detenteurs, asscavoir Guillaume Lefort, escuyer, seigneur de Juranville et damoiselle. . . . . de Longuejoue, sa femme, a cause d'elle, pour les deux partz, les troys faisans le tout, en la moictié dud. fied et seigneurie de Venisy, lesquelles deux partz luy vallent de revenu par an IIᶜ*ᵗ*.

Doibvent contribuer lvi*ᵗ* v*ˢ*.

Veu la requeste presentée par led. Lefort contenant qu'il ne faict sa demourance au lieu de Venisy, ains a Lavenay et est plus que sexagenaire, l'avons exempté de service personnel pour ce qu'il tient aud. fied de Venisy et touteffoys contribuera.

M⁰ Guillaume Pouart, conseiller du Roy et auditeur en la Chambre des Comptes a Paris, seigneur dud. Venisy pour une troysiesme partie en ladicte moictié, les troys partz faisans le tout d'icelle moictié qui est une sixiesme en totallité, laquelle sixiesme luy vault de revenu annuel C ⁺.

Doibt contribuer xxviiiᵗᵗ iiˢ viᵈ.

Ayant esgard que led. Pouart est bourgeois et stationnaire de Paris, nous le déclarons exempt de contribution et service personnel.

Damoiselle Edmée Pouart, vefve de feu Jehan de Barbisy, Siguadr de Boullinvilliers et damoiselle. . . . . Pouart, sa femme, Jehan Le Prince, seigneur de la Norville et damoiselle Michelle Pouart, sa femme, a cause d'elle, lesd. Edmée, Michelle et. . . . . Pouartz, filles et héritières de feu Nicolas Pouart, seigneur pour l'aultre moictié dud. Venisy, qui est chacun pour une troysiesme partie en ladicte moictié, laquelle moictié leur vault de revenu annuel IIIᶜ ᵗᵗ.

Doibvent contribuer lxxxivᵗᵗ viiˢ viᵈ.

Qui est a chacun des dessusditz pour sa troysiesme partie de lad. moictié xxviiiᵗᵗ iiˢ viᵈ.

Le seigneur du fied de Courcham, dependant de Venisy, dont est détenteur Charles des Réaulx, escuyer, qui vault de revenu par an XLVIᵗᵗ XIIˢ IIᵈ.

Doibt contribuer xiiiᵗᵗ xˢ iiiᵈ.

Led. des Reaulx a toujours faict service au Roy en l'estat de mareschal de camp.

Charles des Reaulx, seigneur en partie du fied du Boulloy, assis a Turny, vallant de revenu par an
 XLIIᵗᵗ XVIIIˢ.

Doibt contribuer xiii^{tt} i^s iv^d,
Exempt.

Me Jehan de Servieulx, pour les heritaiges qu'il tient en fied au lieu de Venisy et Turny, qui vallent de revenu par an VI^{lt}.

Doibt contribuer xxxiii^s ix^d.

Le seigneur du fied de la Mothe Bazain, dict la Mothe Varon, assis en la parroisse de Venisy, duquel sont détenteurs Me Pierre Guyot, advocat a Sainct Florentin et . . . . . Thierriat, demourant a Auxerre, led. fied vallant de revenu par an XX^{lt} X^s.

Doibvent contribuer cxv^s iv^d.
Me Ogièr Le Vuyt a requis que lesd. Guyot et Thierriat fussent déclarez exemptz de service personnel, et néantmoins contribueront.

Me Claude de Berulles, conseiller du Roy en la Cour de Parlement a Paris, seigneur du fied du Capitaine assis en la seigneurie de Turny, vallant de revenu par an X^{lt}.

Ledict de Berulles encores seigneur du fied de Courtisez, vallant de revenu par an X^{lt}.

Ledict de Berulles seigneur pour une quatriesme partie, les seize faisans le tout, du fied des Fourniz assis a Turny, vallant de revenu par an XXX^{lt}.

Encores seigneur du fied du Greslier, acquis de Robert de Montigny, vallant de revenu par an X^{lt}.

Encores seigneur de La Mothe Cuchot, vallant de revenu XXX^{lt}.

Encores seigneur du fied du Capitaine, assis a Venisy, vallant de revenu par an XL^{lt}.

Ledict de Berulles encores pour les partz et portions qu'il tient au fied du Boulloy, assis en la parroisse de Turny, ou lieu de feu damoiselle Magdelaine de Savoisy, a partie avec le seigneur de Lynant, lesd. parts et portions vallans de revenu annuel XL*.

Led. de Berulles encores seigneur du fied de Beauvay, acquis de Jehan et Robert de Gernani, vallant de revenu par an XXX*.

Ledict de Berulles pour les terres qu'il tient a Turny, dépendantes desd. fiedz, vallans de revenu par an XXX*.

Ledict de Berulles encores seigneur du fied de Ferrieres assis en la paroisse des Sièges, vallant de revenu par an L*.

Ledict de Berulles seigneur de deux partz et portions, dont les dix huict font le tout, du fied de Montigny, faisant partie de la seigneurie de Turny, lesdictes deux partz vallans de revenu annuel XXX*.

Tous lesquelz fiedz vallent de revenu annuel en ce qui appartient aud. de Berulles II°XVI*.

Charles Deffaillons, escuyer, seigneur pour deux cinquiesmes, les cinq faisans le tout, de la seigneurie de Turny, en ce qui a appartenu a feu Mery de Verac et sa vefve, seigneurs en partie dud. Turny, qui vault de revenu par an XXXIII* VIII*.

Doibt contribuer ix^{lt} xx^s.

Ledict Deffaillons pour aultre portion de lad. seigneurie de Turny, acquise de Francoys et Anthoine

Lespinasse, Jacques de Puiseaulx, Olivier Adam et
Jehan Creffy, vallant de revenu par an   XX^{lt} X^s.

<small>Doibt contribuer cxv^s.
Ledict Sgr Deffaillons a esté declaré exempt de service personnel et contribution aud. ban, par le moyen du service personnel qu'il faict au Roy, ainsy qu'il a faict apparoir par certifficat du Sgr de Barbezieulx, lieutenant général au pays de Champaigne et Brye.</small>

Jehan et Robert de Germiny, seigneur en partie de
Turny qui leur vault de revenu par an   XXV^{lt}.

<small>Doibvent contribuer vii^{lt} viii^a.</small>

Damoiselle Jehanne de Montigny, dame en partie du
fied de Turny, hormis la portion vendue a Gallas de
Berulles et Francoys Huot, pour ung arpent ung quartier de terre qu'il tient dudict fied, le tout vallant de revenu par an   VIII^{lt} II^s X$^\lambda$.

<small>Doibvent contribuer, Scavoir ladicte damoiselle xxxix^s.
Et ledict Huot v^s.
Lad. damoiselle et Huot sont declarez exemptz de service personnel et néantmoins contribueront.</small>

Le fied de Fourniz, duquel est detenteur Robert de
Fourny, en ce non compris la portion qui appartient a
Gallas de Berulles, qui vault de revenu par an   XX^{lt}.

<small>Doibt contribuer.....
Me Nicole Jodrillat a remonstré que led. de Fourny est homme d'armes de la compagnye du Sgr Duc d'Uzez, capitaine de cinquante lances des ordonnances du Roy ; par quoy exempt.</small>

Alexandre de Villemor, pour les héritaiges qu'il tient
en fied a Aiz en Othe, vallant de revenu par an   CIII^s.

<small>Doibt contribuer xxix^s.</small>

Jacques Herbelin dict Furet, demourant a Dilo, pour l'acquisition par luy faicte de l'Abbé de Dillo l'année présente a la vente des biens ecclésiastiques, de la quantité de six septiers troys bichetz par moictié froment et avoyne, mesure de Sens, moyennant la somme de XI^{xx}II^{lt}, lesd. six septiers vallans de revenu par an . . . . .

Messire Georges de Clermont, chevalier de l'Ordre du Roy, seigneur dud. lieu, pour les maisons, bastimens, cens et rentes et aultres droictz qui ont appartenu aux Religieulx, Abbé et Couvent de Sainct Pierre le Vif au lieu de Paroy pres Joigny et a luy venduz la somme de troys mil neuf cens soixante unze livres t.

IV

FIEDZ DU BAILLIAGE DE SENS ASSIS AU DELA DE LA RIVIERE D'ARMENSON, N'ESTANS DU COMTÉ DE TONNERRE.

LE fied terre et seigneurie de Saillenay, dont sont détenteurs, asscavoir Dame Marguerite d'Espinard, vefve de feu Messire Joachin de Malain, comme ayant la garde noble des enfans dud. defunct et d'elle, pour ung tiers ; Messire Edme de Fontenay, Chevalier de l'Ordre du Roy, a cause de dame Francoise de la Riviere, sa femme, et damoiselle Barbe de la Riviere, fille de feu Jehan de la Riviere pour les deux aultres tiers qui vault de revenu par an VI^{c}LII^{lt} V^s.

Doibvent contribuer ix^{xx}iiii^{lt} ix^s qui est a chacun des dessusd. pour leur tiers lxi^{lt} iii^s.

Jehan Chopin, procureur fiscal de dame Marguerite d'Espinard, vefve de feu Messire Joachin de Malain, comme ayant la garde noble des enfans dud. defunct et d'elle, nous a remonstré que led. defunct son mary estoit chevalier de l'ordre du Roy et lieutenant de la compagnye du Sgr de Bourdillo, mareschal de France, et que oultre ce, deux de ses enfans font service personnel au Roy soubz la charge de Monseigneur de Momperrou, leur oncle, lieutenant de la compagnye du Sgr Mareschal de Retz ; Avons, en enterinant lad. requeste, déchargé icelle suppliante de contribution aud. ban, tant pour la tierce partie dud. fied et seigneurie de Seignelay que pour le tout de ses fiedz de Rebourseau, Haulterive et Poilly.

Ysabelle de Dinteville, vefve de feu Messire Jehan de la Riviere, dame du fied d'Esnon assis en la parroisse de Saillenay, vallant de revenu annuel   XXI^{lt} XV^s.

Doibt contribuer vi^{lt} iii^s iv^d.

Le seigneur du fied de Doucement, assis en la parroisse de Saillenay, vallant de revenu par an   VIII^{lt} X^s.

Doibt contribuer xlvii^s x^d.

Le fied terre et seigneurie de Rebourseau, qui vault de revenu par an LXXX^{lt}, duquel est detenteresse dame Marguerite d'Espinard, vefve de feu Messire Joachin de de Malain, comme ayant la garde noble des enfans dud. defunct et d'elle.

Doibt contribuer xxii^{lt} x^s.

Ladicte dame Marguerite d'Espinard, dame du fied de Haulterive, vallant de revenu par an   VIII$^{xx lt}$.

Doibt contribuer xlv^{lt}.

Le fied terre et seigneurie . . . . dont est detenteur Messire Claude de la Chambre, vallant de revenu par an   VIII^{xx}XI^{lt}.

Doibt contribuer xlviii^{lt} xvii^s j^d.

Jehan Chopin, procureur et receveur dud. de la Chambre, a remonstré que led. de la Chambre est chevalier de l'Ordre du Roy, guydon de la compagnye du seigneur duc de Savoye,

Le fied terre et seigneurie de Mallemaison, vallant de

revenu par an VI^{xx}V^{lt}.

<small>Doibt contribuer xxxv^{lt} iij^{s} ij^{d}.</small>

Le fied terre et seigneurie de Cheny, dont est detenteur Messire Jehan de la Riviere, chevalier de l'Ordre du Roy, Bailly et Cappitaine de Sens, vallant de revenu par an V^{c}XVII^{lt}.

<small>Doibt contribuer vij^{xx}iiij^{lt} xv^{s}.</small>

Ledict seigneur de la Riviere encores pour les heritaiges, cens et rentes qui souloient appartenir aud. Cheny aux Religieulx Abbé et Couvent de Sainct Remy lez Sens, dont il est a présent seigneur et detenteur, vallans de revenu annuel VI^{lt}.

<small>Doibt contribuer xxxiij^{s} ix^{d}.</small>
<small>Ayant esgard que led. Sgr de la Riviere est bailly et cappitaine de Sens et qu'il faict service personnel au Roy en la presente convocation, nous le déclarons exempt.</small>

Me Hyereme d'Aiz, Conseiller magistrat au bailliage et Siège présidial de Sens, et les héritiers de feu de Voves, pour ce qu'ilz tiennent en fied aud. Cheny, vallant de revenu par an XLV^{s}.

<small>Doibvent contribuer xij^{s} vj^{d}.</small>
<small>Ayant esgard a la qualité des detenteurs dud. fied, les avons declarez exemptz de service personnel et neantmoins ordonnons qu'ilz contribueront.</small>

Le seigneur du fied terre et seigneurie de Courgy le Chastel duquel est detenteur Siguadr de Boullainvilliers, seigneur de Bezancourt, vallant de revenu par an III^{c}X^{lt} XV^{s}.

<small>Doibt contribuer lxxxvij^{lt} viij^{s}.</small>

Le seigneur de la Vicomté de Ligny le Chastel, vallant de revenu annuel VII°XX^{lt} V^s.

Doibt contribuer ii^cii^{lt} xi^s v^d.

Me Pierre Jamard, procureur de dame....., vefve de feu Messire Gaspard de Saulx, en son vivant chevalier de l'ordre du Roy Sgr de Tavanes, Vicomte dud. Ligny le Chastel, lieutenant pour le Roy ou Duché de Bourgongne et capitaine de cinquante lances, par quoy exempte,.

Le seigneur du fied de Premier Faict, duquel est detenteur Me Pierre Le Chat, advocat a Brynon l'Archeveque, qui vault de revenu par an LXVI^{lt} XV^s.

Doibt contribuer xviii^{lt} xv^s.
Exempt de service personnel et néantmoins contribuera.

Le seigneur du fied de Villeneufve sur Buschin, qui vault de revenu par an XXV^{lt}.

Doibt contribuer vii^{lt} viii^d.

Le seigneur du fied de la Bertauche, vallant de revenu par an IX^{lt} X^s.

Doibt contribuer liii^s ix^d.

Claude d'Estampes, gentilhomme de la Maison du Roy, seigneur du Mont Sainct Suplix et Boilly, vallant de revenu par an. . . . .

V

Aultres fiedz du Bailliage de Sens assis au dela de la Riviere d'Yonne ès environs de la ville de Sens.

Noble homme Maistre Robert Hemard, Président et Lieutenant criminel au siege présidial de Sens, seigneur du fied de la mothe de Paron, assis en la parroisse dudict Paron, vallant de revenu annuel XXX^{lt}.

Doibt contribuer viii^{lt} viii^s ix^d.
Ayant esgard a la qualité dud. Sgr Hemard, l'avons déclaré exempt de service personnel et contribution aud. ban.

Damoiselle Marguerite de Bierne, vefve de feu Jehan de Vellu, seigneur de Baby, dame du fied des Grosses Pierres assis en la parroisse de Subligny le Boys, vallant de revenu annuel XXX^{lt}.

Doibt contribuer viii^{lt} viii^s ix^d.
Taveau a remonstré que led. de Veelu estoit l'un des cent gentilzhommes du Roy, partant que lad. de Bierne sa femme debvoit estre déclarée exempte de contribution et service personnel aud. ban, et nous l'avons déclaré exempte.

Francoys de Bierne, escuyer, seigneur du fied de la

Tour du Chesnoy, vallant de revenu par an la somme
de. . . . .

M⁰ Guillaume Troillot, varlet de chambre du Roy, a cause de Anne Guerard, sa femme, seigneur du fied de Rucouvert, assis en la Barronnye de Nailly, vallant de revenu annuel LXXI^{lt}.

Doibt contribuer la somme de. . . . .
Veu le registre de la derniere convocation par lequel nous a esté lad. qualité veriffiée, nous avons declaré led. Troillot exempt.

Charles Bernard, escuyer, seigneur de Plenosche, vallant de revenu annuel LX^{lt}.

A esté remonstré que led. de Bernard est homme d'armes de la compagnye du Sgr de Clermont, capitaine de cinquante hommes d'armes des ordonnances du Roy, par quoy exempt.

Le seigneur du fied des Espenards, vallant de revenu annuel C^{lt}.

Doibt contribuer xl^{lt}.

Christofle Guillaume, seigneur pour la moictié du fied de Marsangy, vallant par an de revenu XL^{lt}.

Doibt contribuer xii^{lt} v^s.

Ledict Guillaume encores pour les heritaiges qu'il tient en fied aud. Marsangy, a cause de l'acquisition qu'il en a faicte des héritiers de M⁰ Olivier Symonnet, vallans de revenu XXV^{lt}.

Doibt contribuer vii^{lt} viii^d.
Led. Guillaume est declaré exempt de service personnel et néantmoins contribuera.

Les seigneurs du fied de Bracy, vallant de revenu annuel XLIV^{lt} XVII^{s} VI^{d}.

    Doibvent contribuer xii^{lt} xii^{s} vi^{d}.
    Me Jehan Minagier pour Christofle Guillaume a dict que ledict Guillaume estoit seigneur de la moictié dud. fied ; nous l'avons déclaré exempt de service personnel, et ordonnons néantmoins qu'il contribuera pour lad. moictié vi^{lt} vi^{s} iii^{d}.

Le seigneur du fied des grandes et petites Barnagones duquel est detenteur Messire Henry de Bourbon, Prince de Condé, qui vault de revenu par an XXVIII^{lt} V^{s}.

Les héritiers de feu Symon Gaulthier, seigneurs du fied de Bourryennes, assis en la parroisse de Rousson, vallant de revenu par an XIX^{lt}, et sont detenteurs dud. fied, Scavoir Me Chrestien Dissier, a cause de Helaine Gaulthier, sa femme, Me Hubert Gaulthier esleu de Nemoux, Me Symon Gaulthier, advocat a Villeneuve le Roy, et Nicolas Gaulthier.

    Ayant esgard que lesd. héritiers ne sont habilles a porter armes, nous les avons declarez exemptz de service personnel et néantmoins ordonné qu'ilz contribueront pour ce qu'ilz tiennent aud. fied.

Pierre de l'Abaye, seigneur et détenteur des fiedz, terres et seigneuries de Griselles le Bocaige, Le Brueillerin, Cournant et Villartz, pour les sept partz, les huict faisans le tout, et les héritiers de feu Me Claude Sanguin de Paris seigneur de l'aultre huictiesme partie, lesdictz fiedz vallans de revenu annuel, Scavoir le fied de Griselles et le Brueillerin L^{lt} le fied de Villartz LIV^{lt} et le fied de Cournant XII^{lt}.

    Doibt led. de l'Abaye contribuer xxviii^{lt} x^{s} xi^{d}.

Et les heritiers dud. Sanguin ivˣˣ iⁱ viiᵈ.

Mᵉ Sebastien de la Faye a remonstré que led. de l'Abaye est homme d'armes de la compagnye du seigneur de Clermont d'Amboise, et nous l'avons declaré exempt tant pour les portions des fiedz dessusd. que pour les fiedz de Chaumot, Preaulx, Chanteloup, La Perreuse et aultres qui luy appartiennent en ce bailliage.

Damoiselle Estiennette Guillaume, heritiere de feu Mᵉ Pierre Guillaume, pour ce qu'elle tient en fied a Montacher, vallant de revenu annuel XXˡᵗ.

Ayant esgard a la qualité de lad. damoiselle qui est vefve, nous l'avons declarée exempte de service personnel et néantmoins ordonné qu'elle contribuera cviⁱ iiiᵈ.

Les héritiers de feu Mᵉ Guillaume Ravault, pour ce qu'ilz tiennent en fied a Montacher, vallant de revenu par an XXˡᵗ.

Après que Minagier pour Phelipes Ravault, héritier dud. defunct, a dict qu'il est demourant en la ville de Troyes et que par privileges les bourgeois et stationnaires de lad. ville sont exemptz de service personnel et contribution au ban et arrière ban, nous l'avons déclaré exempt.

Mᵉ Jacques de Billy, Abbé de Sainct Michel en Lair, pour ce qu'il tient en la seigneurie de Vertron, tant a cause de la succession de ses feuz père et mère que a cause des acquisitions par luy faictes des héritiers de feu Mᵉ Guillaume Boucher qui luy valent de revenu IIᶜXLˡᵗ.

Ayant esgard a la qualité dud. de Billy, avons icelluy déclaré exempt de service personnel, et néantmoins ordonnons qu'il contribuera lxviiˡᵗ xˢ.

Mᵉ Germain Chevalier, a cause de damoiselle Jehanne Boucher, sa femme, pour ce qu'il tient en fied aud. Vertron, qui luy vault de revenu par an XXXˡᵗ.

Contribuera viiiˡᵗ viiiⁱ ixᵈ.

Mͤ Michel Boucher, Conseiller Magistrat au Bailliage et siege présidial de Sens, pour ce qu'il tient aud. fied de Vertron, consistant en l'estang du petit Maulregnault, et le fied de la Brosse, assis en la parroisse de Montacher, qui luy vault de revenu par an XVIIIᵗ.

<small>Ayant esgard a la qualité dud. Boucher, l'avons déclaré exempt de service personnel, ordonnons néantmoins qu'il contribuera ciˢ iiiᵃ.</small>

Christofle de Boulengers, pour sa part des dixmes qu'il tient en fied aud. Montacher, qui luy vault de revenu par an XVIᵗ.

<small>Exempt de service personnel et contribuera ivᵗᵗ xˢ.</small>

Guillaume Minagier, escuyer, detenteur d'une sixiesme en la tierce partie d'icelle seigneurie de Vertron qui luy vault de revenu par an XIIᵗ.

<small>Apres que Mᵉ Jehan Minagier a remonstre que led. Guillaume Minagier est homme d'armes de la compagnye de Monseigneur le Duc de Guyse, nous l'avons déclaré exempt de service personnel et contribution aud. ban.</small>

Christofle de Harlay, l'un des cent gentilzhommes ordinaires de la Maison du Roy, seigneur de Dollot, vallant de revenu annuel VᶜLXXIᵗ Vˢ.

<small>Exempt.</small>

Messire Henry de Bourbon, Prince de Condé, seigneur du fied, terre et seigneurie de Vallery, qui vault de revenu par an M IIIᶜLXXVᵗ

Ledict seigneur Prince de Condé, seigneur du fied, terre et seigneurie de Brannay et les Barres, qui vault de revenu par an IIIᶜXVᵗ.

Messire Claude Pinard, Conseiller du Roy et l'un des quatre secrétaires de ses commandemens, seigneur du fied, terre et seigneurie de Villethierry, qui vault de revenu par an VIII^{c lt}.

Exempt.

Le seigneur du fied de Vauvert, assis en la parroisse de Lixy, vallant de revenu par an LX^r.

Doibt contribuer xvi^s xi^d.

Les héritiers de feu Messire Jacques de Crevecueur, seigneurs et détenteurs du fied, terre et seigneurie de Villeblouin, Sainct Aignen et Gerjus, vallant de revenu annuel IV^{c lt}.

Doibvent contribuer cxii^{lt} x^s.

Le seigneur du fied de la Grange des Barres, vallant de revenu annuel XLVII^{lt}.

Doibt contribuer xii^{lt} xiv^s v^d.

Henry de Grouches, seigneur du fied, terre et seigneurie de la Chappelle feu Payen, vallant de revenu annuel II^{c lt}.

Doibt contribuer lvi^{lt} v^s.

Messire Jehan de Longeau, chevalier de l'ordre du Roy, seigneur du fied de Malvoisines, assis en la parroisse de la Chappelle feu Payen, qui vault de revenu par an XXIX^{lt} III^r.

Doibt contribuer viii^{lt} iv^s.

Led. de Longeau et aultres détenteurs du fied de la

Planche assis en lad. parroisse, vallant de revenu annuel LXX˟.

Les seigneurs du fied, terre et seigneurie de Villemanosche, dont sont détenteurs Rhoc de Sorbiers, pour les cinq partz, les huict faisans le tout, et Charles Bernard pour les troys aultres partz, led. fied vallant de revenu annuel II˟LXVI˟ XIII˒ IVᴅ.

<small>Doibvent contribuer lxxvˡᵗ.
Veu le certifficat par lequel apparoit led. de Bernard estre homme d'armes de la compagnye du Sgr de Clermont avons icelluy de Bernard déclaré exempt de service personnel et contribution aud. ban pour lesd. troys partz de Villemanosche.</small>

Damoiselle Jehanne de la Rama, vefve de feu Jehan Bernard, ou nom et comme ayant la garde noble des enfans mineurs d'ans dudict defunct Bernard et d'elle, dame du fied, terre et seigneurie de Champigny sur Yonne, vallant de revenu par an IIᶜ˟.

<small>Doibt contribuer lviˡᵗ vˢ.</small>

Mᵉ Jacques Roussat, chanoine en l'Eglise de Sens, seigneur du fied de Bellefontaine, assis en la parroisse de Champigny sur Yonne, vallant de revenu annuel
XII˟ VIII˒ VIIIᴅ.

<small>Ayant esgard que led. Roussat est homme d'eglise, nous le declarons exempt de service personnel et néantmoins ordonnons qu'il contribuera lxxˢ iiiᴅ.</small>

Pregent Popine, a cause de damoiselle Jehanne de Mignonville, sa femme, seigneur du fied de la Borde Hurey, consistant au molin de la Pisserotte, et certaines censives et rentes qui se prennent sur les isles de Precault assises sur la Riviere d'Yonne pres Villeblouin, ledict fied vallant de revenu annuel LVIII^{lt}.

Me Pierre Cheron, procureur, dict que led. Popine est sommelier de panneterie de la Royne de Navarre, et en ceste qualité couché et employé en l'estat de lad. dame; Sur ce nous avons declaré led. Popine exempt de contribution et service personnel.

VI

Fiedz assis en la Chastellenye de Courtenay et ès environs.

La terre et seigneurie de Courtenay, vallant de revenu par an M. V$^{c\,tt}$.

<small>Ayant esgard que lad. terre est reunye au domaine du Roy dud. Bailliage par provision suyvant l'Arrest de la Court de Parlement a Paris, il est dict qu'elle ne sera comprise ny cottisée aud. ban quant a présent, sauf touteffoys de ce faire en cas qu'elle soit desunie dud. domaine, ouquel cas le Receveur commis a la recepte dud. ban retiendra par ses mains la somme de iv^{c}xxi^{tt} xix^s v^d a la charge d'en rendre compte au Roy.</small>

Pierre Bourgeois demourant a Courtenay, pour les fiedz de la Tuteliere et des terres assises ès lieux dictz les Babieres et les Vaulx Martins, et les censives deues sur la maison de feu Guillaume lez la porte dudict Guillaume, le tout assis en la parroisse de Courtenay, vallant de revenu annuel LXXIII^s.

<small>Contribuera xx^s vii^d.</small>

Le fied des Guyartz, assis en la parroisse de Courtenay duquel Guillemete de la Borde, vefve de feu André

Baultru est detenteresse pour la moictié, et maistre Nicole Morin, licencié en loix, détenteur pour l'aultre moictié, et vault la totalité dud. fied la somme de IV# X^s de revenu annuel.

>Lad. vefve Baultru contribuera xii^s viii^d.
>Et pour l'aultre moictié il sera pris sur le revenu dud. fied xii^s viii^d.

Loys David au lieu de feu Guillaume David, son père, seigneur du fied de Rozoy dict Revillon, et des fiedz de la Gourretiere et Lallemandiere, assis en la parroisse de Courtenay, vallans de revenu annuel, Scavoir led. fied de Rouzoy XXIV# VI^s, La Gourretiere XXI^s VI^d et le fied de Lallemandiere IV# II^s qui est somme toute XXIX# IX^s VI^d.

>Me Jehan de Leschevau, procureur, a remonstré que led. David ne pouvoit faire service au Roy pour son indisposition et antien aage ; Sur ce nous l'avons déclaré exempt de service personnel, et contribuera viii# v^s ix^d.

Le fied des Piatz assis en ladicte seigneurie de Courtenay, duquel est detenteresse damoiselle Catherine de La Rochette, et vault par an de revenu VII#.

>Contribuera xxxix^s v^d.
>Et le xve novembre aud. an apres que ladicte d^{elle} a dict qu'elle n'estoit detenteresse dud. fied, ains en estoit detenteur Noel de Camp Sgr de la Bauldrye, avons contre luy donné default, et contribuera lad. somme de xxxix^s v^d.

Ladicte damoiselle Catherine de la Rochette, dame du fied appellé Les Courteris, assis en lad. seigneurie de Courtenay, vallant de revenu annuel X#.

>Lad. damoiselle a dict que Noel de Camp, Sgr de la Bauldrie, estoit aussy detenteur dud. fied ; avons contre luy donné default et contribuera lvi^s iii^d.

Le fied appellé les masures de Robeau, assis en la seigneurie de Courtenay, duquel la vefve Pierre Couste est detenteresse.

Le fied des masures Audreau assis en lad. seigneurie de Courtenay duquel est lad. vefve Couste detenteresse.

Le fied de Billardiere assis en ladicte seigneurie de Courtenay, dont lad. vefve Couste est detenteresse.

Le fied du Puteau assis en ladicte seigneurie, duquel lad. vefve Couste est detenteresse.

Le fied des deux masures des Bibaudieres, assis en ladicte seigneurie, duquel lad. vefve Couste est detenteresse.

Le fied de la Senauldiere assis en ladicte seigneurie.

Lad. vefve detenteresse de trente deux arpens de terre assis en la Vallée du Brassoer de la parroisse de Courtenay.

Le fied de la masure de Losche Droyn assis en la parroisse de Chantecoq.

Le fied des masures des Raveneaulx et Druyne assis en la parroisse de la Celle en Ormoy, duquel lad. vefve est detenteresse.

Le fied de la masure de la Chastiniere assis en la parroisse de Piffons, duquel lad. vefve est détenteresse.

Le fied de la masure de la Finance, duquel ladicte vefve est détenteresse.

Le fied de la masure de la Fourretiere.

Le fied de la Chastiniere assis en la parroisse de Piffons, duquel lad. vefve Couste est detenteresse, duquel fied Guillaume Bissaulge est détenteur pour la moictié.

Damoiselle Catherine de la Rochette, détenteresse de

cinq solz parisis de censive sur une piece de prez appellée la Gardienne.

Lad. damoiselle détenteresse de la moictié des cens et rentes appartenans a la Charité de Caresme prenant.

Lad. damoiselle détenteresse de la quarte partie et l'aultre portion des preiz des grandes et petites Laines.

Ladicte damoiselle détenteresse des masures de la Poterie et Guillard.

Les fiedz cy dessus vallent de revenu par an la somme de XLVIII^{lt} XVII^{s}.

Le fied de La Lombardiere, des Bichotz et du Gourneau, assis en la seigneurie de Courtenay, dont est détenteur Pierre Le Hongre et aultres.

Le fied de Caillault assis en la seigneurie de Courtenay.

Le fied des Courtieres, assis en lad. seigneurie.

Le fied de la Fuseliere, assis en lad. seigneurie.

Le fied de Testart, assis en ladicte seigneurie.

Le fied de la Reveliere, assis en lad. seigneurie.

Le fied du prez de la Fontayne aux Loups, assis en lad. seigneurie.

Le fied Touchard, assis en lad. seigneurie.

Le fied de la Maroche, assis en lad. seigneurie.

Le fied de Moreau Coincy, assis en lad. seigneurie.

Le fied de la Charresse, assis en lad. seigneurie, dont sont détenteurs les hoirs Mace Bourget.

Le fied des Censueres, assis en lad. seigneurie, dont sont détenteurs les héritiers du Seigneur de Piffons.

Le fied de Liarre, assis en lad. seigneurie.

Le fied de Tortan, assis en lad. seigneurie de Courtenay.

Tous lesd. fiedz estimez valloir de revenu   XXVII^{lt}.

Le fied de la Grange aux Hongres, assis en la seigneurie de Courtenay, dont est détenteresse Marie Le Hongre, vefve de feu Loys Bertrand, vallant de revenu   IX^{lt} X^s.

Lad. Le Hongre dame et détenteresse du fied des Archeryes, assis en lad. seigneurie, vallant de revenu par an   VII^{lt} IV^s.

Lad. Marie Le Hongre, dame et détenteresse du fied du Grand Molin, assis en ladicte seigneurie, vallant de revenu par an   IV^{lt} V^s.

_{Contribuera pour lesd. fiedz de la Grange aux Hongres, la Archerye et de Grand Molin cxvii^s ix^d.}

Le fied de La Gresserie,
Grandz et Petitz Chiquartz,
Champvallon,
La Bonnerue,
La Bourcerie, et masures qui dépendent desditz fiedz, tous lesquelz vallent de revenu annuel la somme de L^{lt}.

_{M^e Juvenal Rayer, procureur, a remonstré que Jacques Le Hongre, escuyer, Sgr du Verbuisson et de la Gresserie, est homme d'armes de la compagnye du Sgr de Clermont, capitaine de cinquante hommes d'armes des ordonnances du Roy, Sur ce nous l'avons déclaré exempt de contribution et service personnel.}

Le fied de Sainct Phalle dict Les Cuissartz, assis en la seigneurie de Courtenay, dont sont détenteurs la vefve et héritiers feu Nicolas de Sainct Phalle, vallant de revenu par an   LXX^{lt}.

Le fied du Clos de l'Aumonerie assis en lad. seigneurie vallant de revenu XL^s dont aussy ilz sont détenteurs.

Le fied de La Haricoterie, assis en lad. seigneurie de Courtenay, dont lad. vefve et héritiers sont détenteurs, vallant de revenu par an LXII^{lt}.

<small>Jamard pour Jehan de Sainct Phalle, escuyer, Sgr dud. lieu, Laulnay et Mileroy, a dict qu'il est archer de la compagnye de Monseigneur le duc frère du Roy, par quoy exempt.</small>

Le fied de Courtefondz, assis en lad. seigneurie de Courtenay, dont est detenteur Me Léon Fouet, commissaire estably au revenu dud. fied, vallant de revenu par an IV^{xx} XVII^s IX^d.

<small>Ayant esgard que led. fied est saisy et que led. Fouet est commissaire au revenu d'icelluy, avons led. Fouet déclaré exempt de service personnel aud. ban et néantmoins ordonné qu'il contribuera xxiv^s ix^d.</small>

Eustache de Sainct Phalle, pour ce qu'il tient en fied à Cudot, vallant de revenu annuel LXXXXI^{lt} IV^s III^d.

<small>Me Pierre Jamard a remonstré que led. de Sainct Phalle est homme d'armes de la compagnye du Sgr de Clermont, Sur ce nous l'avons déclaré exempt de service personnel et contribution.</small>

Messire Anthoine du Prat, chevalier de l'Ordre du Roy, Prévost de Paris, pour la moictié dud. fied de Cudot, vallant de revenu annuel CLXXXX^{lt} XIV^s VI^d.

<small>Me Jehan Dissier a remonstré que led. du Prat est chevalier de l'Ordre du Roy, prevost de Paris, bourgeois et stationnaire de lad. ville, employé au service de sa Majesté a la convocation du ban et arrière ban de la Prevosté de Paris, par quoy exempt.</small>

Le fied de la Jacqueminiere, assis en la seigneurie de

Courtenay, duquel est détenteur Arthus de l'Infernat, vallant de revenu par an   LXIV*.

<small>Led. de l'Infernat est homme d'armes de la compagnye du Sgr de Clermont d'Amboise, capitaine de cinquante hommes d'armes des ordonnances du Roy, par quoy exempt.</small>

La vefve et heritiers feu Francoys d'Avril au lieu de feu Phelipes de Noiez, seigneurs des fiedz de la mothe de Vernoy, Hurtebize, l'Estang de Blesy et l'Estang du petit Pierre esgu, assis en ladicte seigneurie de Courtenay, vallans de revenu annuel   XLI* IV^s VIII^d.

Guillaume Bissaulge, marchant demourant à Courtenay, seigneur du fied de la Barriliere assis en la seigneurie de Courtenay, vallant de revenu annuel   C^s.

Le fied de la Rousseliere, assis en la seigneurie de Courtenay.

Le fied appellé la Tige des Noiers, assis en lad. seigneurie.

Le fied des grandes et petites Communes, assis en lad. seigneurie.

Le fied des Bruleriz, assis en lad. seigneurie.

Le fied de la mothe La Tassiere.

Le fied du Molin du Vivier.

Le fied des Brissonnetz.

Le fied Royneau.

Le fied de la Ronssardiere.

Le fied de Mareroy.

Le fied de la masure Cervau.

Le fied de la masure de La Nauldiere.

Le fied de la masure de La Hurelerie.
Le fied des Souffrenetz.
Le fied de l'Estang de La Barrie.
Le fied des Quentins.
Le fied du Tillet.
Le fied du Puys Durand ;
Tous lesquelz fiedz vallant de revenu annuel VI^{xx}X^{lt} et ont cy devant appartenu a Jehanne Chapay vefve de feu Me Pierre Le Hongre.

Les héritiers de feu Roulland Le Hongre, seigneurs des fiedz, du Molin de la Genette,
de Vaugravere,
de La Pichoniere,
d'Orlot,
des Preiz de l'hospital,
et de Luteau, assis en la seigneurie de Courtenay, et vallant de revenu annuel XVII^{lt} XIX^s.

Me Pierre Chasray, général de Berry, pour les rentes et héritaiges qu'il a acquis, assis en la seigneurie de Courtenay, qui vallent de revenu par an XXXVII^{lt} X^s.

Me Nicole Roussat, procureur, dud. Chasré a dict qu'il est receveur général pour le Roy au pays de Languedoil estably a Bourges.

Le fied du Brassouer, assis en la seigneurie de Courtenay, dont est détenteur Guillaume de Fougeres, demourant a Courtenay, vallant de revenu annuel L^s.

Le fied Moynat, alias le fied des Crotz, assis au lieu de Cerilly, parroisse d'Estigny, dont sont détenteurs les héritiers feu M° André Fortier, et vault de revenu par an IV^{xt} III^s IX^d.

Le fied d'Ostum, alias du Bichet, assis en la parroisse d'Estigny, dont sont détenteurs Mes Ogier Le Vuyt, advocat en ce bailliage, comme tuteur de Précille, Loys et Pierre Les Vuytz enfans mineurs d'ans, de luy et de sa première femme, pour la moictié dud. fied, et pour l'aultre moictié Me Christofle Froment, Lieutenant du Prevost provincial et Catherine Maslard, sa femme, vallant de revenu par an VI^{lt}.

Exemptz de service personnel et contribueront xxxiii^s ix^d.

Les fiedz d'Estigny, hors ce qui apartient au Roy, et les fiedz de Cérilly, L'Isle Bourbelin et aultres héritaiges dont sont détenteurs les mineurs de feu Me Anthoine Minagier, esleu, le tout vallant de revenu annuel VII^{xxlt}.

Contribueront xxxix^{lt} vii^s vi^d.

Pierre de l'Abaye, escuyer, seigneur du fied de Chaumot qui luy vault de revenu par an LX^{lt}.

Led. de l'Abaye, Sgr du fied de Chantelou, vallant de revenu annuel VI^{lt}.

Led. de l'Abaye encores seigneur du fied de la Perreuse vallant de revenu par an XII^{lt} XVII^s III^d.

Led. de l'Abaye encores seigneur du fied de Preaulx vallant de revenu annuel XXXVIII^{lt} VI^s IV^d.

Me Sebastien de La Faye, procureur, a faict apparoir que led. de l'Abaye est homme d'armes de la compagnye du Sgr de Clermont d'Amboise. Exempt.

Edme Chappelle, seigneur des fiedz :
de Mardelin,
du Hey,
du Buysson Oyseau,
du fied qui fut a feu Regnault de Chamerot,
du fied des Meurs,
des heritaiges qui furent a feu Jehan de La Mothe,
du fied qui fut aux Fouez,
du fied et Buisson Montarlot,
du fied du Champ des Meurs,
et du fied appellé le Port de Marsangy, tous lesd. fiedz vallans de revenu annuel C^{lt}.

Leschevau, procureur, a remonstré que led. Chappelle est archer de la compagnye du Sgr de Clermont. Exempt.

Les hoirs feu Me Mace Bourget, au lieu de feu Claude Ferrant, pour ce qu'ilz tiennent au fied des Brouillardz, assis en la parroisse de Domatz, vallant de revenu annuel XL^{lt}.

Les hoirs feu Pierre Bouchard pour ce qu'ilz tiennent audict fied des Brouillards, vallant de revenu annuel XV^{lt}.

Et le xiiie febvrier 1576, veu la requeste a nous présentée par Paul de La Rouville, escuyer, Sgr des Brouillards, contenant qu'il est homme d'armes de la Compagnye du Sgr Duc de Nevers, nous l'avons declaré exempt de contribution aud. ban.

Le fied de la Longuetiere assis en lad. parroisse de Domatz, vallant de revenu annuel XV^{lt}.

Messire Charle d'Au, seigneur du fied de Galletas,

vallant de revenu annuel VIII^{e tt}.

_{M^e Jehan de Leschevau a remonstré que led. d'Au est l'un des Cent gentilzhommes de la Maison du Roy; dont il est dict qu'il sera tenu de faire apparoir, et néantmoins contribuera par provision ii^c xxv^{tt}.}

Jehan du Roux, a cause de sa femme, seigneur des fiedz des Vallées, du Gasteau et des Salles, assis en la parroisse de Domatz, vallant de revenu annuel
XXX^{tt} VIII^s IV^d.

Me Phelipes Dupuys, Conseiller en la Cour de Parlement a Paris, seigneur du fied, terre et seigneurie de Sainct Vallerien de revenu annuel V^{c tt}.

_{Ayant esgard que led. Sgr Dupuys est bourgeois et stationnaire de Paris, nous l'avons déclaré exempt.}

Edmon Mallet pour le fied du Moulin de Lanche assis en la parroisse dud. Sainct Vallerien, vallant de revenu annuel XIV^{tt} V^s.

Les héritiers de feu Messire Jacques de Crevecueur et de feu. . . . . de Bragelongne, seigneurs du fied de Joy en Gastinois, vallant de revenu annuel II^{c tt}.

_{N'est de ce Bailliage.}

Le fied des Regnardieres, assis en la parroisse de la Belliolle, vallant de revenu annuel LXIV^s.

Le fied de Foucherolles qui vault par an de revenu XLIII^{tt} II^s duquel a esté detenteur Leger de Lure.

Le fied de Trembloy, duquel a esté détenteur Leger

de Lure, vallant de revenu par an XXXIII*.

Odard du Roux, seigneur du fied des Escoutois, assis en la parroisse de Foucherolles, vallant de revenu annuel VII* III^s V^d.

Le fied de Duysy, assis en la Chastellenye de Courtenay, duquel a esté détenteur Léger de Lure, vallant de revenu par an XII*.

Le fied de Ludigny, tenu en arrière fied dud. Courtenay, duquel a esté détenteur Léger de Lure, vallant de revenu annuel XXVII* X^s.

La vefve et héritiers de feu Nicolas de Sainct Phalle pour ce qu'ilz tiennent au fied de Vauparfonde, en la parroisse de Sainct Hillaire lez Andresy, au lieu de feu Alexandre de La Lande, vallant de revenu annuel XLV*.

Jamard a remonstré que Jehan de Sainct Phalle, filz dud. Nicolas en est seigneur et est archer de la Compagnye de Monseigneur le Duc frère du Roy, par quoy exempt.

Christofle et Jehan les du Pestitz, pour ce qu'ilz tiennent aud. fied de Vauparfonde, vallant de revenu
VII^{xx}XII*.

Christofle du Pestitz pour le fied de La Gourretiere assis en la parroisse de Chantecoq, vallant de revenu annuel XXX^s.

Guillaume de Fougeres, demourant a Courtenay, pour une masure nommée La Boulaudiere, contenant vingt huit arpens, faisant partie dud. fied de Vauparfonde vallant de revenu annuel VII^{lt}.

Led. de Fougères encores pour le fied du Brassoir, vallant de revenu annuel LV^s.

Roolland de Baillet, a cause de damoiselle Gilberte de Querloy, sa femme, seigneur du fied de Penery, assis en la parroisse de Sainct Hillaire lez Andresy, vallant de revenu par an XL^{lt}.

<small>Led. de Baillet a remonstré qu'il est l'un des Cent gentilzhommes de la Venerie du Roy, par quoy exempt.</small>

Francoys Dupuys, seigneur du fied de Motheux, assis en la parroisse de Sainct Hillaire lez Andresy, vallant de revenu par an XIX^{lt} X^s I^d.

<small>Led. Dupuys est archer de la compagnye du Sgr Duc de Nivernoys, par quoy exempt.</small>

Christofle Guillaume, escuyer, seigneur du fied de Fougeu, assis en la parroisse de Sainct Hillaire lez Andresy, vallant de revenu par an XVIII^{lt}.

<small>Exempt de service personnel, néantmoins contribuera ci^s iii^d.</small>

Francoys de Vielchastel, seigneur du fied de Montallant et Maison Fort, assis a Sainct Hillaire lez Andresy, vallant de revenu par an XVIII^{lt} V^s.

<small>Dissier a remonstré que led. de Vielchastel est employé au service du Roy soubz la charge du seigneur Duc de Nivernois, et faulte de faire apparoir, il est dict qu'il contribuera cii^s viii^d.</small>

Le fied de Motiffault, assis en la parroisse de Chuelles,

vallant de revenu annuel IV^{lt} X^{s}, duquel fied feu Jehan du Pestitz a esté cy devant détenteur.

Nicolas Corrillon, demourant en la parroisse de Chuelles, détenteur d'une pièce de prez contenant troys arpens ou environ, assis en la parroisse de Chantecoq, qu'il tient en fied du Seigneur de Courtenay, vallant de revenu par an LX^{s}.

Jehan Durand, procureur a Montargis, seigneur du fied de Nombraiz assis en la parroisse de Chuelles et Chantecoq, vallant de revenu par an LX^{s}.

Le fief du Couldroy, assis en la parroisse de Chantecoq, qui vault de revenu par an L^{lt} dont sont détenteurs Jehan d'Assigny pour une quatriesme partie, la vefve Nicolas du Mesny, et damoiselle Marguerite de Chauchaabout.

<small>Fleury a remonstré que Odet de Racault est détenteur dud. fied, et attendu qu'il est l'un des Cent gentilzhommes de la Maison du Roy, a esté déclaré exempt.</small>

Le fied qui fut a feu Jehan de Girolles, assis en la parroisse de Chuelles, appartenant a Jehan d'Assigny, la vefve feu Nicolas du Mesny et damoiselle Marguerite de Chauchaabout, vallant de revenu annuel VI^{lt}.

<small>Me Charles Fleury a remonstré que Odet de Racault est détenteur dud. fied.</small>

Le seigneur du fied des Bourses, assis en la parroisse de la Selle en Ormoy, vallant de revenu annuel LXXX^{lt}.

M° Nicole Roussat, procureur de Maistre Pierre Chaseray, a dict qu'il est recepveur général pour le Roy ou pays de Languedoc establyaj Bourges; Sur quoy avons ordonné que led. Chaseray fera apparoir dedans ung moys.

Estienne Carrey, pour les troys parts, les quatre faisans le tout, et Jacques Carrey pour l'aultre quatriesme partie du fied de Forges et La Rogerie de Sainct Sepulchre, assis en la paroisse de la Celle en Ormoy, vallant de revenu annuel XXIV^x II^s II^d, compris le fied de la Mothe du Pressoir, assis en la parroisse de Chantecoq, vallant de revenu annuel XLII^s II^d.

Led. Estienne Carré pour une douziesme partie qu'il tient audict fied, au lieu de feu Berthelemy Prevost, vallant de revenu annuel LXXIII^s IV^d.

Damoiselle Marguerite Haquenin, vefve de feu Maistre Francoys Ravault, pour ce qu'elle tient audict fied de Forges et La Rogerie qui est une douzeresme partie, vallant de revenu annuel LXXIII^s IV^d.

La vefve et héritiers de feu M° Jehan Bardin, advocat a Montargis, pour une aultre douzeresme partie, qu'ilz tiennent audict fied de Forges, vallant de revenu annuel LXXIII^s IV^d.

Ladicte vefve et héritiers de feu M° Jehan Bardin, advocat a Montargis, encores seigneurs du fied de La Brosse, assis en lad. parroisse de la Celle en Ormoy, hormis la sixiesme partie appartenant a Guillaume Bardin, marchant demourant a Montargis, vallant de revenu annuel XVI^{lt}.

Damoiselle Catherine Minagier, vefve de feu Mᵉ Francois Seguier, Conseiller du Roy et Maistre des Requestes ordinaires de son Hostel, au lieu de feu Estienne Mesnager, demourant a Gien, pour les censives qu'elle tient en fied a Villiers Chameau sur plusieurs heritaiges situez ès parroisses de la Celle en Ormoy, Chuelles, Sainct Firmin des Boys et Triguerre, vallantz de revenu XXXˡᵗ.

Mᵉ Nicole Roussat, procureur, a remonstré que Jehan du Four, escuyer, Sgr de Saincte et Christie, a present mary de damoiselle Catherine Minagier, Sgr dud. fied, est gentilhomme ordinaire de la Chambre du Roy, par quoy exempt.

Francoys de Terrieres, escuyer, seigneur du fied, terre et seigneurie de Piffons, vallant de revenu par an IIᶜLˡᵗ.

Led. de Terrieres encores seigneur du fied des Chievres, assis audict Piffons, vallant de revenu par an
VIˡᵗ VIIˢ IIIᵈ.

Après que Mᵉ Pierre Jamard a remonstré que led. de Terrieres est employé pour le service du Roy, il est dict qu'il en fera apparoir et neantmoins contribuera asscavoir pour le fied de Piffons lxxˡᵗ viˢ iiiᵈ, et pour le fied des Chievres xxxvˢ xᵈ.

La vefve et héritiers de Nicolas de Sainct Phalle, seigneurs du fied de Launoy, assis en la parroisse de Piffons, vallant de revenu annuel XXIIˡᵗ.

Lad. vefve et héritiers encores seigneurs du fied de Milleroy assis en ladicte parroisse, vallant de revenu annuel XVˡᵗ.

Jehan de Sainct Phalle est seigneur desd. fiedz et archer de la compagnye de Monseigneur le Duc frere du Roy, par quoy exempt.

Le seigneur du fied de la masure appellée Grand

Champ, assis en la parroisse de Piffons, qui a appartenu cy devant a feu Jehan du Pestitz, vallant de revenu annuel L^s.

Pierre de Paris, escuyer, Sgr des Phelipieres, assis en la parroisse de Piffons, vallant de revenu annuel
XXXI^{lt} X^s.

Me Pierre Jamard a remonstré que led. de Paris est malade des longtemps et est entre les mains des medecin et apothicaires de maniere qu'il ne peult faire service au Roy, Sur ce veu l'attestation de Mes Jehan Alliboust, médecin, et Estienne Bouvier, apoticaire aud. Sens, nous avons declaré led. de Paris exempt de service personnel, et ordonnons neantmoins qu'il contribuera la somme de viii^{lt} xix^s ii^d.

VII

Fiedz du Bailliage de Sens estans assis en la Chastellenye de Ferrieres.

Jehan de Piedefer, a cause de Damoiselle. . . . . de Rogres, sa femme, seigneur des fiedz de Traversin et la Court Charrier, assis en la parroisse de Nargy, vallans de revenu annuel X^{lt}.

<small>Après que Me Jehan Minagier a remonstré que led. de Piedefer est l'un des Cent gentilzhommes de la Maison du Roy, nous l'avons déclaré exempt.</small>

Le seigneur des fiedz, terres et seigneuries de Cornou, Champourry et du Molin de Brisebarre assis en lad. parroisse de Nargy, vallans de revenu annuel III$^{e lt}$.

<small>Contribuera par provision lxxxiv^{lt} vi j^s vi^d.</small>

Jehanne du Bouchet, vefve de feu Claude de Villac et Claude de Breschard, seigneur et dame chacun pour une moictié du fied du Colombier Martroy, dict Lallier, assis en la parroisse de Nargy, vallant de revenu annuel LX^{lt}.

Jehan et Edmon des Prez, escuyers, Sgrs du fied dict Pitorin, assis en lad. parroisse de Nargy, vallant de revenu annuel XL^{lt}.

<small>Me Nicole Guyot a remonstré que led. Edmon des Prez est lieutenant du gouverneur pour le Roy en la ville de Montargis et quant a Jehan des Prez il est archer de la compagnye du Sgr de Besigny.</small>

Le seigneur du fied du Puys Guignard, assis en lad. parroisse de Nargy, vallant de revenu annuel la somme de XXX^s.

Le seigneur du fied du Bas Thory, assis en lad. parroisse de Nargy, vallant de revenu annuel XX^s.

Guillaume de Courtenay, escuyer, demourant a Chevillon près la Ferté Loupiere, seigneur des fiedz de Chevillon et Prenoy lez Ferrieres, qui vallent de revenu par an XVI^{lt}.

<small>Doibt contribuer iv^{lt} x^s.</small>

Jehan Houssay, escuyer, seigneur du fied de la Borde qui Pye, assis en la parroisse de Chantereaulx, vallant de revenu par an XIX^{lt}.

<small>Doibt contribuer cvi^s xi^d.
Veu la requeste a nous présentée par led. Jehan Houssay contenant que le xie Septembre dernier il a esté retenu et pourveu par le Roy de Navarre en l'estat de Gentilhomme servant de sa maison, nous l'avons déclaré exempt.</small>

Le seigneur du fied des Bordes de Thoreilles assis en la parroisse Dordives, qui vault de revenu par an X^{lt}.

Le seigneur du fied Lallier assis en la parroisse de Nargy, vallant de revenu par an L^s.

Messire Gaspard de La Chastre, chevalier de l'Ordre du Roy et capitaine de la première bande de la Garde Francoise, seigneur de Nancey, et Messire Baltazar de La Chastre, aussy chevalier de l'Ordre du Roy et cappitaine de cinquante hommes d'armes, seigneur de Besigny, frères, et seigneurs du fied de Thory lez Chasteaulandon, vallant de revenu annuel CL^{lt}.

Doibvent contribuer xliii^{lt} iiii^s ix^d.

Ayant esgard a la qualité desd. Sgrs de La Chastre, nous les avons déclarez exemptz.

Le seigneur du fied de Fresnoy Gallier, vallant de revenu annuel CII^s.

Guyot pour Me Pierre Ravault, Receveur des tailles a Montargis, tuteur et curateur de Pierre de La Forge filz mineur de feu..... de La Forge, a dict led. mineur estre Sgr dud. fied, filz de marchant qui n'est de la qualité de ceulx qui peuvent faire service personnel aud. ban, Sur ce avons led. Ravault oud. nom de tuteur déclaré exempt de service personnel et ordonné néantmoins qu'il contribuera xxviii^s ix^d.

Me Thierry Gressin, advocat en la Cour de Parlement a Paris, seigneur du fied appellé Le Petit Montespineulx, assis en la parroisse de Sainct Loup de Gonnoys, vallant de revenu annuel LXX^s.

Ayant esgard que led. Gressin est notoirement bourgeois et stationnaire de Paris, nous l'avons déclaré exempt.

Les heritiers de feu Estienne du Verger, seigneurs du fied de Digny, assis en la parroisse de Sainct Loup de Gonnois, vallant de revenu annuel L^{lt}.

Les héritiers de feu Gamali et Poiret, seigneurs du fied du Pertuis, assis en la parroisse de Courtemault et Sainct Loup de Gonnoys, vallant de revenu annuel XXV^{lt}.

Le fied de Crosilles, assis en la parroisse de Courtemault, vallant de revenu annuel L^{lt}.

Loys de Soubzmermont, seigneur du fied de La Selle sur le Bied, vallant de revenu annuel II$^{c\,lt}$.

<small>Dissier a remonstré l'ancien aage dud. Soubzmermont, qui est sexagenaire et requis estre declaré exempt de service personnel ; Avons ordonné qu'il fera apparoir comme il est sexagenaire, et par provision contribuera lviii v^s.</small>

Les héritiers de feu Léon Le Fort, seigneur de Juranville, seigneurs d'Inville assis en la parroisse de la Celle sur le Bied, vallant de revenu annuel XLVI^s.

Les héritiers de feu Jehan et Pierre les Petitz dict les Clercs, seigneurs du fied de Caulbert assis en ladicte parroisse de la Celle sur le Bied, vallant de revenu annuel XL^s.

Damoiselle Marie de Monteron pour la moictié du fied de Montatillon, assis en la parroisse d'Auxy en Gastinois, et Loys de Millault, Bailly d'Auxerre, seigneur pour l'aultre moictié dud. fied, vallant de revenu annuel LXXIV^{lt} X^s.

<small>Default contre lad. de Monteron et il est dict que par provision il sera pris sur le revenu d'icelle moictié la somme de x^{lt} ix^s vii^d.

Et a l'esgard dud. de Millault, bailly d'Auxerre, employé a la convocation du ban et arrière ban dud. bailliage d'Auxerre, le déclarons exempt de service personnel et contribution.</small>

Le seigneur du fied de Boys Regnier, assis en lad.

parroisse d'Auxy, vallant de revenu annuel	VI^{xx}X^{lt}.

La vefve et héritiers Charles de Lunel et Loys Le Doux, seigneurs chacun pour la moictié du fied du Pin, près Ferrieres, qui vault par an	C^{lt}.

Les héritiers de feu Thibault Bernard de Ferrieres, seigneurs du fied du Moulin du Liart, assis en la parroisse de Griselles les Ferrieres, vallant de revenu annuel	XII^{lt}.

Me Pierre du Chesne, advocat en la Court de Parlement a Paris, seigneur du fied du Moulin de Griselles lez Ferrieres, qui vault de revenu par an	XL^{lt}.

Le fied de Jehan de Goullard, assis en la parroisse de Gevraines, consistant en ung manoir, huict arpens et demy de terres labourables, vallant le tout de revenu annuel	VI^{lt}.

Le fied de Maistre Laurens Blanchet, assis en ladicte parroisse de Gevraines, vallant de revenu annuel	LX^s.

Charles de Goullard, escuyer, pour deux corps de maisons, grange, colombier, estables et jardins, et unze arpens de terres labourables, assis en lad. parroisse de Gevraines, vallans de revenu annuel	X^{lt}.

Me Pierre Jamard nous a remonstré que led. de Goullard pour son antien aage ne pouvoit faire service au Roy aud. ban, mais offroit y envoyer son filz ; au moyen de quoy avons icelluy de Goullard exempté de contribution et avons retenu sondict filz pour faire service personnel, luy enjoignant de faire tenir prest équippe d'armes et chevaulx pour faire service au Roy aud. ban et marcher quand il luy sera ordonné.

Le fied de Estienne Prudhomme, assis en ladicte paroisse de Gevraines, vallant de revenu annuel   XL^s.

Le fied de Sebastien Marcheboux, assis en ladicte paroisse de Gevraines, vallant de revenu annuel   LV^s.

Le fied des hoirs de feu Me Ignace Courtois, en son vivant Bailly de Montargis, assis en ladicte parroisse de Gevraines, vallant de revenu annuel   VIII^{lt}.

Le fied de Thomas Boutet, assis en lad. parroisse, vallant de revenu annuel   XX^s.

Le fied de Derrier le Boys de Goulard, assis en lad. parroisse, dont sont détenteurs les héritiers du feu seigneur du Portail, vallant de revenu annuel   LX^s.

Le fied de la Croix du Boys, assis en lad. parroisse, vallant de revenu annuel la somme de. . . . .

Les héritiers de feu Me Jehan Thibault, procureur du Roy à Nemoux, seigneurs du fied dict La Croisette, assis en la parroisse de Gevraines, vallant de revenu   XL^s.

_{Contribueront par provision xi^s iii^d.}

Charles de Goullard, pour ce qu'il tient au fied de Invillier, assis en la parroisse de Gevraines, vallant de revenu annuel   X^{lt}.

Damoiselle Jehanne de La Rinaulde et René d'Argy

pour ce qu'ilz tiennent en fied a Invillier, parroisse dud. Gevrannes, vallant de revenu annuel XX^{lt}.

Les héritiers de feu Francoys de Quinquempoix pour ce qu'ilz tiennent aud. fied de Invillier, vallant de revenu annuel XXV^{lt}.

Jehan de Goullard, escuyer, seigneur du Grand Hostel de ladicte parroisse, vallant de revenu annuel
XXXV^s.

Le seigneur du fied des Coustures, assis en la parroisse de Neufville en Gastinois, vallant de revenu annuel LV^{lt}.

Le fied du Parc, assis en la parroisse de La Neufville, duquel sont détenteurs les héritiers de feu Estienne Blaise, vallant de revenu annuel IV^{lt}.

Me Pierre Le Dieu, Me Loys Le Dieu, advocatz a Chasteaulandon, et Jacques Lucet, demourant a Nemoux, seigneurs du fied de Huet Marteau, vallant de revenu annuel XV^{lt} X^s.

Jehan de Rogres, seigneur de Bromeilles, et détenteur du fied de la Grand Maison d'Orville, vallant de revenu annuel la somme de. . . . .

Me Pierre Chasserey, général de Berry, seigneur des fiedz de La Marchandiere et Angeliere, assis en la parroisse de la Celle en Ormoy, vallant de revenu annuel la somme de. . . . .

Le seigneur du fied des Bourses, assis en la parroisse de la Selle en Ormoy, vailant de revenu annuel LXXX^{lt}.

_{M° Pierre Chazeré, Receveur général au pays de Languedoc, est Sgr dud. fied.}

M° Jacques et Estienne Les. . . . . seigneurs du fied de. . . . . et Forges, assis en la parroisse de la Selle en Ormoy, vallant de revenu annuel XII^{lt}.

VIII

Aultres Fiedz du Bailliage de Sens assis aux Ordons, Sainct Jullien du Sault, Champignelles, Villeneufve la Genest, et ès environs au dela de la Riviere d'Yonne, n'estans de la Chastellenye de Courtenay.

Eustache de Sainct Phalles, seigneur du fied, terre et seigneurie de Sainct Martin d'Ordon, pour les deux partz, les troys faisans le tout, la totalité vallant de revenu annuel   LVII^{lt} V^s VII^d.

<small>Me Pierre Jamard, a remonstré que led. de Sainct Phalle est homme d'armes de la compagnye du Sgr de Clermont, par quoy exempt.</small>

Arthus de l'Infernat, seigneur dud. fied de Sainct Martin d'Ordon, pour l'aultre tiers, la totalité dud. fied vallant   LVII^{lt} V^s VII^d.

<small>Led. de l'Infernat, Sgr de la Jacqueminiere, est homme d'armes de la compagnye du Sgr de Clermont, par quoy exempt.</small>

Le seigneur du fied de la Mothe d'Ordon, vallant de

revenu par an XXXIX^{lt} XVI^s, duquel fied sont detenteurs, Scavoir,

Claude du Defend, au lieu de feu Pierre du Puys, Jehan de Condey, demourant a Villiers Loys, seigneur pour ung tiers,

Phelipes Trotart, seigneur pour ung tiers,

Et Olivier Trotart, pour portion dudict fied, vallant de revenu annuel XIV^{lt} XIV^s non compris en lad. somme de XXXIX^{lt}.

Me Claude Chalons a remonstré que led. du Defend est employé pour le service du Roy comme archer de la compagnye du Sgr Duc de Nevers, par quoy exempt ; Et quand aud. Condey, nous l'avons declaré exempt de contribution et l'avons retenu pour faire service personnel, et a l'esgard des aultres Sgrs dud. fied de la Mothe d'Ordon, nous avons donné défaut contre eulx, et néantmoings il est dict que par provision il sera pris sur le revenu d'icelles partz et portions ; Scavoir, sur led. Phelipes Trotart iii^{lt} xiv^s viii^d et sur led. Olivier Trotart iv^{lt} ii^s viii^d.

Anthoine Trotart, pour ce qu'il tient aud. fied de la Mothe d'Ordon, et au fied des Ormes, assis en la parroisse de Piffons, vallant de revenu annuel la somme de XI^{lt} XVI^s.

Claude du Defend, seigneur du fied, terre et seigneurie de Sainct Loup d'Ordon, vallant de revenu par an
XXIII^{lt} XIII^s.

Ledict du Defend, seigneur du fied de La Maison Fort, assis aud. Sainct Loup d'Ordon, vallant de revenu annuel LX^s.

Le seigneur du fied de la Maison Fort, assis a Sainct Loup d'Ordon, vallant de revenu par an LX^s X^d.

Jehan de Condéy demourant à Villiers Loys a dict qu'il estoit seigneur dud. fied.

Damoiselle Estiennette du Tillet pour ce qu'elle tient au fied de La Chicardiere, assis a Sainct Loup d'Ordon, vallant de revenu par an   CII^s.

Contribuera xxviii^s ii^d.

Anthoine Trotart pour les cens et rentes qu'il tient audict fied de La Chicardiere, vallans de revenu   XI^s.

Contribuera iii^s i^d.

Les héritiers de feu Me Jehan Baltazar, advocat a Sens, pour ce qu'ilz tiennent au fied de La Chicardiere, assis a Sainct Loup d'Ordon, vallant de revenu par an   II^s VI^d.

Ayant esgard que lesd. héritiers sont mineurs et en bas aage, nous les avons declarez exemptz de service personnel et néantmoins ordonné qu'ilz contribueront ix^d.

Les héritiers de feu Me Jehan Baltazar, advocat a Sens, seigneurs du fied de Nuysement, assis en la parroisse de Sainct Jullien du Sault, vallant de revenu annuel   XV^{lt}.

Exemptz de service personnel, néantmoins contribueront la somme de iv^{lt} iv^s vi^d.

Rhoc Baltazar, lieutenant de robe courte en la Prevosté de l'Hostel du Roy, seigneur du fied de Laulmont, assis en la parroisse de   vallant de revenu par an   XXX^{lt}.

Led. Rhoc Baltazar, escuyer, Sgr de Toutevoye et du fied de Laulmont au bailliage de Sens et chastellenye de St Jullien du Sault, a esté déclaré exempt.

Le seigneur du fied d'Arbloy, vallant de revenu par an CLXXXVIII^{lt}, dont Jacques de Gibraléon est detenteur pour la moictié.

<small>Led. de Gibraleon, Sgr de Bellefontaine et Perrecey, bailliage de Troyes, Arbloy, bailliage de Sens, Petit Mesgnil et Chaulmesgnil en partie, bailliage de Chaumont, est employé au service du Roy, par quoy exempt. Et est donné default contre le condétenteur dud. fied et contribuera pour la moictié xxvi^{lt} viii^s ix^d.</small>

La vefve et héritiers feu Messire Jacques de Crevecueur, seigneurs du fied de La Court de Prunoy, aultrement dict Bellefontaine, assis en la parroisse de Prenoy, vallant de revenu par an   LXXXX^{lt}.

Edme de Crevecueur, seigneur des fiedz de Vienne et Prunay, vallans de revenu par   VI^{clt}.

<small>Après que Jamard a remonstré que led. de Crevecueur est homme d'armes de la compagnye du Sgr de Clermont, nous l'avons déclaré exempt.</small>

Eustache de Sainct Phalle, escuyer, seigneur, a cause de sa femme fille de feu Hector de Blondeaulx, du fied terre et seigneurie de Villefranche, vallant de revenu par an   II^cLXXXIX^{lt} XVIII^s IV^d.

<small>Led. de Sainct Phalle est homme d'armes de la compagnye du Sgr de Clermont, par quoy exempt.</small>

Me Estienne Gerbault, seigneur du fied, terre et seigneurie de Champlay, vallant de revenu annuel   IV^{clt}.

Messire Jehan du Chesnay, chevalier de l'Ordre du Roy, seigneur du fied terre et seigneurie de Longueron, vallant de revenu par an   III^cLXXXXVIII^{lt}.

<small>Dissier dict que led. du Chesnay est guydon d'une compagnye de cinquante</small>

hommes d'armes et qu'il est employé au service du Roy, Sur ce il est dict qu'il en fera apparoir, neantmoins par provision contribuera.

Odet de Racault, Sgr de Vienne, a cause de damoiselle . . . . d'Assigny, sa femme, seigneur du fied de Breceau lez Sainct Aulbin Chasteau Neuf, vallant de revenu par an   LXI^{lt} X^{s}.

Aprés que Me Charles Fleury, procureur, a faict apparoir que icelluy Racault est l'un des Cent Gentilzhommes de la Maison du Roy, nous l'avons déclaré exempt de contribution et service personnel aud, ban.

Led. de Racault, seigneur du fied de Beaurain vallant de revenu par an la somme de . . . . .

Les héritiers de feu Me Symon Couste, advocat au Bailliage de Sens, seigneurs du fied de la Mothe de Naples, assis en la parroisse de Sainct Caise, vallant de revenu annuel   XL^{lt}.

Monsieur le Prince Daulphin, a cause de Madame . . . . d'Anjou, sa femme, seigneur du fied terre et seigneurie de Villeneufve les Genetz, vallant de revenu par an   II^{c}LXVIII^{lt} XIII^s X^d.

Veu le registre de la convocation derniere et ayant esgard a la qualité dud. Sgr Prince, et qu'il faict service au Roy, l'avons déclaré exempt.

Dame Helaine de Quinque, vefve de feu Messire Francoys de Courtenay, et Gaspard de Courtenay, leur filz, seigneur et dame du fied de Villard et de Lhermite, du fied qui fut a Germaine de Bourron, mouvans de la Barronnye de Champignelles, du fied de la Grange aux Roys, dict Felix, mouvant de Tannerre, des fiedz de

Poiliz et Montauvir, mouvans de Pense Folie, du fied de Frauville et masure des Serpentz, mouvans de Sainct Forgeau, tous lesd. fiedz assis en la parroisse de Villeneufve lez Genestz, et vallantz de revenu annuel
V^{c}XXX^{lt}.

Ladicte de Quinque et led. de Courtenay encores seigneur et dame du Parc Vieil et Collemier, mouvant de Champignelles, et vallent de revenu annuel
III^{c}LXXXXI^{lt}.

Lad. dame de Quinque et led. de Courtenay encores seigneur et dame du fied dict la Mothe Messire Roux assis en la parroisse de Villeneufve les Genestz, vallant de revenu par an
LIII^{lt}.

Nicolas Garnier, Pierre Rameau et aultres Sgrs du fied de Putemusse, aultrement dict La Tempesterie, assis en la parroisse de Villeneufve les Genestz, vallant de revenu par an
IV^{xt} III^s.

Le seigneur du fied, terre, seigneurie et barronnye de Champignelles, vallant de revenu annuel
II$^{c\,lt}$.

Ayant esgard que lad. terre est réunye au domaine du Roy dud. Bailliage par provision suyvant l'Arrest de la Court de Parlement a Paris, et que le revenu de lad. terre est exploicté par le Receveur du domaine, il est dict qu'elle ne sera comprise ny cottisée aud. ban quand a présent, sauf touteffoys de ce faire cy après en cas qu'elle soit desunye dud. domaine et que mainlevée en soit donnée, ouquel cas led. receveur commis a la recepte dud. ban retiendra par ses mains la somme de lvi^{lt} v^s a la charge d'en rendre compte au Roy.

Bertrand de Nuictz et Roulland d'Allisson, seigneurs

du fied de Crosilles, assis en la parroisse de Champignelles, vallant de revenu annuel L#.

Les détenteurs dud. fied contribueront xiv#t i$ iii^A^.

Le seigneur du fied du Parc, assis en la parroisse de Champignelles, vallant de revenu par an II^e^XV#.

Le seigneur du fied de La Choiselerye, assis en la Barronnye de Champignelles, vallant de revenu par an XL#.

Messire Christofle de Tenance, chevalier de l'Ordre du Roy, et dame Marie de Vielchastel sa femme, auparavant femme de feu Jehan du Plessis en premières noces, seigneurs du fied d'Asnières, assis en la parroisse de Champignelles, vallant de revenu par an LI# VI^s^ IV^d^.

Contribuera xiv#t viii$ viii^d^,

Le seigneur du fied de la Gilberdiere, Fontaines et la Bouderie, assis en la parroisse de Champignelles, vallant de revenu par an XL#.

Le seigneur du fied de Pense Folie, assis a Villeneufve la Genestz, vallant de revenu par an IV## XVI^s^.

Messire Joachin de Roussy, Chevalier de l'Ordre du Roy, seigneur de Saincte Prenne, gouverneur de Soissons, seigneur du fied de Granchamp, vallant de revenu par an XXVII## XIX^s^ III^d^.

Led. de Roussy, seigneur du fied de Jehan Frenoillet, assis aud. Grand Champ, vallant de revenu par an LXXI*.

M* Nicole Roussat a remonstré que led. de Roussy est gouverneur du chasteau et Ville de Soissons, par quoy exempt de contribution et service personnel aud. ban.

IX

Comté de Tonnerre.

Dame Loyse de Clermont, vefve de feu Messire Anthoine de Crussol, en son vivant chevalier de l'Ordre, duc d'Uzes, Comte de Crussol et dudict Tonnerre, et Messire Jacques du Bellay aussy chevalier de l'Ordre du Roy, seigneur pour une vingt huitieme partie dud. Comté de Tonnerre, ledict Comté vallant de revenu annuel   III^{m}XX^{lt}.

Me Jehan de Leschevau, procureur, a dict que led. deffunct Messire Anthoine de Crussol estoit chevalier de l'Ordre du Roy, capitaine de cinquante hommes d'armes, par quoy nous avons lad. dame Loyse de Clermont déclarée exempte de service personnel et contribution aud. ban et arrière ban. Et a l'esgard dud. de Bellay avons contre luy donné default, et néantmoins par provision il est dict qu'il contribuera xxx^{tt} vi^s ix^d.

Le seigneur des fiedz, terres et seigneuries de Thorey, Rugny, Melisey et Chamelard, vallans de revenu annuel   IX^{c}LXXIII^{lt}.

Me Jehan Dissier, procureur de Madame la Connestable, a remonstré que lesd. seigneuries luy appartiennent, et ayant esgard a sa qualité, nous avons lad. dame déclarée exempte de contribution et service personnel.

Messire Anne de Vauldrey, Chevalier de l'Ordre du Roy, seigneur d'Argentenay, du fied de Thirloze assis en la parr. de Granches, et Coing, vallans de revenu par an VIII^{xx} ^{lt}.
    Argentenay vault de revenu par an LXXX^{lt}.
    Roches dict Thirloze vault de revenu par an XVI^{lt}.
    Le Coing vault de revenu par an LX^{lt}.

Messire René de Rochefort, Chevalier de l'Ordre du Roy, seigneur de Rochefort sur Armenson, vallant de revenu par an VII^{c} ^{lt}.

Après que Me Pierre le Sourt, procureur, a remonstré que led. Sgr de Rochefort est gentilhomme ordinaire de la Chambre du Roy, nous l'avons déclaré exempt.

Le seigneur du fied de Villedieu, vallant de revenu par an XLVI^{lt}.

Me Jehan de Leschevau, procureur de Pierre de La Croix, escuyer, Sgr pour les cinq parts, les huict faisans le tout, de lad. seigneurie de Villedieu, a dict que led. de La Croix est capitaine de la Ville et Comté de Tonnerre, et qu'il est employé au service du Roy en l'armée conduicte par le Sgr de Barbezieulx en l'absence du Sgr Duc de Guyse ; Sur ce nous avons led. de la Croix déclaré exempt de service personnel et contribution.

Led. de Leschevau a dict que Jehan de Nogent tenoit les troys aultres partz d'icelle seigneurie et estoit employé pour le service du Roy, comme il a faict apparoir par certifficat du Sgr de Barbezieulx, Lieutenant général pour le Roy és pays de Champaigne et Brie, et en l'armée de pied conduicte pour sa Majesté en l'absence de Monseigneur le Duc de Guyse, Sur ce nous l'avons déclaré exempt.

Les seigneurs des fiedz de Lézines, Vireaulx, Sambourg et la Granche du Plessis, desquelz sont détenteurs, asscavoir Messire Francoys de Mandelot, Chevalier de l'Ordre du Roy, pour les deux cinquiesmes partyes d'icelles seigneuries, et Jehan Paul de Carel, chevalier, pour la moictié desd. seigneuries de Lézines, Vireaulx et Sambourg, vallans de revenu par an MII$^{c\,tt}$.

<small>Jodrillat, procureur dud. de Mandelot a remonstré qu'il est chevalier de l'Ordre du Roy et gouverneur pour le Roy en la ville de Lyon, Sur ce l'avons déclaré exempt.

Me Jehan de Leschevau, procureur pour led. Jehan Paul de Carrel, a dict qu'il est escuyer d'escurye du Roy, par quoy l'avons déclaré exempt.</small>

Messire Francoys de Mandellot, Chevalier de l'Ordre du Roy, seigneur du fied terre et seigneurie de Pacy en Tonnerrois, vallant de revenu par an IV$^{c\,tt}$.

Anthoine Le Bascle, seigneur en partye d'Argenteul qui luy vault de revenu par an VI^{c}XIII^{tt} X^s.

Encores led. Le Bascle, seigneur du fied de Belsey vallant de revenu par an XXIV^{tt}.

Regné de Bethollat, seigneur en partye dudict Argenteul, qui luy vault de revenu par an II$^{c\,tt}$.

Le seigneur du fied de Gigny, vallant de revenu par an III$^{c\,tt}$.

Dame Croisette Boucher, vefve de feu Messire Claude de Chenu, en son vivant chevalier de l'Ordre du Roy, dame en partye de Ravieres et des fièdz de Beauchamp et Fulvy, vallans de revenu par an II^{c}XXXVII^{tt}.

<small>Me Nicole Jodrillat a remonstré que Messire Claude de Chenu estoit en son vivant chevalier de l'Ordre du Roy et Lieutenant de la compagnye du Sgr Comte de Clermont.</small>

Encores lad. vefve, tant en son nom que comme ayant la garde noble des enffans mineurs d'ans dud. deffunct et d'elle, pour ce qu'elle tient en la seigneurie de Carisey, qui luy vault de revenu par an VII^{xx}X^{tt}.

Veu la requeste a nous présentée par dame Croisette Boucher, vefve de feu Messire Claude de Chenu, ayant la garde noble des enfans mineurs dud. defunct et d'elle qui en ceste qualité est dame pour une cinqiesme partie de la seigneurie de Ravieres, comme aussy pour la tierce partie de la Justice de Fulvy, et encores de son chef pour ung quart et demy de Carisey et d'un aultre quart de la terre dud. Carisey, qui souloit appartenir cy devant a André de Laval, aultrement du Bassin, par contract faict avec Charles Cothier, comme ayant le droict dud. de Laval, et comme vefve dud. defunct joist de mesme previlege que faisoit led. Sgr de Chenu Sgr de Nuys, et joinct que Francoys de Chenu son filz est paige du Sgr Duc de Guyse et a sa suitte, l'avons déclaré exempte de service personnel et contribution aud. ban et arrière ban.

Jehan de Senevoy, escuyer, seigneur dud. lieu pour ung tiers en cinq pars, les douze faisans le tout, comme héritier de feu Aulbert de Senevoy, et Georges de Genly, seigneur pour une quatriesme partie de Ravieres et de Senevoy pour une douziesme partie, qui vallent de revenu par an II^{c}LXXXX^{tt}.

Led. de Senevoy a esté déclaré exempt de service personnel, pour son antien aage, et néantmoins contribuera x^{tt}.

Jodrillat pour led. de Genly nous a remonstré qu'il faict service personnel au Roy en l'armée de Champaigne, Sur ce nous l'avons déclaré exempt.

Jehan Festuot le Jeune, seigneur pour les troys parts, les cinq faisans le tout (fors et excepté une dixiesme èsd. troys parts, qui appartenoit a Jehan de Courselles), de la terre et seigneurie de Ravieres, qui luy vallent de revenu par an II^{c}XXV^{tt}.

Me Sebastien de La Faye, procureur, a remonstré que led. Festuot est bourgeois et stationnaire de Troyes et que par previleiges du Roy lesd. bourgeois d'icelle ville sont exemptz de faire service personnel et contribuer aud, ban ;

Il est dict que led. Festuot baillera sa requeste par escript pour icelle veue et communiquée aux gens du Roy ordonner sur lad. exemption ce que de raison.

Francoys Le Garenier, escuyer, détenteur de portion de la seigneurie de Senevoy qui luy vault de revenu annuel LXX^{lt}.

Led. Le Garennier, surnommé le capitaine Villiers, nous a remonstré qu'il luy appartient ung quart en lad. seigneurie de Senevoy, pour raison de quoy il a requis estre déclaré exempt, attendu qu'il faict service au Roy en l'armée conduicte par le Sgr Duc de Guise soubz le capitaine Bonnouvrier duquel il est lieutenant, par quoy exempt.

Le seigneur d'Andellot pour une neufviesme et troys partz, les cinq faisans le tout, en la seigneurie de Ravieres, vallans de revenu par an XL^{lt}.

Les seigneurs du fied, terre et seigneurie de Bragelongnes, qui vault de revenu par an la somme de
VII^{c}XXX^{lt}.

Me Claude de La Court, pour Loys de Faong, escuyer, Sgr pour les deux parts, les cinq faisans le tout, en la moictié de la terre et seigneurie de Bragelongnes, a remonstré que led. de Faong est malade de maladie incurable pour raison de laquelle il estoit du tout impotent; Sur ce nous l'avons déclaré exempt service personnel, et ordonné qu'il contribuera pour lesd. deux partz xx^{lt} xvi^s iiii^d.

Led. de La Court pour Jacques de Voulgrey, escuyer, Sgr pour la dixiesme partie de lad. seigneurie de Bragelongnes, a remonstré que led. de Voulgrey est mareschal des Logis de la compagnye du Sgr Comte de Bryenne en laquelle compagnye il est employé pour le service du Roy, par quoy exempt.

Led. de La Court pour Jehan de Nogent, escuyer, Sgr pour la dixiesme partie de lad. seigneurie de Bragelongnes, a remonstré que led. de Nogent faict service personnel au camp du Roy de présent conduit pour sa Majesté par le Sgr de Barbezieulx, par quoy exempt.

Le seigneur du fied terre et seigneurie de Villiers Vineulx, dont sont détenteurs Loys de Buffenant, seigneur de Chaumont, pour la moictié, et damoiselle Jehanneton de Roollet, vefve de feu Nicolas du Mesny en son vivant escuyer Sgr de Romtieres, pour l'aultre moictié, le total de lad. seigneurie vallant de revenu annuel V^cXXXV^{lt}.

> Led. de Buffenant est gentilhomme ordinaire de la Chambre du Roy et gouverneur de la ville d'Auxerre, par quoy exempt.
> Default contre lad. damoiselle de Rollet, et contribuera pour la moictié dud. fied lxxv^{lt} iv^s viii^d.

Damoiselle Magdelaine de Choiseul, vefve de feu Ferry de Nicey, escuyer, seigneur de Nicey, tant de son chef et portion antienne de ce qu'il a acquis en lad. seigneurie, et a Laignes, Ancy le Serveulx et Ravieres, et Me Jehan Prestat advocat a Sezannes, Arnoul Carrefour, Regnault de Brye et Pierre de Nicey, le tout vallant de revenu annuel IV^cLIV^{lt}.

Le seigneur du fied de Senevoy, vallant de revenu par an VIII^{xx lt}.

Messire Georges de Crequi, Chevalier de l'Ordre du Roy, seigneur des fiedz, terres et seigneuries de Ricey et Baigneulx, vallans de revenu annuel VIII^cX^{lt}.

> Contribuera ii^cxxviii^{lt} xvi^s iii^d.

Messire Anthoine Comte de Clermont, chevalier de l'Ordre du Roy, seigneur des fiedz, terres et seigneuries de Laignes, Griselles et Ancy le Franc, vallant de revenu par an VI^cLXXX^{lt}.

> Me Jehan Dissier a remonstré que led. Sgr Comte de Clermont est capitaine de cinquante lances, Sur ce nous l'avons déclaré exempt.

Patrix de Heriot, seigneur du fied, terre et seigneurie de Moulins, vallant de revenu par an II^{c lt}.

Le seigneur du fied de la Chapelle lez Senevoy, dont sont détenteurs, asscavoir Nicolas de Panpelune, pour la sixiesme partye, et Loys de Saulx, escuyer, pour le reste, ledict fied vallant de revenu annuel LXXXVIII^{lt}.

Led. de Panpelune, Sgr de Pothemont au bailliage de Chaulmont, et de Chaulmont le Boys, bailliage de Chastillon sur Seyne, et de la Chapelle, bailliage de Sens, est homme d'armes de la compagnye du Sgr Comte de Bryenne, par quoy exempt.

Led. de Saulx a esté aussy déclaré exempt comme employé au service du Roy.

Gabriel de Breul et Hugues de Sagnespée, escuyers, seigneurs pour la moictié de Poilly, des fiedz de Vaulx et des Ormes, qui vallent de revenu par an VI^{xx}XV^{lt}.

Contribueront xxxvii^{lt} xix^s vi^d.

Messire Anthoine de Sainct Antost, Chevalier, President a Rouan, pour les héritaiges qu'il tient en fied au lieu de Crey et Perrigny, qui vallent de revenu par an XX^{lt}.

Le seigneur du fied de Vezines qui vault de revenu par an CXIV^{lt}.

Le seigneur du fied de Fontaines Giry, vallant de revenu par an LIX^{lt} XVII^s VI^d.

Edme de Guttery, seigneur pour la tierce partye du Tronchoy, vallant de revenu par an LX^{lt} XVII^s.

Veu la requeste a nous présentée par Robert d'Anstrude, escuyer, seigneur pour la moictié du Tronchoy, archer de la garde du corps du Roy soubz la charge du Sgr de Nancay, chevalier, capitaine d'icelle garde, nous avons déclaré led. d'Anstrude exempt de service personnel et contribution aud. ban.

Alexandre Alespée, ou lieu de Donatian Alespée, escuyer, pour sa portion de lad. seigneurie du Tronchoy, vallant de revenu par an VI^{xx} I^{lt}.

Me Jehan de Leschevau nous a remonstré que led. Alespée est homme d'armes de la compagnye du Sgr Duc de Nemoux, et luy avons donné délay pour faire apparoir comme il est employé au service du Roy.

Alexandre Abricardot, seigneur du fied de Marnay assis a Crey soubz Rougemont, vallant de revenu par an XX^{lt}.

Me Sébastien de la Faye a remonstré que led. Abricardot est archer de la garde du corps du Roy soubz la charge du Sgr de Nancay, par quoy exempt.

Le seigneur des fiedz de Villechien et La Bergerye vallans de revenu par an XXIV^{lt}.

Jehan de La Haye pour sa portion en la seigneurie de Senevoy, vallant de revenu par an XXXVI^{lt}.

Claude Le Garennier, pour ce qu'il tient de fied des seigneuries de Fulvy et Mereul, vallant de revenu par an XLII^{lt}.

Claude de Hedin, seigneur du fied de La Chapolaine assis a Ravieres, vallant de revenu par an XIV^{lt}.

Jehan du Pin, Chevalier, seigneur du fied de Vezannes, vallant de revenu par an LX^{lt}.

Me Jehan de Leschevau a dict que led. Sgr du Pin estoit employé au service du Roy, par quoy a esté declaré exempt.

Jehan Deschamps et consors, pour les preiz qu'ilz tiennent des Regnards, tenuz en fied des seigneurs de Vezannes, vallant de revenu par an   X^{lt}.

Henry Canelle, escuyer, seigneur de portion de la seigneurie de Bragelongnes, acquise de Jehan de Moutier, vallant de revenu par an   L^{lt}.

Led. Canelle encores pour ung gangnaige qui est le fied de Fizotat, assis en la seigneurie de Bragelongnes, acquis de damoiselle Marie de Vauldrey et Claude Jamyn, vallant de revenu par an   XXI^{lt}.

_{M^e Jehan Dissier a remonstré que led. Canelle est esleu pour le Roy en l'Eslection de Sens; a ces causes avons led. Canelle declaré exempt de service personnel et ordonné néantmoins qu'il contribuera xiv^{lt} i^s iii^d pour ce qui a esté acquis dud. du Moutier, et cxviii^s iv^d pour led. gaignage et fied Fizotat.}

Jehan de Courselles, détenteur du fied de Plancy assis a Sainct Vinemer, vallant de revenu par an
   XLV^{lt} VII^s.

_{M^e Sebastien de La Faye a remonstré que led. de Courselles est aagé de quatre vingtz ans et plus, Sur ce nous l'avons déclaré exempt de service personnel et ordonné qu'il contribuera xij^{lt} xv^s.}

Jehan des Ormes, pour les heritaiges qu'il tient en fied a Sainct Vinemer, qui luy vallent de revenu par an   VIII^{lt} X^s.

Mes Noel Coiffart, conseiller du Roy, Lieutenant général au Bailliage de Troyes, Geoffroy Coiffart, conseiller audict Siege, Francoys Coiffart, Prieur de Ricey, demeurant audict Troyes, seigneurs du fied, terre et seigneurie de Viviers, vallant de revenu par an   VI^{xx}XV^{lt}.

_{M^e Jehan Haton, advocat, a remonstré que tous les détenteurs dud. fied}

sont bourgeois et stationnaires de la ville de Troyes ; Sur ce nous les avons declarez exemptz de service personnel et contribution aud. ban.

Jehan de Fondringay, damoiselle Guillemete de Marcenay, et Loyse de Marcenay, pour leurs portions du fied de Villechien, vallant de revenu par an XXVI^{lt}.

Messire Anthoine Comte de Clermont, seigneur des fiedz de Chassinelles et Mereul, vallans de revenu annuel VIII^{xx}I^{lt}.

La vefve et héritiers feu Guillaume Le Porcher pour ce qu'ilz tiennent en la seigneurie de Rochefort et pour le fied des Porchers, assis en lad. seigneurie, vallant de revenu par an XXXV^{lt}.

Charles de Chardonnay, seigneur du fied des Essartz, vallant de revenu par an XX^{lt}.

Le seigneur du fied de la Mothe de Rugny, qui vault de revenu par an XXII^{lt}.

Me Jehan Dissier pour Claude Menegault, Receveur de Thorey, dict qu'il a acquis led. fied de la Mothe, de Jehan de Lentaiges, escuyer, n'est capable de porter les armes, partant requis estre exempt de service personnel, offrant contribuer.

Les héritiers de feue Damoiselle Georgette Garrault, pour ce qu'elle tenoit de fied a Nicey, qui vault de revenu par an IX^{lt} XVII^{s}.

La vefve et héritiers Charles Tassart, pour ce qu'ilz tiennent de fied a Nicey, qui leur vault de revenu par an XIX^{lt}.

Me Nicole Jodrillat nous a remonstré que Loys de Tassart estoit Sgr dud.

fied, et nous avons declaré exempt led. de Tassart Sgr de La Brosse en Tonnerroys, ayant esgard qu'il est homme d'armes de la compagnye du Sgr de Mandelot, gouverneur et Lieutenant pour le Roy au pays de Lyonnoys.

Jehan Le Mignot, pour ce qu'il tient en la seigneurie de Rameau et Montballois, vallans de revenu par an L^{tt}.

Me Jehan Dissier a remonstré que led. fief de Rameau appartenoit a Jacques de Paperotte, lequel est de présent en l'armée du Roy, Sur ce a esté declaré exempt.

Phelipes Boucher, ou lieu des héritiers de feu Me Tristand Boucher, pour portion de la seigneurie de Roffey, vallant de revenu par an XXV^{tt}.

Me Jehan Dissier pour led. Boucher dict qu'il a deux enfans qui sont employez au service du Roy soubz Monsieur de Guyse, et quand a luy est demourant a Flogny, qui est du Bailliage de Troyes, ouquel lieu luy est commandé se tenir par le Bailly de Troyes a cause du passaige de la Rivière d'Armenson, et a ces causes a requis estre declaré exempt de service personnel et contribution aud. ban pour lad. portion de la seigneurie de Roffey ; néantmoins par provision contribuera vii^{tt} vii^a.

Me Odinet Godran, mary de damoiselle Jehanne de Noel, pour portion de la seigneurie de Carisey, vallant de revenu par an la somme de CVI^{tt} III^s II^d.

Hubert de La Riviere, seigneur de Quincy le Vicomte, vallant de revenu par an CVI^{tt}.

Me Nicole Guyot, procureur de damoiselle Magdelaine de La Riviere Sgr dud. Quincy le Vicomte, dict que led. de La Riviere a toujours este catholicque, bon serviteur du Roy et son vassal, et que depuys le xxve Juillet dernier elle n'avoit veu sondict mary, ains est allé a certain voyage loingtain duquel il n'est encores de retour ; a ces causes a requis led. Sgr estre déclaré exempt de service personnel aud. ban, offrant néantmoins contribuer pour led. fied.

Edme de Lescure, seigneur pour une troysiesme partie du fied de Laignes assis a Sainct Vinemer ; la vefve et héritiers feu Jehan de Gabat et Loys de Carrefour, pour l'aultre tierce partie, vallant de revenu par an XI^{lt}.

Michel de Villesablon pour les terres qu'il tient a Rochefort, vallans de revenu par an IX^{lt}.

Messire Henry de Malain, Chevalier de l'Ordre du Roy, seigneur de Pontot, assis au finaige de Poilly, vallant de revenu par an XV^{lt} III^{s} VIII^{d}.

<small>Veu la requeste a nous presentée par dame Marguerite d'Espinac, vefve de feu Messire Joachin de Malyn luy vivant Chevalier de l'Ordre du Roy, Sgr et Baron de Lux, avons icelle dame deschargée de contribution, et ce par le moyen du service personnel que Edme de Malyn, son filz, faict au bailliage de Dyjon.</small>

Le seigneur du fied de Junay et Pomard, vallant de revenu par an C^{lt}.

Claude d'Aillenay pour ce qu'il tient a Sambourg, qui vault de revenu par an X^{lt} X^{s}.

Jehan Le Tartier l'esnel, Marguerite Pericard, sa femme ; Nicolas Hanequin, Anne Perricard, sa femme ; Jehan de Marisy, damoiselle Anne de Bury, sa femme ; Denis Angenoust, Marie Maillart, sa femme ; Estienne Drouot et damoiselle Anne Menisson, sa femme ; bourgeois et stationnaires de la ville de Troyes, seigneurs pour la moictié du penaige, pennaiges et minage de Tonnerre, a partir par indivis avec les maistres Freres et Sœurs de l'Hospital dud. Tonnerre, et leur vault lad. moictié VI^{xx}X^{lt} par an de revenu.

Lesd. Le Tartier et consors ont esté declarez exemptz comme bourgeois de la Ville de Troyes.

Les héritiers de feu Didier Jazn et consors, seigneurs du fied Henry de Clermont assis a Villiers Vineulx, vallant de revenu annuel XV^{tt}.

Les detenteurs dud. fied sont mineurs et inhabiles a porter armes, par quoy exemptz de service personnel, néantmoins contribueront iv^{tt} iv^{s} iv^{d}.

Berthelemy des Guerres et sa femme pour les héritaiges qu'ilz tiennent a Neufville soubz Giey, vallans de revenu par an XX^{tt}.

Me Jehan Dissier pour Nicolas des Essars, escuyer Sgr de Ligneres, a dict estre détenteur desd. heritaiges et requis estre déclaré exempt, ayant esgard qu'il est employé pour le service du Roy au camp conduict pour sa Majesté par Monseigneur le Duc de Guyse et est capitaine de cinquante harquebuziers a cheval pour la garde dud. Sgr Duc de Guyse ; Sur ce avons déclaré exempt led. des Essars.

Gaspard de Lentaiges, seigneur du fied, terre et seigneurie de Vitry le Croisey, vallant de revenu par an II LXXIX^{tt} XVI^{s}.

Led. de Lentaiges, Sr de Belan, est employé actuellement au service du Roy en l'armée conduicte pour sa Majesté par Monseigneur le Duc de Guyse, son lieutenant général en lad. armée ; par quoy exempt.

Girard Byon et sa femme pour portion de la seigneurie de Laignes, vallant de revenu par an XX^{tt}.

Me Jehan Dissier a remonstré que led. Byon est décedé ; Sur ce avons déclaré sa vefve exempte de service personnel et ordonné néantmoins qu'elle contribuera cxii^{s} vi^{d}.

Le seigneur d'Antragues, Chevalier de l'Ordre du Roy, et dame. . . . . de Rohan, son espouse, seigneur et

dame de Giey, Neufville et Courteron, qui vallent de revenu par an la somme de. . . . .

<small>Ayant esgard a la qualité dud. Sgr d'Antragues et au service personnel, qu'il faict au Roy, l'avons déclaré exempt.</small>

Les heritiers de feu Messire Francoys de Colligny, Chevalier de l'Ordre, pour l'acquisition de la moictié de la seigneurie et Justice de la Chappelle lez Senevoy, venduz par les Abbé, Religieulx et Couvent de Sainct Pierre de Molesme la somme de douze cens vingt cinq livres t., vallant. . . . .

Encores lesd. héritiers pour l'acquisition faicte par led. Messire Francoys de Colligny de la haulte Justice, moyenne et basse, terre, forestz et aultres droictz venduz par les Abbé, Religieulx et Couvent de Quincy en Tonnerrois la somme de douze cens vingt cinq livres t.

Jehan Le Clerc, argentier du Seigneur Prince de Condé, pour l'acquisition de la haulte Justice, moyenne et basse, de Lisle Sainct Michel pres Le Tronchoy, rentes et aultres droictz vendus par les Abbé et Couvent de Sainct Michel sur Tonnerre la somme de neuf cens quarante livres t.

X

Le Duché de Bar.

Le Seigneur Duc de Bar. Exempt.

La Duchesse douairiere de Guyse pour ses terres de Marac, pays de Lengres, et aultres assises audict Duché de Bar. Exempte.

Le seigneur Duc de Guyse pour ses terres qu'il a assises audict Duché de Bar. Exempt.

Le seigneur Comte de Ligny en Barroys. Exempt.

Le seigneur de Nayves, Erize Sainct Dizier et Loizé, Cullé et Resson. Défault.

Le seigneur de Pierrefitte, de Rup, de Rumont, Erise la bruslée, Chaulmont sur Aire et Erise la Grande. Défault.

Le seigneur de Thon et aultres terres assises aud. Duché de Bar. Défault.

XI

L E Duché de Lengres, Comté de Montsauljon et pays a l'environ.

L E seigneur Baron de Fouvans vallant de revenu par an III^{e}LXXXXIII^{lt} XIX^s IX^d.
Les détenteurs d'icelle Barronnye contribueront cx^{lt} xvi^s iv^d.

Le seigneur de Fretes, qui vault de revenu par an L^{lt}.
Les détenteurs d'icelluy contribueront xiv^{lt} i^s iv^d.

Le seigneur du fied de Pierrefitte, vallant de revenu par an CX^{lt}.

Me Nicole de Recourt, conseiller au Parlement de Dijon, pour ce qu'il tient en fied en la seigneurie de Mornay sur Vigenne, et damoiselle Marthe de Recourt, sa sœur, qui vault de revenu par an XXX^{lt}.
Contribueront par provision viii^{lt} viii^s x^d.

La vefve et héritiers feu Messire Jehan de Pontallier, Chevalier de l'Ordre du Roy, seigneur Baron de Tallemey qui vault de revenu VI ^{lt}.

Les détenteurs d'icelle barronnye contribueront par provision la somme de viii^{xx}tt xv^s.

Dame Beatrix de Pontaillier, vefve de feu Messire African de Mailly, dame de Regny sur Saonne, qui vault de revenu par an III^{ett}.

Les détenteurs contribueront par provision lxxxiv^{tt} vii^s vi^d.

Le seigneur des fiedz de Torcenay et Occé, qui vallent de revenu par an V^{c}IV^{tt} III^s X^d.

Les détenteurs contribueront vii^{xx}xi^{tt} xvi^s iiii^d.

Francoys de Fay, pour portion de la seigneurie de Torcenay, vallant de revenu par an XXI^{tt} XVIII^r.

Contribuera par provision vi^{tt} iii^s ii^d.

Jacques d'Orges, escuyer, seigneur pour la moictié de Challancey, Vesvres et Vallans, qui vallent de revenu par an II^{c}L^{tt}.

Contribuera par provision lxx^{tt} vi^s iiii^d.

Léonard de Damas, escuyer, seigneur pour la moictié de la seigneurie de Chastenay Vauldin a luy donnée en mariage par Jacques d'Orges, vallant de revenu par an LXXX^{tt}.

Contribuera par provision xxii^{tt} x^s.

Jehan d'Esguilly, seigneur pour la moictié de Challancey, Chastenay Vauldin, Vesvres et Vallans, a luy donnée en mariage par Jacques d'Orges, escuyer, qui vallent de revenu par an III^{c}XV^{tt}.

Contribuera par provision lxxviii^{tt} j^s vi^d.

Mᵉ Claude Plusbel, procureur a Lengres, seigneur en partie de Saules et Grenant, qui vallent de revenu par an XVᵗᵗ.

<small>Contribuera par provision ivᵗᵗ iiiˢ xiᵃ.</small>

Le seigneur du fied de Palaiseau, au lieu des chappelains de Sainct Joseph, led. fied vallant de revenu par an XLᵗᵗ.

<small>Mᵉ Pierre Jamard, procureur de dame. . . . . vefve de feu Messire Gaspard de Saulx, en son vivant chevalier de l'Ordre du Roy, seigneur de Tavanes, Vicomte de Ligny le Chastel, Lieutenant pour le Roy ou Duché de Bourgongne, et capitaine de cinquante lances, requis a ces causes estre déclarée exempte, ce qui a esté faict.</small>

Le seigneur du fied de Rouvre sur Aulbe, qui vault de revenu par an IVᶜ ᵗᵗ.

<small>Les détenteurs contribueront par provision cxiiᵗᵗ xˢ.</small>

Le seigneur de Thilchastel et Bourberin, qui vallent de revenu par an VIIIᶜ ᵗᵗ.

<small>Contribuera par provision iiᶜxxvᵗᵗ.</small>

Le seigneur des fiedz de Piepape et Longeau, qui vallent de revenu par an IIIᶜ ᵗᵗ.

<small>Les détenteurs contribueront par provision lxxxivᵗᵗ viiˢ viᵃ.</small>

La vefve feu Helyon de Saultour, en son vivant seigneur en partie de Montigny, Villeneufve sur Vigenne et du fied aux Damoiselles, qui vallent de revenu par an IIIᶜ ᵗᵗ.

<small>Contribuera lxxxivᵗᵗ viiˢ viᵃ.</small>

Le seigneur du fied d'Aigremont, qui vault de revenu par an IIᶜXVIIᵗᵗ VIˢ.

Contribuera par provision lxi^{lt} iij^s.

Damoiselle Gabrielle d'Estinville, Vefve de feu Jehan de Dinteville, tant pour elle que pour ses enffans, Sgrs de Cusey et Ysaulme, qui vallent de revenu par an IV^c ^{lt}.

Contribuera cxii^{lt} x^s.

Geoffroy de Rochebaron, escuyer, Sgr en partie de Baye, Germaines et d'Arbot, qui vallent de revenu par an VIII^{xx} ^{lt}.

Contribuera xlv^{lt}.

Le seigneur de Villeneufve sur Vigenne, qui vault de revenu par an CV^{lt}.

Plus pour les portions qu'il a acquises de Guillaume d'Angoulevant et Jehan Jacquelin, en la seigneurie de Mornay, qui vallent de revenu par an VI^{xx}XIV^{lt} X^s.

Contribuera lxvii^{lt} vii^s ij^d.

La vefve et héritiers Jehan de Beaujeu, seigneurs de Chaiseul qui vault de revenu par an II^c ^{lt}.

Les détenteurs contribueront lvii^{lt} v^s.

Jehan de Beaujeu, escuyer, pour ce qu'il tient en fied de Reigny qui vault de revenu par an IV^{lt}.

Contribuera xxii^s vj^d.

Le seigneur de Varenes et Montigny sur Vigenne qui vallent de revenu par an VI^{xx}VI^{lt}.

Contribuera xxxv^{lt} viii^s vj^d.

Me Estienne Noblet, Maistre des Comptes pour le Roy a Dijon, ayant le droict de Berthelemy de Clugny en la seigneurie de Domarien, qui vault de revenu par an VIII^{xx} ^{tt}.

Plus pour la sixiesme partie du four bannal de Mornay et une souture et demye de prey par luy acquis de Jehan Jacquelin, qui vallent de revenu par an selon sa déclaration VI^{tt} X^{s}.

Encores pour la moictié de la grande seigneurie de Roches soubz Baignon par luy acquise de Me Nicole de Recourt et de damoiselle de Recourt qui vault par an ⸲ LX^{tt}.

<small>Contribuera, asscavoir ;
pour le droict qu'il a a Domarien xlv^{tt}.
Plus pour ce qu'il a acquis de Jehan Jacquelin xxxv^s.
Et pour la moictié de la grande seigneurie de Roches sur Bugnon xvi^{tt} xvii^s vi^d.</small>

Gilles Tassin, maire heredital de Domarien qui vault de revenu par an C^s.

<small>Contribuera xxviii^s.</small>

Jehan d'Anglure, escuyer, Sgr de Comblans, Grand Champ, Saules et Grenant en partie, qui vallent de revenu par an VI^{xx}XVII^{tt} XVII^s.

<small>Contribuera xxxviii^{tt} xii^s vi^d.</small>

Me Gaston de Grieu, conseiller a la Court de Parlement, a cause de damoiselle Jehanne Viole, sa femme, Sgr de Jourquenay, qui vault de revenu par an
LXXIX^{tt} XVII^s.

<small>Contribuera xxii^{tt} viii^s.</small>

Le seigneur de Coulemiers le Hault et Coulemiers le Bas, qui vallent de revenu par an VI^{xx}XVI^{tt} XV^s.

Contribuera xxviii^{lt} ix^s vi^d.

Bernard de Bossey, tant en son nom que au lieu de feu Francoys de Bossey, pour les héritaiges qu'il tient en fied au lieu de Saqueney, qui vallent de revenu par an L^{lt}.

Contribueront xiv^{lt} i^s iii^d.

Messire Anthoine de Chandieu, Chevalier, au lieu de Francoys de Chandieu, Sgr de Crespins, qui vault de revenu par an C^{lt}.

Contribuera par provision xxviii^{lt} iij^s vi^d.

Les seigneurs de la Mothe de Rousoy, qui vault de revenu par an LXIX^{lt}.

Jehan de Chastenay, escuyer, a présent mary de la vefve Claude de Maslin, Anthoine d'Anglure et Jehan de Quarantefers, seigneurs en partie de Rosoy, qui vault de revenu par an C^{lt}.

Contribueront xxviii^{lt} iij^s vi^d.

Michel de La Mare, escuyer, pour les droictz qu'il tient en fied en la seigneurie de Rosoy qui vallent de revenu par an VI^{lt} IV^s VIII^d.

Contribuera par provision xxxv^s ij^d.

La vefve feu Thomas de Thoyn pour ce qu'elle tient en fied aud. Rosoy, qui vault de revenu par an LVIII^{lt} X^s.

Contribuera xv^{lt} x^s vi^d.

Francoys d'Avaulgour, escuyer, Sgr pour une quatriesme partie, et aultres seigneurs de Grancey, estimé valloir de revenu par an M^{tt}.

<small>Contribuera par provision ii^clxxxi^{tt} ii^s,</small>

Maistre Bernard de Cirey, Hyerosme de Cirey, Conseillers au Parlement de Dijon, et damoiselle Marie de Cirey, vefve de feu Me Jehan Tixerant en son vivant conseiller aud. Parlement, Jehan et Hugues Les Marletz, seigneurs de Marcilly les Thichastel, qui vault de revenu par an LXXX^{tt}.

<small>Contribueront xxii^{tt} x^d,</small>

Me Pierre Millet, Maistre des Comptes pour le Roy a Dijon, pour la huictiesme partie du fied de Marcilly et aultres fiedz qui vallent de revenu par an IX^{tt}.

<small>Les détenteurs contribueront par provision l^s viii^d,</small>

Bernard des Barres de Dijon pour la huictiesme partie dud. Marcilly et aultres fiedz qui vallent de revenu par an IX^{tt}.

<small>Contribuera l^s viii^d,</small>

La vefve Bernard Benigne de Cirey, Estienne de Cirey et consors pour le fied de l'Estang dud. Marcilly, qui vault de revenu par an $LXVI^{tt} XIV^{s}$.

<small>Contribueront par provision xviii^{tt} xv^s ii^d,</small>

Me Benigne Boucher, Conseiller au Parlement de Dijon, et la vefve feu Me Jacques Boucher pour leur portion de la seigneurie de Marcilly qui vault de revenu par an XIX^{tt}.

<small>Contribuera par provision cvii^s ix^d,</small>

Les héritiers feu M⁰ Nicole Noblet, pour portion de la seigneurie de Domarien et de Mornay, acquis de feu Guichard de Drée qui luy vault de revenu par an
IV^{lt} XII^s.

Contribueront xxviii^s vii^d.

Les détenteurs du Molin de Marcilly sur la Riviere d'Aignon, que soulloit tenir Olivier de Longourt, qui vault de revenu par an
XXX^{lt}.

Contribueront viii^{lt} viii^s ix^d.

Le seigneur du fied de Foussey qui vault de revenu par an
LX^{lt}.

Le seigneur du fied de Percey le Petit, qui vault de revenu par an
VIII^{xx}X^{lt}.

Contribuera par provision xlvi^{lt} xvi^s iv^d.

Le seigneur de Genevrieres qui vault de revenu par an
VIII^{xx}XIII^{lt}.

Contribuera par provision xl^{lt} iii^s vi^d.

M⁰ Nicole de Gyey, Gillet de Gyey, son frere, et leurs seurs, seigneurs de Verseilles dessus et Verseilles dessoubz, qui luy vallent de revenu par an
XXV^{lt}.

Contribueront vii^{lt} viii^d.

La vefve et héritiers feu Girard de Montlyon, seigneurs en partie de Verseilles le Hault, qui vault de revenu annuel
XX^{lt}.

Contribueront par provision cxii^s vi^d.

Le seigneur du fied de la Mothe de Marrey, assis a

Balesmes, qui vault de revenu annuel LIX^{tt}.

Les détenteurs contribueront xvi^{tt} xvi^s xi^d.

Le seigneur de Champy qui vault de revenu par an L^{tt}.

Les détenteurs contribueront xiii^{tt} i^s iii^d.

Henry de Sacquenay, pour la mairie dud. Sacquenay qui vault de revenu par an VII^{tt}.

Contribuera xxxix^s v^d.

Le seigneur de Savigny et du Mont qui vallent de revenu par an II^cXL^{tt}.

Contribueront lxvii^{tt} x^s.

Le seigneur de Voncourt, qui vault de revenu par an CXVII^{tt}.

Contribuera xxxii^{tt} xviii^s i^d.

Le seigneur de Larrest qui vault de revenu par an XXIX^{tt} XV^s.

Contribuera viii^{tt} vii^s iv^d.

Dame . . . . vefve de feu Messire Gaspard de Saulx, Chevalier de l'Ordre du Roy, seigneur de Tavanes, capitaine de cinquante hommes d'armes et Lieutenant général pour le Roy au Comté de Bourgongne, Sgr de Cussey, et Guillaume de Grandmont, Sgr de Saules, Grenant et aultres fiedz qui vallent de revenu par an CXVIII^{tt} XI^s.

Default contre led. de Grandmont qui contribuera xxxiii^{tt} vii^s x^d.
Et lad. dame exempte ayant esgard a sa qualité.

Le seigneur de Montormentier, qui vault de revenu par an C^{lt}.

Les détenteurs contribueront par provision xxviii^{lt} iii^s vi^d.

Laurens de Montigny, dit Hudresson, Sgr en partie de Montigny sur Vigenne, qui vault de revenu par an XX^{lt}.

Contribuera cxii^s vi^d.

Thomas de Montigny, escuyer pour ce qu'il tient en la seigneurie dud. Montigny, qui vault de revenu annuel CXVII^s.

Contribuera par provision xxx^s viii^d.

La vefve et héritiers feu Guillaume de Letoux dict de Pradines, seigneur de Poinson lez Grancey le Chastel, et en partie de Poinsenot, qui vallent de revenu par an VI^{xx}XIII^{lt} XVII^s IX^d.

Contribueront xxxvii^{lt} v^s.

Jacques de Letoux dict de Pradines, pour portion de la seigneurie de Ricey, qui vault de revenu par an XVI^s.

Contribuera iv^s vi^d.

Jehan de Boresdon, seigneur en partie de Savigny qui vault de revenu par an XLI^{lt} XVI^s.

Contribuera xi^{lt} xv^s ii^d.

La vefve et héritiers feu Marc de Senanges, pour ce qu'ilz tiennent en fied a Sainct Andoche, vallant de revenu par an LXII^{lt} VIII^s.

Contribueront xvii^{lt} xi^s.

Jehan de La Fertté, pour ce qu'il tient au lieu de Rei-gny qui vault de revenu par an XII^{lt} V^s.

<small>Contribuera par provision lxix^s.</small>

Le seigneur de Reigny, qui vault de revenu par an IX^{lt} V^s.

<small>Contribuera par provision liii^s i^d.</small>

Arnault de Sainct Seine, pour ce qu'il tient en fied au lieu de Reigny, qui vault de revenu par an VI^{lt}.

<small>Contribuera xxxiii^s ix^d.</small>

Encores led. Arnault de Sainct Seyne, pour ce qu'il tient en la seigneurie de Gilley et Riviere les Foussés, qui vault de revenu par an LXV^{lt}.

<small>Contribuera par provision xviii^{lt} v^s viii^d.</small>

Maurice de Grandchault, au lieu de Pierre de Grandchault, pour ce qu'il tient en fied au lieu de Fouvens, qui vault de revenu par an XXIV^{lt}.

<small>Contribuera par provision vi^{lt} xv^s.</small>

Jehan de Revigny, escuyer, seigneur en partie dudict Reigny, qui vault de revenu par an XII^{lt} V^s.

<small>Contribuera lxviii^s xi^d.</small>

Bénigne de Grandchamp, seigneur pour ung tiers, et Didier de Poinson, pour les deux aultres tiers de portion de ladicte seigneurie de Gilley qui vault de revenu par an X^{lt}.

<small>Contribueront lvi^s.</small>

Jacques et Symon de Chastenay, héritiers de feu Hélion de Chastenay, seigneurs pour la moictié du Prieuré de Chastenay, ayant droict et donation de Hercules de Chastenay, seigneurs pour l'aultre moictié de Lanty, qui vault de revenu par an L*ᵗ*.

Contribueront par provision xiv*ᵗᵗ* i*ˢ* iii*ᵈ*.

Guillaume de Chastenay, escuyer, pour ce qu'il tient en la seigneurie de Lanty, qui vault de revenu par an CXIX*ᵗᵗ*.

Contribuera xxxiii*ᵗᵗ* x*ˢ*.

Le seigneur de Varennes, qui vault de revenu par an XXXI*ᵗᵗ*.

Contribuera viii*ᵗᵗ* xiv*ˢ* v*ᵈ*.

Le seigneur de Gurgy la Ville, qui vault de revenu par an IX*ᵗᵗ* XIII*ˢ*.

Phelipes de Chaudenay, escuyer, mary de la vefve Pierre de Vannay, seigneur de Challemaison lez Grancey, vallant de revenu par an XXX*ᵗᵗ*.

Contribuera viii*ᵗᵗ* viii*ˢ* ix*ᵈ*.

Messire Francoys de Pontallier, Chevalier de l'Ordre du Roy, gentilhomme ordinaire de sa chambre, seigneur de Vivey et Moilleron, qui luy vallent de revenu par an CXVII*ᵗᵗ* XIX*ˢ*.

Contribuera par provision xxxii*ᵗᵗ* viii*ˢ* i*ᵈ*.

Dame Helene de Tornon, vefve de feu Messire Jehan de La Baulme, en son vivant chevalier, Dame. . . . . vefve de feu Messire Gaspard de Saulx, chevalier, seigneur de Tavanes, Capitaine de cinquante hommes d'armes et Lieutenant pour le Roy en ses pays et Duché de Bourgongne, Les vefve et héritiers feu Pierre Tisserant, pour leurs parts et portions de la seigneurie de Courchamp qui vault de revenu par an   VI^{xx}XV^{tt} X^s

<small>Default contre lad. dame Helene de Tornon, vefve et héritiers Pierre Tixerant, et contribueront pour leurs parts xix^{tt} i^s iii^d.</small>

<small>Et lad. dame, vefve dud. feu Messire Gaspard de Saulx, exempte ayant esgard a sa qualité.</small>

Le seigneur de Gratedoz, qui vault de revenu par an   LXV^{tt}.

<small>Contribuera par provision x viii^{tt} ^{s} viii^d.</small>

Les seigneurs d'Aulnoy et Vallans, qui vallent de revenu par an   LXX^{tt}.

<small>Contribueront par provision xix^{tt} xiii^s xi^d.</small>

Le seigneur des fiedz de Sainct Beroing, Montsauljon, Courcelles et Baissey, qui vallent de revenu par an   VI$^{xx\,tt}$.

<small>Contribuera par provision xxxiii^{tt} xv^s.</small>

La vefve feu Gilles de Refay pour ce qu'elle tient en fied de Santenauges, qui vault de revenu par an   XVIII^{tt} V^s.

<small>Contribuera par provision cii^s vii^d.</small>

Didier Pariset, pour ce qu'il tient de fied au lieu de Santenauges, qui luy vault de revenu par an   XIII^{tt}.

<small>Contribuera lxxiii^s ii^d.</small>

Me Prudent Chabut, esleu de Lengres, au lieu de

damoiselle Agnes Thierry, pour ses fiedz de Rivieres le Boys, Percey le Paultey et aultres, qui vallent de revenu par an LXXXIX^{lt}.

Me Zorobabel Rigollet, pour Messire Prudent Chabut chevalier, dict qu'il est trésorier pour le Roy en Bourgongne et lieutenant pour sa Majesté a la garde des clefz de la ville et cité de Lengres, qui est l'une des clefz de ce Royaulme; Sur ce nous l'avons déclaré exempt.

Le seigneur de Comblant, qui vault de revenu par an XXXV^{lt}.

Contribuera ix^{lb} xvi^s x^b.

Le seigneur de Vallepelle, qui vault de revenu par an LXIX^{lt} XIV^s.

Contribuera xix^{lt} xii^s i^a.

Les seigneurs du fied de Montot assis a St Maurice sur Vigenne, qui vault de revenu par an XXXV^{lt} XIV^s.

Contribueront x^{lt} ii^s.

Francois Martin, controlleur de Villemor, pour ce qu'il tient en la seigneurie de Comblans qui vault de revenu par an IV^{lt}.

Contribuera xxii^s vi^a.

Jehanne Genevois et consors, pour ce qu'ilz tiennent au fied de Cusey, qui vault de revenu par an X^{lt}.

Contribueront lvi^s.

Me Pierre Genevois, procureur du Roy a Chaulmont, pour ce qu'il tient de fied a Pierrefitte, Bellefaulte et Genevrieres qui vault de revenu par an VI^{lt}.

Contribuera xxxiii^s ix^a.

Le seigneur de Vezines et des bornes de Luzy, qui vallent par an de revenu LXVI[lt] XIX[s].

Contribuera viii[lt] i[s] iii[d].

Le seigneur de Fontaine Francoise qui vault de revenu par an IV[c]X[lt].

Les seigneurs de Montigny sur Aulbe, Gevrolles, Vexaules, Boudreville, et Cussey en partye, vallant de revenu par an III[c]L[lt].

Contribueront par provision lxxxviii[lt] viii[s] ix[d].

Le fied du four bannal de Chastoyllenot au Comté de Montsauljon, qui vault de revenu par an XV[lt].

Contribuera iv[lt] iv[s].

Claude de Palais, escuyer, pour les fiedz qu'il tient a Bessey, Sainct Beroing et Rivieres les Fossés, vallant de revenu par an XXV[lt].

Contribuera viii[lt] viii[d].

Le seigneur de Courlon lez Grancey, vallant de revenu par an XII[lt].

Contribuera lxvii[s] vi[d].

Le seigneur du fied de Leuchey, vallant de revenu par an VIII[lt].

Contribuera xlv[s].

Le seigneur de Presigny, qui vault de revenu par an LXXXXIII[lt] X[s] VIII[d].

Contribuera xxvi[lt] vi[s] iv[d].

Encores pour la moictié de la seigneurie de Pierrefitte, qui vault de revenu par an   LX".

<small>Contribuera xvi^{tt} xiv^s iii^d.</small>

Plus pour la moictié de la seigneurie de Frettez qui vault de revenu par an   XVIII^{tt} X^s.

<small>Contribuera civ^s j^d.</small>

FIN

TABLE ONOMASTIQUE

DES PERSONNES

A

Abbaye (Perronnelle de l') 146. 147. 159.
Abbaye (Pierre de l') 40. 173. 174. 187.
Adam (Olivier) 59. 165.
Ageville (Guillaume d') 76.
Aillenay (Claude d') 92. 223.
Aix (Jerome d') 169.
Alespée (Alexandre) 219.
Alespée (Donatien) 118. 219.
Allegrin (Charles) 5. 54.
Allegrin (Jacques) 108.
Allegrin (Jean) 108.
Alliboust (Jean) 195.
Allisson (Roland d') 209.
Amastel (Jean d') 85.
Ambelin (Claude) 109. 151.
Amboise (Georges d') 34. 106.
Amboise (Renée d') 106.
Amoncourt (Jean d') 66. 113. 118. 120.
Ancienville (Jean d') 84.
Andellot (Le Sgr d') 216.
Andresson. V. Montigny.
Angenoust (Denis) 223.
Anglure (Antoine d') 69. 232.
Anglure (Claude d') 69.
Anglure (Jean d') 68. 231.
Angoullevant (Guillaume d') 73. 230.
Anjou (Madame N... d') 208.
Anjou (Nicolas d') 3. 32.
Anstrude (Robert d') 218. 219.
Antragues (le Sgr d') 224. 225.
Apremont (Guillaume d') 153.
Arbaleste (Nicole) 36.
Argy. V. Dargy.
Artault (Jean) 51. 109.
Asselin (Jacques) 45.
Assigny (Artus d') 30. 106. 161.
Assigny (Jean d') 54. 119. 192.
Assigny (Philibert d') 54.
Aubelin. V. Ambelin.
Aubelin (Jean d') 154.
Aubert (Philippe) 97.
Aubour (Colas) 96. 99.
Aucourt (Charles) 136.
Aucourt (Marie) 137.
Aucourt (Nicolas) 42. 108.
Audry (Jacques) 96.
Audry (Pierre) 96.
Auger (Nicolas) 97. 98.
Auvergne (Geoffroy d') 60. 110.
Avaugour (Francois d') 232.
Avril (Francois d') 185.

B

Bachelier (Mathurin le) 127.
Baillet (Roland de) 191.
Bailly (Edme de) 8. 46.
Baissey (Angilbert de) 66.
Baissey (Jean de) 66.
Balayne (Artus de) 33.
Balennes (Guillaume de) 61. 154.
Balot (Alix de) 57.
Baltazar 30.
Baltazar (Jean) 206.
Baltazar (Pierre) 146.
Baltazar (Rhoc) 206.
Barbier (Etienne) 96.
Barbisey (Bénigne de) 64. 110.
Barbisey (Jean de) 148. 162.
Barbot (Etienne) 97.
Bardin (Guillaume) 48. 193.
Bardin (Jean) 37. 193.
Barnerot (Girard) 65. 111.
Baron (Nicole) 60.
Barrault (Pierre) 87.
Barres (Bernard des) 70. 233.
Bascle (Antoine le) 81. 89. 214.
Bascle (Jeanne le) 83.
Baulme (Jean de la) 6. 82. 238.
Baulme (Joachin de la) 112.
Baultru (André) 179. 180.
Bausire (Louis) 52.
Bayard (Jacquette) 33. 63.
Beau (Claude) 94.
Beau (Jean) 33.
Beaujeu (Jean de) 68. 75. 230.
Beaujeu (Philibert de) 2. 28. 105. 120.
Beaumont (Adrien de) 5. 140.
Beaurain (René de) 27.
Beaurain (Ysabeau de) 27.
Belin (Pierre) 82.
Bellay (Francois du) 6. 80.
Bellay (Jacques du) 212.
Belleville (Jean de) 128.
Belleville (Juvénal de) 128.
Belleville (Philiberte de) 104. 119. 128. 129. 130.
Bernage (Jean) 53.
Bernage (Louis) 53. 160.
Bernard (Charles) 172. 177.
Bernard (Claude) 4. 54. 109.
Bernard (Jean) 1. 27. 119. 177.
Bernard (Thibaud) 200.
Bertrand (Louis) 183.
Berulle (Claude de) 160. 163. 164.
Berulle (Gallas de) 5. 59. 104. 129. 165.
Berville (Jacques de) 49.
Beschereau (Philippe de) 101.
Bethoulat (Guillaume de) 6. 83.
Bethoulat (René de) 214.
Bethune (Alpin de) 2. 29. 106.
Bethune (Jean de) 106.
Bethune (Marie de) 135. 151.
Bidault (Francois) 99.
Bien (Tristand de) 46. 108.
Bierne (Edme de) 57.
Bierne (Etienne de) 58.
Bierne (Francois de) 171.
Bierne (Jean de) 57.
Bierne (Marguerite de) 171.
Bievre (Adrienne de) 37.
Bievre (Etienne de) 39. 117.
Bievre (Jean de) 39. 117.
Billard (Claude de) 37.
Billocard (Drouine) 70.
Billy (Jacques de) 174.
Billy (Louis de) 63.
Bimont 43.
Bion (Girard) 93. 224.
Bissaulge (Guillaume) 181. 185.
Bischard (Claude) 37. 196.
Biscuit (Marguerite de) 34. 154.
Blaise (Etienne) 202.

Blanche (Guillaume) 148.
Blanchet (Laurent) 200.
Blondeau (Antoine) 101.
Blondeaux (Hector de) 2. 30. 119. 207.
Blosset (Nicolas) 4. 42.
Bocey (Bernard de) 69 232.
Bocey (Francois de) 69. 232.
Bois (Jacques du) 130.
Bois (Jean du) 41.
Boisseau (Claude) 71.
Boisseau (Jacquette) 58.
Boncoellier (Nicolas) 33. 94.
Bonfromment (Etienne) 120.
Bonnet (Antoine) 69.
Bontonere (Pierre) 52.
Bonvarlet (Jacques) 98.
Borde (Guillemette de la) 179.
Borde (Jean de la) 64.
Bosredon (Jean de) 74. 236.
Bouchard (Gabriel) 124.
Bouchard (Pierre) 45. 188.
Bouchart (Claude) 99.
Bouchart (Francois) 101.
Bouchart (Marie) 127.
Boucher (Bénigne) 71. 233.
Boucher (Croisette) 214. 215.
Boucher (Guillaume) 52. 174.
Boucher (Jacques) 71. 233.
Boucher (Jean) 90.
Boucher (Jeanne) 174.
Boucher (Louis) 26.
Boucher (Michel) 175.
Boucher (Nicolas) 1. 26.
Boucher (Philippe) 119. 222.
Boucher (Pierre) 37.
Boucher (Tristand) 119. 222.
Bouchet (Jeanne du) 196.
Bougault (Pierre) 154.
Boulainvilliers (Francois de) 3. 7. 82. 115.
Boulainvilliers (René de) 104. 119.
Boulainvilliers (Siguard de) 162. 169.
Boulanges (Edme de) 92.
Boulengers (Christofle de) 175.
Bouquot 54.
Bouquot (Jacques) 129. 139.
Bourbon (cardinal de) 150.
Bourbon (Henri de) Prince de Condé 173. 175.
Bourbon (Mademoiselle de) 150.
Bourg (Joachin du) 52.
Bourgeois (Antoine) 56.
Bourgeois (Pierre) 56. 179.
Bourget (Mace) 182. 188.
Bourron (Germaine de) 2. 30. 208.
Boussier (Antoine) 101.
Boutet (Thomas) 201.
Boutillier (Quentin le) 27.
Bouvier (Etienne) 195.
Brabant (Georges) 79.
Bragelogne (N... de) 189.
Bragues (Robert de) 125.
Breschard. V. Bischard.
Breuil (Francois de) 85. 94.
Breuil (Gabriel de) 218.
Breuil (Pierre de) 85.
Bricard (Orothe de) 61. 150.
Bricardet (Alexandre) 85. 219.
Brie (Regnaud de) 89. 217.
Brion (Bernard de) 34. 107.
Brion (Bonaventure de) 152.
Brion (Jacques de) 34. 107.
Brion (Jean de) 35. 152.
Briscadiou (Charles de) 142. 143.
Briscadiou (Francois) 104. 117.
Brisebarre (Jean) 99.
Brouart (Jacques) 96.
Broullard (Jean de) 55.
Brunes (Claude de) 159.
Brunes (Grégoire de) 53.
Bucherat (Claude le) 90.

Bucheron (Jean) 118.
Buffenans (André de) 1. 26.
Buffenans (Gaucher de) 26.
Buffenant (Louis de) 216. 217.
Buisson (Jean du) 95.
Burat (André le) 50.
Burat (Catherine le) 50.
Bury (Anne de) 223.
Bynot (Guillaume) 99.

C

Caillat (Edme) 101.
Camp (Noel de) 180.
Can (Claude de) 38. 95. 97.
Canelle (Henri) 220.
Carel (Jean Paul de) 214.
Carrefour (Arnoul de) 88. 217.
Carrefour (Christofle de) 88.
Carrefour (Jean de) 88.
Carrefour (Louis de) 88. 223.
Carrey (Etienne) 31. 193.
Carrey (Jacques) 37. 193.
Cartault (Jean) 124. 125.
Cartule (Charles de) 150.
Castres (Jean de) 106. 119. 125.
Castres (Michel de) 30. 43. 106, 119.
Cave (Claude) 97.
Censy (Nicolas de) 65. 111.
Cerisey (Louis de) 78.
Cerveau (Noel) 96.
Chabot (Philippe) 64. 79.
Chabut (Anne) 78.
Chabut (Prudent) 113. 239. 240.
Chachere (Jean) 97.
Chaillou (Marie de) 37.
Challemaison (Mathieu de) 126. 138.
Chalons (Claude) 205.
Chambre (Claude de la) 168.
Champagne (Antoine de) 35. 137. 157.
Champagne (Jean de) 88. 95.

Champdieu (Antoine de) 232.
Champdieu (Francois de) 69. 232.
Champduice (Geoffroy) 99.
Champluisant (Francois de) 68.
Chantier (Lucette de) 36. 107.
Chapay (Jeanne) 186.
Chapelle (Edme) 188.
Chapelle (Jean) 44.
Chappon (Jeanne) 50.
Chardonnay (Charles de) 221.
Chardonnay (Jean de) 89.
Charlin 84.
Charmoisons (Antoine de) 47.
Charmoisons (Edme de) 47.
Charmoisons (Gaucher de) 47.
Charmoisons (Pierre de) 47.
Charpentier (Colas) 31. 94.
Chasray (Pierre) 186. 193. 202. 203.
Chasserat (Jean) 54.
Chasserat (Pierre) 56.
Chastelet (Grégoire du) 81. 114.
Chastenay (Jacques de) 237.
Chastenay (Jean de) 232.
Chastenay (Simon de) 237.
Chastenoy (Guillaume de) 76. 238.
Chastenoy (Hercule de) 76. 238.
Chastenoy (Léon de) 76. 238.
Chastre (Baltazar de la) 198.
Chastre (Gaspard de la) 198.
Chastre (Joachin de la) 41. 108.
Chat (Pierre le) 170.
Chatillon (cardinal de) 42.
Chauchaabout (Marguerite de) 192.
Chaudenay (Philippe de) 238.
Chaumes (Pierre de) 99.
Chaumont (Francois) 157. V. Chauvet.
Chaumont (Edme de) 119.
Chaumont (Galas de) 30. 106.
Chaumont (Paulle de) 161.
Chaumont (Perronnelle de) 161.

Chaussée (Alexandre de la) 126.
Chauvet (Francois) 60.
Chauvirey (Jacques de) 77.
Chauvirey (Jean de) 72. 118.
Chavanges (Marc de) 74. 118. 236.
Chenu (Claude de) 120. 214. 215.
Chenu (Pierre de) 81. 120.
Cheron (Pierre) 156. 161. 178.
Chesnay (Jean du) 3. 31. 207.
Chesne (Edmond du) 55.
Chesne (Pierre du) 200.
Chevallerie (Didier) 96.
Chevallerie (Philibert) 96.
Chevallier (Germain) 174.
Chevallier (Marie) 88. 115.
Chocquet (Pierre du) 144.
Choiseul (Francois de) 77.
Choiseul (Ferry de) 127.
Choiseul (Madeleine de) 217.
Choiseul (Nicolas de) 23.
Choiseul (Pierre de) 67.
Chopin (Jean) 167. 168.
Cicon (Guillaume de) 112.
Cirey (Bénigne de) 70. 233.
Cirey (Bernard de) 78. 233.
Cirey (Etienne de) 70. 233.
Cirey (Jerome de) 233.
Cirey (Marie de) 233.
Clerc (Francois le) de Fleurigny 22. 97. 101.
Clerc (Jean le) 225.
Clermont (Antoine de) 83. 217. 221.
Clermont (Georges de) 166.
Clermont (Louise de) 212.
Cleron (Claude de) 76.
Cleron (Guy de) 112.
Cleves (Marie de) 150.
Clugny (Barthelemy de) 68.
Coiffart (Francois) 220.
Coiffart (Geoffroy) 220.
Coiffart (Juvénal) 88.

Coiffart (Louis) 88.
Coiffart (Nicolas) 137.
Coiffart (Noel) 115. 220.
Coligny (Francois de) 225.
Compigny (Pierre de) 98.
Condé (Prince de) 150. 225.
Condes (Jean de) 49. 152. 205.
Condes (Pierre de) 48. 152.
Conflans (Antoine de) 105.
Corard (Guillaume) 156.
Corillon (Nicolas) 48. 192.
Cornille (le Sgr de) 54.
Coste (Charles de) 33.
Coste (Jean) 3. 36.
Cothier (Charles) 215.
Couchon (Marie de) 48. 155.
Coullard (Léonard) 96.
Cour (Claude de la) 216.
Courcelles (Jean de) 6. 87. 215. 220.
Courtenay (Antoinette de) 47.
Courtenay (Blanche de) 86. 118.
Courtenay (Edme de) 2. 30. 46. 83.
Courtenay (Francois de) 120 208.
Courtenay (Gaspard de) 208. 209.
Courtenay (Guillaume de) 197.
Courtenay (Jacques de) 36. 107.
Courtenay (Philippe de) 31.
Courtois (Ignace) 201.
Coussy (Robert de) 43.
Couste (Pierre) 50. 181.
Couste (Simon) 208.
Coustes (Charles des) 153.
Creffy (Jean) 165.
Crequi (Georges de) 6. 83. 217.
Crespy (Jean) 59.
Creux (Francois de) 66.
Crevecueur (Christofle de) 29. 105.
Crevecueur (Edme de) 130. 207.
Crevecueur (Eustache de) 2. 29. 105.
Crevecueur (Jacques de) 3. 62. 176. 189. 207.

Crevecueur (Pierre de) 62.
Croix (Claude de la) 151.
Croix (Pierre de la) 213.
Croquier (Claude le) 99.
Crussol (Antoine de) 212.
Cuyse (Catherine de) 26, 105.

D

Damas (Léonard de) 228.
Damont (Jean) 120.
Dampierre (Baron de). V. Picot.
Danyer (Etienne) 92.
Daoust (Jean) 49.
Dargy (René) 43. 201.
Dauge (Jean) 142.
Dauphin (le Prince) 208.
David (Daniel) 149.
David (Guillaume) 47. 180.
David (Louis) 180.
David (Ysabeau) 117.
Deffend (Claude du) 107. 205.
Deffend (Jean du) 38. 107.
Denis (Guillaume) 132.
Deschamps (Jean) 87. 220.
Deffaillons (Charles) 164. 165.
Desguerat. V. Desquarat.
Desmarets (Hubert) 81.
Desmyer (Claude) 2.
Desmyer (Francois) 28. 105.
Desprez (Adam) 49.
Desprez (Jean) 100.
Desprez (Marie) 49.
Desquarat (Guillaume) 110. 138. 142.
Desrues (Francois) 139.
Dicy (Pierre de) 48.
Dieu (Louis le) 202.
Dieu (Pierre le) 202.
Dinteville (Charlotte de) 25.
Dinteville (Jean de) 67. 230.
Dinteville (Suzanne de) 80. 81.
Dinteville (Ysabelle de) 168.

Dissier (Chrestien) 173.
Dissier (Jean) 184. 191. 199. 207. 217. 220. 221. 222. 224.
Dolet (Odard) 82.
Domart (Regnaud de) 120.
Douannel (Pierre) 76.
Doucet (Vincent) 100.
Doux (Guyon le) 61. 110. 119.
Doux (Hemery le) 44.
Doux (Louis le) 200.
Doy (Demoiselle du) 144.
Drac (Adrien du) 156.
Drée (Guyard de) 71. 234.
Drouot (Etienne) 223.
Drouot (Pierre) 35.
Drujon (Pierre) 98.
Duc (Claude le) 42. 119.
Durand (Jean) 192.
Dyvoir (Paul) 117.

E

Engenoust (Christofle) 35.
Escluze (Pierre de l') 88. 91.
Esguilly (Henry d') 66.
Esguilly (Jean d') 228.
Espinard (Marguerite d') 167. 168. 223.
Espinasse (Antoine de l') 5.
Essars (Claude des) 3. 40.
Essars (Nicolas des) 224.
Estampes (Claude d') 170.
Estampes (Louis d') 119.
Estinville (Gabrielle d') 230.

F

Faong (Louis de) 216.
Farinade (Louis) 148.
Farnecq (Francois de) 82. 114.
Farnecq (Guillaume de) 82. 114.
Faure (N... du) 123.
Favilles (Jean de) 154.

Fay (Francois du) 76. 228.
Faye (Sébastien de la) 129. 137. 151. 174. 187. 215. 219. 220.
Ferrand (Claude) 45.
Ferron (Antoine) 101.
Ferron (Etienne) 101.
Ferron (Germain) 91.
Ferroul (Eusèbe) 124.
Ferté (Jean de la) 75. 237.
Festuot (Jean) 215. 216.
Feullemin (Claude de) 8. 36. 118. 120.
Feurey (Colas) 97.
Fevre (Jean le) 138.
Fevre (Louis le) 61. 138.
Fleurigny (Charles de) 103. 117. 126. 128.
Fleury (Charles) 160. 192 208.
Fleury (Jean) 127.
Fleury (Pierre) 29. 94.
Flexelles (Guillaume de) 55. 137. 138.
Foison (Nicolas) 155.
Foissy (Gaucher de) 24. 104.
Fondringay (Jean de) 221.
Fontaines (Artus de) 92.
Fontenay (Edme de) 167.
Fontringant (Alexandre de) 7. 86. 93.
Forge (Pierre de la) 198.
Fort (Guillaume le) 27. 161.
Fort (Léon le) 36. 199.
Fortier (André) 51. 187.
Fossey (Huguette de) 80.
Foucher (Claude de) 76.
Foucher (Francoise de) 108.
Fouet (Léon) 184.
Fougeres (Guillaume de) 50. 186. 190. 191.
Four (Jean du) 194.
Fournouillet (Jean) 47.
Fourny (Gaspard) 120.
Fourny (Florentin de) 60.
Fourny (Robert de) 165.
Foussey (Claude de) 80. 114.
Foux (Bonaventure de) 51. 106. 120. 137.
Foux (Claude de) 51.
Foux (Gilles de) 2. 29. 106.
Foux (Jacques de) 29. 94.
Foux (Nicolas de) 133.
Fretel (Jeanne de) 125.
Froment (Christofle) 187.
Furet. V. Herbelin.

G

Gabot (Jean de) 88. 223.
Gain (Francois) 56.
Galette (Francois) 96.
Gamali (N. ..) 198.
Garen 28.
Garenne (Louise de la) 33.
Garennier (Claude le) 86. 219.
Garennier (Francois le) 216.
Garnier 71.
Garnier (Nicolas) 57. 209.
Garrault (Georgette) 89. 221.
Gaubin (Pierre) 96.
Gaulthier (Edme) 139.
Gaulthier (Helaine) 173.
Gaulthier (Hubert) 173.
Gaulthier (Nicolas.) 173.
Gaulthier (Simon) 173.
Gaultier (Pierre le) 48. 109. 119.
Gelart (Adrien de) 100. 101.
Gelart (Moise de) 100.
Gendre (Francois le) 101.
Genevois (Jeanne) 78. 240.
Genevois (Pierre) 78. 240.
Genfrey (Jean) 98.
Genly (Georges de) 215.
Gerbault (Etienne) 207.
Germigny (Jean de) 59. 120. 165.

Germigny (Robert de) 59. 120. 165.
Gernani (Jean de) 164.
Gernani (Robert de) 164.
Gibier (Miles) 147.
Giborneau (Marguerite de) 90. 116.
Gibraléon (Enée de) 61.
Gibraléon (Jacques de) 207.
Giey (Gilles de) 72. 234.
Giey (Nicole de) 234.
Gillet (Louis) 95.
Girolles (Jean de) 192.
Godard (Marie du) 152. 155.
Godet (Francois) 153.
Godin (Louis) 67. 95.
Gogan (Pierre) 101.
Gonault (Thibaud) 96.
Gondrant (Odinet) 116. 222.
Gonnelieu (Nicolas de) 125. 126.
Gotart (Pierre) 96.
Goullard (Charles de) 200. 201.
Goullard (Jean de)200. 202.
Goussaut (Marie de) 154.
Goux (Claude le) 57. 130. 134.
Goux (Guillaume le) 154.
Goux (Louis le) 57.
Goux (Thibaud le) 78.
Grancey (Philippe de) 87. 118.
Granche (Jeanne de la) 54.
Granche (René de la) 27. 97. 98. 102.
Grandchamp (Benigne de) 237.
Grandchault (Maurice de) 237.
Grandchault (Pierre de) 75. 237.
Grandmont (Guillaume de) 112. 235.
Gras (Etienne le) 52.
Grassin (Pierre) 3. 32.
Grassin (Thierry) 3. 32. 127. 128. 145. 146. 158. 198.
Gravelle (Jacques de la) 3. 41. 151.
Grieu (Gaston de) 231.
Grollier (Jacquette) 154.
Grouches (Henri de) 176.

Guerard (Anne) 172.
Gueres (Barthelemy des) 93. 224.
Guerin (Bastien) 96.
Guerin (Remy) 96.
Guerin (Simon) 98.
Guide (Jean la) 99.
Guillaume (Christofle) 40. 172. 173. 191.
Guillaume (Estiennette) 174.
Guillaume (Pierre) 174.
Guillaumet (Jean) 142.
Guillon (Louis) 99.
Guilmin (Olivier) 31. 94.
Guiniers (Claude) 99.
Guiot (Pierre de) 100.
Guise (duc et duchesse de) 226.
Guittry (Edme de) 85. 218.
Guymebault (Huet) 149.
Guyot (Jacques) 29. 32. 81. 82.
Guyot (Nicole) 197. 198. 222.
Guyot (Pierre) 163.

H

Hanepon (Jean) 98.
Hanequin (Nicolas) 223.
Hanoteau (Nicolas) 146.
Haquenin (Marguerite) 193
Haye (Jean de la) 86. 219.
Harlay (Christofle de) 175.
Haton (Jean) 220.
Hedin (Claude de) 219.
Hedin (Nicolas de) 86. 91.
Helie (Nicole) 58.
Hemard (Robert) 171.
Hemery (Louis de) 22.
Hemery (Madelaine de) 22.
Hemery (Tristand de) 22. 119. 126.
Herault (Gilles de) 4. 43. 156.
Herault (Louis de) 60. 118. 156. 157.
Herbelin (Jacques) 166.
Heriot (Patrice de) 218.

Hervieu (Jean de) 59.
Hette (Vincent) 98.
Hodoart (Claude) 142. 143. 144.
Hodoart (Jacques) 108.
Hodoart (Jean) 142. 143.
Hodoart (Louise) 124. 145.
Hodoart (Paule) 40. 124.
Hodoart (Potencien) 43.
Hodoart (Savinien) 27.
Hongre (Jacques le) 50. 183.
Hongre (Louis le) 50. 56. 109.
Hongre (Marie le) 183.
Hongre (Pierre le) 50. 182. 186.
Hongre (Roland le) 50. 186.
Houssay (Jean) 197.
Housset (Thomas) 41.
Humbelot 34. 81.
Huot (Francois) 165.
Huot (Pierre) 33. 94.
Husson (Pierre) 49.

I

Infernat (Artus de l') 185. 204.

J

Jacquelin (Jean de) 74. 230. 231.
Jacques (Girard) 96.
Jacques (Guyot) 58.
Jacquet 83.
Jamard (Pierre) 125. 130. 135. 143. 150. 161. 170. 184. 190. 194. 195. 200. 204. 207. 229.
Jamin (Claude) 220.
Jard (Pierre du) 119.
Jarre (Bernard de) 56. 97. 109.
Jarre (Edmond du) 120.
Jarre (Jacques du) 45. 55. 96. 97.
Jarre (Martin du) 99.
Jaulain (Fiacre) 94.
Jazn (Didier) 92. 224.

Jodrillat (Nicole) 130. 165. 214. 215. 221.
Jossey (Jean) 35.
Julien (Guillaume) 100.

L

Laforge (Jean de) 56.
Laleu (Jean de) 107. 118. 120.
Lambelin (Pierre) 61.
Lambert (Sebastien) 96.
Lande (Alexandre de la) 37. 190.
Lange (Etienne) 99.
Languault (Clessin) 63. 153.
Languault (Pierre) 49.
Lantages (Gaspard de) 224.
Lantages (Jacques de) 73. 87. 120.
Lantages (Jean de) 221.
Larcher (Philippe) 90.
Laugeux (Thomas) 100.
Launay (Odard de) 140. 141.
Launoy (Louis de) 3. 31.
Laurent (Colombe) 52.
Lauvenau (Adrien) 24.
Laval (André de) 116. 215.
Laval (Anne de) 116.
Laval (Bénigne de) 116.
Laval (Claude de) 116.
Laval (Robert de) 116.
Lechat (Pierre) 51.
Leger (Claude) 82. 115. 120.
Lenglay (Richard de) 73. 112.
Lenoncourt (Olivier de) 71. 234.
Lerey (Thomas de) 78.
Leschevau (Jean de) 180. 188. 189. 212. 213. 219.
Lescure (Fdme de) 222.
Lespée (Donatien de l'). V. Alespée.
Lespinasse (Antoine de) 59. 165.
Lespinasse (Francois de) 164. 165.
Lestouppier (Nicaise) 120.
Lestoux (Francois de) 74.

Lestoux (Guillaume de) 74. 236.
Lestoux (Jacques de) 236.
Lhoste (Claude) 152.
Lhoste (Perrette) 154.
Livet (David) 44.
Livron (Francois de) 66.
Loines (Antoine de) 151.
Longeau (Jean de) 137. 176.
Longuejoue (Charlotte de) 28.
Longuejoue (N... de) 161.
Longvy (Francoise de) 79.
Lorinoy (Lancelot de) 120.
Lucas (Jacques) 5.
Lucas (Pregent) 110.
Lucet (Jacques) 202.
Lunel (Charles de) 200.
Lures (Leger de) 25. 189. 190.
Lussigny (Louis de) 80. 114.

M

Mace (Nicolas) 111.
Madel ou Madet (Edme de) 8. 60.
Madere (Louis de) 134.
Magdaleine (Girard de la) 32.
Maillart (Marie) 223.
Mailly (African de) 228.
Mailly (Louis de) 81.
Maire (Christofle le) 41. 87.
Malain (Claude de) 69. 232.
Malain (Edme de) 223.
Malain (Henri de) 32. 223.
Malain (Joachin de) 167. 168. 223.
Malay (Jacques de) 60. 62.
Malet (Edmond) 36. 189.
Malhortie (Antoine de) 132. 133.
Mandelot (Antoine de) 114.
Mandelot (Francois de) 114. 213. 214.
Mandelot (Georges de) 80. 81. 114.
Mandelot (Théodes de) 81.
Marcenay (Guillemette de) 88. 221.
Marcenay (Louise de) 88. 221.

Marche (Gabriel de la) 119. 130.
Marcheboux (Sébastien) 201.
Mare (Michel de la) 70. 232.
Marie (Jacques) 110.
Marisy (Jean de) 223.
Marlet (Hugues) 233.
Marlet (Jean) 233.
Marotte (Georges) 99.
Marquetz (Francois des) 62.
Marquetz (Jean des) 62.
Martigny (Claude de) 67. 111.
Martigny (Jean de) 68. 111. 112. 118.
Martin (Francois) 78. 240
Martin (Pierre) 98.
Martineau (Jean) 99.
Martineau (Robert) 96.
Mas (Jean de) 40. 108. 124. 145.
Mas (Louis du) 82. 115. 120. 131.
Maslard (Catherine) 187.
Maslard (Grégoire) 136.
Maslard (Jacques) 109.
Masle (Denis le) 31. 94.
Maubuisson (Jacques de) 105
Maulcorps (Francois) 47.
Mauldemont (Guyot de) 150
Meger (Jean) 101.
Melun (Georges de) 119.
Melun (Gérard de) 129.
Melun (Louis de) 1. 27.
Menegault (Claude) 221.
Menisson (Anne) 223.
Menisson (Jacques) 34. 107. 1. 2.
Merle (Germain le) 33.
Mertrus (Jeanne de) 49.
Meslaye (Jean de la) 95.
Mesnager (Etienne) 194.
Mesnil (Nicolas du) 62. 192.
Michel (Antoine) 97. 98.
Michon (Claude) 99.
Mignonville (Jeanne de) 177.
Mignot (Jean le) 116. 222.

Millault (Louis de) 199.
Millault (Pierre de) 41.
Millet (Pierre) 70. 233.
Milly (Louis de) 120. 143. 144.
Milly (Marignan de) 110.
Minagier (Antoine) 187.
Minagier (Catherine) 194.
Minagier (Guillaume) 175.
Minagier (Jean) 44. 52. 142. 148. 159. 173. 174. 175. 196.
Minagier (Marie) 136.
Miolat (Pierre) 141.
Miolat (Vincent) 140.
Misée (Louis) 146.
Moisy (Philiberte de) 77.
Montarby (Henri de) 73.
Montarby (Louis de) 119.
Montarby (Pierre de) 7. 89. 119.
Monteron (Marie de) 199.
Montery (Jacques de) 2. 28. 124.
Montigny (Jeanne de) 59. 165.
Montigny (Laurent de) 73. 236.
Montigny (Robert de) 5. 58.
Montigny (Thomas de) 74. 236.
Montleon (Girard de) 72. 234.
Montmorancy (Anne de) 114.
Montmorancy (Francois de) 6. 80. 114.
Montrevel (comte de) 77.
Montsauljon (Louis de) 146.
Moreau (Jean) 97.
Moreau (Louis) 118.
Moreau (Nicolas) 140.
Moreau (Pierre) 95.
Morillon (Jacques) 154.
Morin (Antoine) 45.
Morin (Nicole) 180.
Moslé (Claude) 157.
Motereau (Jean) 101.
Mothe (Nicolas de la) 6. 140.
Mothe (Sébastien de la) 97. 98.

Mothelon (André de) 41.
Mothelon (Edme de) 84.
Mothelon (Marc de) 118.
Moulin (Guillaume du) 22. 103. 119.
Moulin (Philippe du) 126. 128. 131.
Moutier (Jean du) 220.
Mypont (Philippe de) 80. 114.
Mypont (Philibert de) 114.

N

Nansot (Jacques de) 22.
Nantoillet (Antoinette de) 145.
Nassier (Bertrand) 101.
Neel (Marie de) 50.
Nemours (duchesse de) 43.
Neronde (Pierre) 67. 95.
Neufvy (Jacques de) 6. 63. 108. 119. 128. 136.
Neufvy (Jeanne de) 129.
Neufvy (Louise de) 129.
Neufvy (Marie de) 130.
Neuville (Francois de) 87.
Nevers (messire de) 2. 28.
Nicey (Ferry de) 115. 217.
Nicey (Jean de) 83. 115. 155.
Nicey (Pierre de) 92. 217.
Noblet (Etienne) 68. 230.
Noblet (Nicole) 71. 234.
Noel (Jeanne) 116. 222.
Nogent (Jean de) 213. 216.
Noyers (Philippe de) 55. 117. 185.
Nuiz (Bertrand de) 44. 48. 119. 209.
Nuiz (Jean de) 44. 48. 94.
Nuiz (Marguerite de) 44. 48.

O

O (Charles d') 188. 189.
Odinet (Jean) 97.
Olivier (Luc) 127.
Olivier (Madelaine) 159.
Orges (Antoine d') 66. 111.

Orges (Jacques d') 111. 228.
Origny (Jean d') 157.
Origny (Odette d') 107. 157.
Ormes (Jean des) 220.

P

Palais (Claude de) 241.
Palasse (Bertrand de) 113.
Palasse (Georges de) 113.
Pallery (Jean de) 58.
Pampelune (Nicolas de) 218.
Paperotte (Jacques de) 222.
Paris (Pierre de) 195.
Parisot (Didier) 113. 239.
Parquier (Jeanne) 127.
Pasturange (Jean) 119.
Paullier (Simon) 159.
Peletrat (Jacques le) 107. 157.
Pericard (Anne) 223.
Pericard (Marguerite) 223.
Perier (Jacques du) 119.
Perillat (Antoine) 99.
Perriquart (Jacques) 92.
Pesnot 125.
Pestit (Christofle du) 109. 190.
Petit (Jean du) 47. 108. 190. 192. 195.
Petit (Jean) 199.
Petit (Pierre) 31. 94. 199.
Picard (Bernard) 66. 95.
Pichelin (Jean de) 4. 53.
Pichelin (Mathurin) 53.
Picot (Louis) 157.
Piedefer (Cécile de) 24. 104.
Piedefer (Francois de) 147.
Piedefer (Jean de) 57. 148. 159. 196.
Piedefer (Pierre de) 57. 148.
Piget (Henri) 87.
Pillemyer (Jean) 95.
Pin (Jean du) 115. 219.
Pinard (Claude) 176.
Pinard (Guillemette) 78.
Pinele (Guillemette) 137.
Platiere (Francoise de la) 153.
Plessis (Jean du) 210.
Plessis (Mathurin du) 99.
Plessis (Pierre du) 46.
Plessis (Robert du) 100.
Plusbel (Claude) 229.
Ply (Robert) 98.
Poinsson (Didier de) 75. 237.
Poiret (N...) 198.
Polard (Claude) 97.
Poliart (Jean) 119.
Pommay (Guillaume de) 120.
Pontailler (Beatrix de) 65. 228.
Pontailler (Claude de) 65.
Pontailler (Francois de) 238.
Pontailler (Jean de) 227.
Pontville (Claude de) 106.
Pontville (Gratian de) 108. 139.
Pontville (Savinien de) 161.
Popine (Prégent) 177. 178.
Porcher (Guillaume le) 89. 221.
Portail (N... du) 201.
Pothin (Madelaine) 38. 107.
Pouart (Edmée) 162.
Pouart (Guillaume) 162.
Pouart (Jean) 99.
Pouart (Michelle) 162.
Pouart (Nicolas) 3. 33. 120.
Poucey (Maurice) 78.
Poulain (Jean) 127.
Poulet (Absalon) 34.
Poulet (Nicolas) 34.
Poulet (Nicole) 156.
Pradines. V. Lestoux.
Prat (Antoine du) 4. 49. 184.
Prat (Jean du) 25.
Prestat (Jean) 91. 217.
Prevost (Barthelemy) 46. 193.
Prevost (Jean) 101.
Prez (Edmond des) 197.

Prez (Jean des) 197.
Prince (Jean le) 162.
Prudhomme (Etienne) 201.
Puis (Francois du) 191.
Puis (Philippe du) 104. 189.
Puis (Pierre du) 205.
Puiseaulx (Jacques de) 59. 165.
Puissonniere (demoiselle de la) 132.
Puissonniere (Jacques de la) 8. 53. 109.

Q

Quarandefex (Jean de) 69. 232.
Querloy (Gilberte de) 191.
Quinque (Helaine de) 208. 209.
Quinquempoix (Francois de) 202.

R

Racault (Odet de) 192. 208.
Raguier (Charles) 157.
Raguier (Francois) 23. 26. 127.
Raguier (Guillaume) 2. 28. 135.
Raguier (Jacques) 2. 28.
Raguier (Jean) 26. 135. 151.
Rama (Jeanne de la) 177.
Rameau (Pierre) 57. 209.
Raoul (Edmond) 52.
Ravault (Guillaume) 52. 174.
Ravault (Francois) 193.
Ravault (Louis) 52.
Ravault (Philippe) 174.
Ravault (Pierre) 198.
Rayer (Juvénal) 132. 137. 144. 183.
Reaulx (Charles des) 104. 129. 162.
Recourt (Marthe de) 227. 231.
Recourt (Nicole de) 227. 231.
Reffay (Gilles de) 77. 239.
Regnault (Jean) 97. 98.
Remilly (Jean de) 75. 237.
Revigny. V. Remilly.
Richard (Nicolas de) 135. 136.

Richer (Christofle) 109. 110. 131.
Rigollet (Zorobabel) 140. 240.
Rinaude (Jeanne de) 43. 201.
Riviere (André de la) 90. 116.
Riviere (Barbe de la) 167.
Riviere (Francois de la) 4. 8. 32. 49. 90. 116.
Riviere (Francoise de la) 167.
Riviere (Hubert de la) 222.
Riviere (Jean de la) 167. 168. 169.
Riviere (Jacques de la) 155.
Riviere (Louise de la) 145. 147.
Riviere (Madelaine de la) 222.
Riviere (Pierre de la) 52.
Robillard (Etienne) 96.
Robin 151.
Robineau (Edme) 99.
Rochebaron (Geoffroy de) 111. 118. 230.
Rochebaron (Philibert de) 67. 111.
Rochette (Catherine de la) 180. 181. 182.
Rochefort (Claude de) 6.
Rochefort (Jean de) 80.
Rochefort (René de) 213.
Rocquant (Jean) 8. 40. 108.
Roffey (Guillemette de) 90. 116.
Rogres (N... de) 159. 196.
Rogres (Jean de) 202.
Rohan (N... de) 224.
Rolet (Jeanneton de) 217.
Rolet (Nicolas de) 5. 61.
Rondet (Alexandre de) 41.
Roussat (Etienne) 40.
Roussat (Jacques) 177.
Roussat (Nicole) 186. 193. 194. 211.
Rousset 61.
Roussy (Catherine de) 110.
Roussy (Joachin de) 210. 211.
Rouville (Paul de la) 188.
Roux (Denis le) 62.

Roux (Odard de) 55. 190.
Roux (Jean du) 189.
Roux (Juvénal de) 161.
Roux (Simon le) 97.
Roux (Louis de) 30. 106.
Roy (Guy le) 63.
Roy (Marthe le) 42. 108.
Royne (Francois de la) 118.
Rup (Jean du) 65.
Ruvigny (Jean de) 7. 91.

S

Sacqueney (Henri de) 72. 235.
Sacqueney (Jean de) 72. 118.
Sacqueney (Martin de) 118.
Sageot (Germain) 138.
Sagnespée (Hugues de) 218.
Sailly (Avoye de) 26.
Saint (Jean de) 87.
St Amador (Anne de) 67.
St Andoche (Jean de) 75.
St André (Mal de) 104.
St Antost (Antoine de) 218.
St Antost (Nicolas de) 85.
St Blaise (Hector de) 8. 31. 106. 120. 137.
St Blaise (Louis de) 145.
St Claude (Simon de) 5. 59.
St Etienne (Jean de) 86. 118.
St Phalle (Catherine de) 37.
St Phalle (Eustache de) 184. 204. 207.
St Phalle (Guillaume de) 47.
St Phalle (Jean de) 184. 190. 194.
St Phalle (Nicolas de) 4. 37. 47. 103. 119. 183. 190. 194.
St Phalle (Richard de) 38. 118.
St Seine (Arnoul de) 75. 237.
St Simon (Jean de) 134.
Ste Maure (Louis de) 159.
Sallazar (Alexandre de) 160.
Sallazar (Antoine de) 105.

Sallazar (Francois de) 105. 117. 155.
Salles (Marguerite de) 81.
Salley (Pierre de) 118.
Sanguin (Claude) 173. 174.
Saultour (Helion de) 67. 229.
Saultour (Huguette de) 81. 120.
Saultour (Marguerite de) 82.
Saulx (Alexandre de) 73.
Saulx (Gaspard de) 73. 112. 170. 229. 235. 238. 239.
Saulx (Louis de) 218.
Savoisy (Madeleine de) 32. 118. 164.
Seguier (Francois) 194.
Senailly (Pierre de) 76.
Senanges. V. Chavanges.
Senesmes (Francois de) 43.
Senevoy (Antoine de) 84.
Senevoy (Aubert de) 82. 120. 215.
Senevoy (Guillaume de) 82.
Senevoy (Jean de) 215.
Senevoy (Simonne de) 89.
Senson 31.
Sernac (Anne de) 112.
Sernac (Pierre de) 69. 112.
Servieux (Jean de) 163.
Sey (Claude de) 73.
Siclier (Michel) 66. 111.
Simonnet (Olivier) 51. 172.
Siquot (Mathurin) 96.
Solignault (Etienne) 99.
Sorbiers (René de) 4. 54.
Sorbiers (Rhoc de) 177.
Soubzmermont (Louis de) 199.
Soucy (Léon de) 117.
Sourt (Pierre le) 213.
Spifame (Gaillard) 39. 107.
Spifame (Jacques) 3. 39. 107. 120.
Straton (Thomas de) 7. 83.
Stuart (Jean) 7. 85.
Survey (d^{lle} de) 78.

T

Tartier (Jean le) 223. 224.
Tasche (Jacques) 23. 94.
Tasche (Pierre) 22. 119.
Tassart (Charles de) 221.
Tassart (Louis de) 221. 222.
Tassin (Gilles) 69. 231.
Tatin (Guillaume) 96.
Taveau (Baltazar) 133. 141. 143. 147. 171.
Tavernat (Savinien) 56.
Tenance (Christofle de) 132. 133. 210.
Terrieres (Anne de) 25. 105.
Terrieres (Francois de) 194.
Texat (Charles de) 7. 90.
Themes (Charles de) 38. 96.
Thevenin (Jacques) 35. 157.
Thibault (Jean) 201.
Thierriat (Pierre) 60. 163.
Thierry (Agnes) 78. 113. 240.
Thoison (Louis) 135.
Thon ou Thoin (Thomas de) 70. 232.
Thumery (Anne de) 117.
Thumery (Ysabeau de) 38. 55.
Tillet (Etiennette du) 39. 206.
Tixerant (Claude) 104.
Tixerant (Jean) 233.
Tixerant (Pierre) 77. 239.
Tolleron (Jean) 53.
Tolleron (Pierre) 160.
Tollon (Jacques) 97.
Torcy (Adrien de) 4. 51. 106. 120. 137.
Tour (Francois de la) 119.
Tournebeuf (Charles de) 110.
Tournebeuf (Jean de) 119.
Tournebeuf (Julien de) 23. 127.
Tournes (Jean de) 93.
Tournon (Hélène de) 238. 239.
Tresbuchet (Urbain) 84. 114.
Tretondan (Philippe de) 71.
Tretondan (Pierre de) 71.
Trotart (Antoine) 38. 205. 206.
Trotart (Jean) 39.
Trotart (Olivier) 39. 205.
Trotart (Philippe) 205.
Trotart (Pierre) 38.
Trouillot (Guillaume) 172.

U

Ursins (Christofle des) 105. 131. 136.
Ursins (Francois des) 2.
Ursins (Gilles des) 131.

V

Val (Guillaume du) 145. 147.
Val (Jean du) 147.
Val (Laurent du) 31. 94.
Val (Louis du) 149.
Val (Thibault du) 93.
Vannay (Pierre de) 238.
Varennes (Helion de) 120.
Vaucouleur (Jean de) 72.
Vauldrey (Anne de) 7. 84. 115. 130. 213.
Vauldrey (Antoine de) 84.
Vauldrey (Guillaume de) 84.
Vauldrey (Marie de) 87. 220.
Vaulteron (Claude) 92.
Vaulthier (Jean) 99.
Vauvel (?) (Pierre) 112.
Vellu (Jean de) 171.
Verac (Mery de) 58.
Verdelot (Guillaume de) 63.
Verdelot (Jean de) 139.
Vergelot (Nicolas de) 97. 98.
Verger (Etienne du) 198.
Vergy (Claude de) 65.
Vernade (la) V. Desquarat.
Vernade (Pierre de la) 58.
Viardot (Francois) 97.

Vielchastel (Francois de) 191.
Vielchastel (Jean de) 37.
Vielchastel (Louise de) 132. 133.
Vielchastel (Marie de) 132. 133. 210.
Vielchastel (Pierre de) 23. 28. 119.
Villac (Claude de) 196.
Villeforget (Pierre de) 41.
Ville-Jacques (Guillaume de) 120.
Villemor (Alexandre de) 165.
Villesablon (Michel de) 7. 91. 223.
Villiers (Bastien de) 23. 127.
Villiers (Catherine de) 62.
Villo (Jean) 44.
Vingles (Francois de) 113.
Viole (Jeanne) 231.

Viole (Pierre) 112.
Virloys 136.
Volant (Charles) 30. 119.
Voulgey (Laurent de) 23.
Voulgrey (Jacques de) 216.
Voves (Catherine de) 44.
Voves (Charles de) 97. 98.
Voves (Guillemette de) 57.
Voves (Jean de) 44.
Voves (Pierre de) 63. 110.
Vuinart (Francoise) 88. 115.
Vuyt (Louis le) 187.
Vuyt (Ogier le) 163. 187.
Vuyt (Pierre le) 187.
Vuyt (Precille le) 187.

TABLE DES NOMS DE FIEFS

DU BAILLIAGE DE SENS

ABRÉVIATIONS : cant. chef-lieu de canton; c. commune ; h. hameau ; ch. château ; f. ferme.

A

Agnan (Saint). Saint Aignen. c., Yonne. 62. 176.

Aigremont. c., Yonne, 67. 229.

Aix-en-Othe. Ayz en Othe. cant. Aube. 35. 165.

Alligny. Le prey Allaigny. c. de Matougues, Marne. 34. 152.

Anche (le Moulin de l'). Le molin de Lansches. c. de Bazoches, Loiret. 36. 189.

Ancy-le-Franc. cant. et ch., Yonne. 83. 217.

Ancy-le-Serveux. c., Yonne. 30. 89. 217.

Andoche (Saint). c., Haute-Saône, 74. 75. 236.

Angeliere. c. de la Selle-en-Hermois. Loiret. 202. 203.

Arbaleste. c. de Clesles, Marne. 156.

Arblay. Arbloy. h., c. de Neuilly, Yonne. 5. 60. 61. 62 207.

Arbot. Arbon. c., Haute-Marne. 67. 111. 230.

Archeries (les). seigneurie de Courtenay, Loiret. 183.

Argentenay. c., Yonne. 84. 115. 130. 213.

Argenteuil. Argenteil. c., Yonne. 6. 81. 82. 83. 214.

Arville. Aville. c., Loiret. 44.

Asnieres. h. et ch. c. de Champignelles, Yonne. 46. 210.

Aubin-Château-Neuf (Saint). c. Yonne. 54. 208.

Audreau (les Masures). seigneurie de Courtenay, Loiret. 181.

Aulnoy. c., Haute-Marne. 77. 239.

Aumonerie (le Clos de l'). seigneurie de Courtenay, Loiret. 184.

Auxy. c., Loiret. 199. 200.

Averly. Le fied d'Averly de la riviere de Mathogues. c. de Matougues, Marne. 152.

Avon-la-Pèze. c., Aube. 52. 138.

Avrolles. c., Yonne. 148.

B

Babinieres (les). Les Babieres. Les Barbiers. h., c. de Courtenay, Loiret. 56. 179.

Bagneaux. Bagnault. Baignaulx. c., Yonne. 63. 139. 140.

Bagneux. Baigneux. c., Aube. 6. 83. 217.
Bagneux. Baigneulx. c., Marne. 135.
Baissey. c., Haute-Marne. 77. 113. 239. 241.
Balcey. Balsey. f., c. d'Argenteuil, Yonne. 89. 214.
Balesme. c., Haute-Marne, 72. 235.
Ban de Monsuzan. h., c. de Fontaine sur Coole, Marne. 153.
Bar-le-Duc (duché de). Meuse. 93. 226.
Bardeille. 63.
Barres (les). c. de Brannay, Yonne. 5. 63. 110. 175.
Barres (les, c. de la Louptiere-Thenard, Aube. 115.
Barres (les). La granche des Barres. c. de Villeblevin, Yonne. 1. 26. 54. 176.
Barrie (l'Etang de la). seigneurie de Courtenay, Loiret. 186.
Barrilliere (la) paroisse Saint Pierre de Courtenay, Loiret. 48. 185.
Basson. h., c. de Marcilly-le-Hayer, Aube. 60. 61. 110. 138.
Baye. c. et ch., Marne, 2. 29. 61. 150. 151.
Baye. c., Haute-Marne 67. 111. 230.
Bazoches. c., Loiret. 36.
Beauchamp. c. de Fulvy, Yonne. 81. 120. 214.
Beauregard. f., c. de Mâlay-le-Roy, Yonne. 3. 39. 107. 120. 145.
Beaurin. ch. c. de Saint-Aubin-Château-Neuf, Yonne. 208.
Beauvais. Beauvay. c. de Turny, Yonne. 164.
Belfond. Bellefons. Bellefaute. c., Haute-Marne. 79. 240.
Bellefontaine. c. de Champigny-sur-Yonne. 177.
Bellefontaine. V. Cour de Prunoy.
Berceau (le). Bousserin-lez-Saint-Aulbin. Breceau. ch. c. de Saint-Aubin-Château-Neuf, Yonne. 54. 208.
Bergerie (la). c. de Villecien, Yonne. 7. 86. 219.
Bernagones (les). Les grandes et petites Bernagones. h., c. de Brannay et de Saint-Valérien, Yonne. 5. 54. 173.
Bertauche (la). 92. 170.
Bibaudieres (les). seigneurie de Courtenay, Loiret. 181.
Bichet (le). V. Ostum.
Bichots (les). seigneurie de Courtenay, Loiret. 50. 182.
Billardiere (la). seigneurie de Courtenay, Loiret. 181.
Blaisy. L'Estang de Blesy. h., c. de Vernoy, Yonne. 185.
Blanchet (le fief Laurent). c. de Givraines, Loiret. 200.
Bois du Different (le). V. Different.
Bois au Pois (le). bois c., de Villiers-Bonneux, Yonne. 131.
Bois Gravis (le). c. de Villenauxe-la-Petite, Seine-et-Marne. 132.
Bois Regnier. c. d'Auxy, Loiret. 199. 200.
Bonnerue (la). seigneurie de Courtenay, Loiret. 183.
Borde Huré (la). c. de Villeblevin, Yonne. 47. 177.
Borde qui Pye (la). c. de Chaintreaux, Seine-et-Marne. 41. 197.
Bordes (les). c., Yonne. 53. 159. 160.
Bordes (les). c. de Dordives. Loiret. 41. 197.
Boucy. 35.
Bouderie (la). c. de Champignelles. Yonne. 210.

Boudreville. c., Côte-d'Or. 113. 241.
Bouilly. Boilly. c., Yonne. 170.
Boulaudiere (la). c. de Saint-Hilaire-les-Andresis, Loiret. 190. 191.
Boulleaux (les). Les Boilleaulx. f., c. de la Chapelle-sous-Orbais, Marne. 61. 150. 151.
Boulloy (le). Boulay. moulin, c. de. Turny, Yonne. 3. 40. 129. 162. 164.
Bourbelin (Ile). c. d'Etigny, Yonne. 187.
Bourberain. c., Côte-d'Or. 66. 229.
Bourbuisson. Bordebuisson. Bourdebuysson. h., c. de Dixmont, Yonne. 58. 160.
Bourcerie (la). seigneurie de Courtenay, Loiret. 183.
Bourdenay. c., Aube. 141.
Bourrienne. c. de Marsangis, Yonne. 173.
Bouron. Le fief qui fut à Germaine de Bourron. h., c. de Champignelles, Yonne. 2. 30. 208.
Bourses (les). h., c. de la Selle-en-Hermois, Loiret. 36. 120. 192. 203.
Bracy. h., c. d'Egriselles-le-Bocage. Yonne. 49. 173.
Bragelogne. Bragelonne. Bragealoyne. c., Aube. 82. 84. 87. 114. 216. 220.
Bralon. Braslon. h., c. de Villefranche. Yonne. 43.
Brannay. c. Yonne. 5. 63. 110. 175.
Brassoir (le). Brassoyer. Brassouer. h., c. de Saint-Loup-d'Ordon, Yonne. 50. 181. 186. 191.
Breuvery. Beuvery-sur-Colle. c., Marne. 49. 154.
Brienon. cant., Yonne. 51.
Brisebarre. Le molin de Brisebarre. c. de Nargis, Loiret. 196.

Brissonnets (les). seigneurie de Courtenay, Loiret. 185.
Broingt-les-Fossés (Saint). Saint-Beroing. c., Haute-Marne. 77. 113. 239. 241.
Brosse (la). ch. c. de Montacher, Yonne. 52. 153.
Brosse (la). c. de la Selle-en-Hermois, Loiret. 37. 48. 193.
Brouillards (les). Les Broillartz. h., c. de Domats, Yonne. 45. 188.
Brouilleret. Le Brueillerin. h., c. d'Egriselles-le-Bocage. auj. détr., Yonne. 173.
Bruleris (les). seigneurie de Courtenay, Loiret. 185.
Buisson-Nozeau (le). Le buisson Oyseau, c. de Chaumot, Yonne. 44. 188.

C

Caillault. seigneurie de Courtenay, Loiret. 182.
Carisey. c., Yonne. 18. 90. 116. 215. 222.
Capitaine (le). c. de Turny, Yonne. 163.
Caubert. ch. c. de la Selle-sur-le-Bied, Loiret. 199.
Caulestat (le). c. de Molinons, Yonne. 142.
Censueres (les). seigneurie de Courtenay, Loiret. 182.
Cercy. h., c. de Gumery, Aube. 28. 136.
Cernon. c. et ch., Marne. 34. 106. 153.
Cervau (la Masure). seigneurie de Courtenay, Loiret. 185.
Chaintreaux. Chantereaulx. c., Seine-et-Marne. 197.

Chalancey. c., Haute-Marne. 66. 111. 228.

Chalmessin. Chiefmasson. Challemaison. c., Haute-Marne. 76. 112. 238.

Châlons-sur-Marne. Marne. 35. 151. 154.

Chamelard. h. et ch. en ruines, c. de Melisey, Yonne. 6. 80. 212.

Champbertrand. Champbertrand lez Sens. f., c. de Sens. 57. 158. 159.

Champbertrand. Champbertrand-sur-Yonne. c. de Misy, Seine-et-Marne. 26. 105. 125.

Champignelles. c., Yonne. 24. 46. 104. 119. 204. 208. 209. 210.

Champigny. c., Yonne. 1. 27. 40. 119. 177.

Champlay. c , Yonne. 118. 207.

Champloup. Lieu dit « Chanteloup ». c. de Grange-le-Bocage, Yonne. 57. 130. 131.

Champmoynat. Moynat. c. d'Etigny, Yonne. 51. 186. 187.

Champourri. c. de Nargis, Loiret. 196.

Champvallon. seigneurie de Courtenay, Loiret. 183.

Champy. 72. 118. 235.

Chantecoq. c., Loiret. 48. 181. 192.

Chanteloup. 40. 174. 187.

Chapelle (la). V. Senevoy-le-Haut.

Chapelle-sur-Coole (la). 32. 153.

Chapelle-sur-Oreuse (la). c. Yonne. 103. 128.

Chapelle-Feu-Payen (la). h., c. de Champigny, Yonne. 108. 176.

Chapelle-sur-Seine (la). 134.

Chapoline (la). La Chapolayne. f., c. de Ravières, Yonne. 91. 219.

Charmesseaux. Chermeceaulx. h., c. de Trancault, Aube. 2. 28. 29. 135. 136.

Charmoy. c. de Sergines, Yonne. 23. 119. 127.

Charité-de-Caresme-Prenant (la). seigneurie de Courtenay, Loiret. 182.

Charresse (la). seigneurie de Courtenay, Loiret. 182.

Chastiniere (la). c. de Piffonds, Yonne. 181.

Chassignelles. c., Yonne. 86. 87. 118. 221.

Château-Brûlé. V. Château-Feuillet.

Château-Feuillet. Chasteaufoullet dict Chasteaubruslé. lieu dit, autr. ch. c., de Villiers-Bonneux, Yonne. 53. 61. 109. 110. 131. 132.

Chatenay-Vaudin. c., Haute-Marne. 66. 228.

Chatoillenot. c., Haute-Marne. 113. 241.

Chaumerot (le fief Regnault de) c. de Chaumot, Yonne. 44. 188.

Chaumont-sur-Aire. c., Meuse. 226.

Chaumot. c. et ch., Yonne. 40. 44. 174. 187.

Chazeuil. Chaiseul. c., Côte-d'Or. 68. 230.

Cheny. c., Yonne. 32. 44. 118. 169.

Chesniers. Chignez-les-Chalons. c., et ch., Marne. 35. 154.

Chesnoy (le). ch., c. de Paron, Yonne. 58. 171. 172.

Chesvres (les). c. de Piffonds, Yonne. 56. 109. 194.

Chevillon. c. et ch., Yonne. 36. 107. 197.

Chicarderie (la). la Chicardiere. c. de Saint-Loup-d'Ordon, Yonne. 38. 39. 206.

Choisellerie. la Choelerye. la Choi-

TABLE DES NOMS DE FIEFS

seliere. lieu dit c. de Champignelles, Yonne. 44. 48. 210.

Clérimois (les) h., c. de Foissy, Yonne. 24. 104. 117. 144.

Clermont (le fief Henry de). c. de Villiers-Vineux. Yonne. 91. 224.

Chiquarts (les Grands et Petits). seigneurie de Courtenay, Loiret. 183.

Chuelles. c., Loiret. 191. 192. 194.

Clesles. Claesles. c., Marne. 34. 35. 36. 155. 156. 157.

Coing (le). ch., c. d'Argentenay, Yonne. 7. 84. 213.

Colmiers. Coullemyer. h., c. d'Egleny, Yonne. 31. 209.

Colmier-le-Bas. c., Haute-Marne. 69. 231.

Colmier-le-Haut. c., Haute-Marne. 69. 231.

Colombière (la). 118.

Communes (les Grandes et Petites). seigneurie de Courtenay, Loiret. 185.

Compertrix. c., Marne. 151.

Cornant. c., Yonne. 40. 173.

Cornou. ch., c. de Nargis, Loiret. 27. 196.

Coublanc. Comblans. c., Haute-Marne. 68. 78. 231. 240.

Couderoits (les). Couldroy. h., c. de Chantecoq, Loiret. 39. 117. 192.

Coupetz. c., Marne. 33. 63. 153.

Courcelles-Val-d'Esnoms. c., Haute-Marne. 77. 239.

Courceroy. c., Aube. 60. 134.

Courchamp. h., c. de Turny, Yonne. 129. 162.

Courchamps. c., Côte-d'Or. 77. 239.

Cour-Charrier (la). La Cour-Charrois. c. de Nargis, Loiret. 57. 159. 196.

Cour (la Petite). c. de Gumery, Aube. 136. 137.

Cour de Prunoy (la). c. de Prunoy, Yonne. 5. 62. 207.

Courgis. c., Yonne 6. 82. 115. 169.

Courlon. c., Côte-d'Or. 113. 241.

Courtefond. Courtefour. h., c. de Saint-Hilaire-les-Andrésis, Loiret. 56. 184.

Courtemaux c., Loiret. 198. 199.

Courtenay, cant., Loiret. 1. 24. 50. 56. 104. 119. 179 à 186. 190.

Courterits (les). Courtery. h., c. de Courtenay, Loiret. 48. 180.

Courteron. c., Aube. 225.

Courtesnau. c. de Dommartin-Lettrée, Marne. 154. V. Quatre-Vents.

Courtières (les). seigneurie de Courtenay, Loiret. 182.

Courtisey. c. de Turny, Yonne. 163.

Coutures (les). h., c. de Neuville, Loiret. 202.

Craney. Crenetz. Craneres. c. des Sièges, Yonne. 24. 117. 160. 161.

Crepan. Crespins. c., Côte-d'Or. 69. 232.

Croisette (la). c. de Givraines, Loiret. 201.

Croix-du-Bois (la). c. de Givraines, Loiret. 201.

Crosilles. c. de Courtemaux, Loiret. 199.

Crots (les). V. Champmoynat.

Crouzille. Crozilles. ch. et h., c. de Champignelles. Yonne. 44. 48. 209. 210.

Cry. Crey soubz Rougemont. c., Yonne. 85. 218. 219.

Cuchot. La mothe Cuchot. h., c. de Venizy, Yonne. 5. 59. 163.

Cudot. c. et ch., Yonne. 4. 38. 49. 118. 184.
Cuissarts (les) V. Phal (Saint).
Culey. Cullé. c., Meuse. 226.
Cusey. c , Haute-Marne. 67. 73. 78. 112. 113. 230. 235. 240. 241.

D

Damoiselles (les), près de la Villeneuve-sur-Vingeanne. Côte-d'Or. 67. 229.
Denisot. c, de Màlay-le-Roi, Yonne. 145.
Diche. c. de Saint-Loup-d'Ordon, Yonne. 38.
Dicy. c., Yonne. 43.
Different (le Bois du), près de Courroy. c. de Saint-Maurice-aux-Riches-Hommes ou de Grange-le-Bocage, Yonne. 135.
Digny. c. de Saint-Loup-de-Gonnois, Loiret. 198.
Dilo. c. Yonne. 166.
Dixmont. Dymon. c., Yonne. 53. 159. 160.
Dollot. c. et ch. en ruines, Yonne. 30. 119. 175.
Domats. c., Yonne. 45. 63. 188. 189.
Dommarien. c., Haute-Marne. 68. 69. 71. 231. 234.
Dordives. c., Loiret. 41. 197.
Doucement. c. de Seignelay. Yonne. 168.
Drillacz (les). c. de Noé, Yonne. 147.
Druyne. c. de la Selle-en-Hermois, Loiret. 181.
Durand (le Puits). seigneurie de Courtenay, Loiret. 186.
Duysy. seigneurie de Courtenay, Loiret. 190.

E

Ecotois (les). Les Escoutoys. h., c. de Foucherolles, Loiret. 55. 190.
Ècury-sur-Coole. c., Marne. 83. 154. 155.
Egriselles-le-Bocage. c., Yonne. 5. 40. 54. 173.
Epenards (les). h., c. de Gron, Yonne. 45. 108. 172.
Erize-la-Brûlée. c., Meuse. 226.
Erize-la-Grande. c., Meuse. 226.
Erize-Saint-Dizier. c., Meuse. 226.
Essarts (les). c. d'Asnières-en-Montagne, Côte-d'Or. 89. 221.
Esnon. Asnon. Esnon. c., Yonne. 62. 168.
Etigny. c., Yonne. 44. 51. 109. 186. 187.
Etrelles. c., Aube. 4. 49. 155.

F

Fays (les). Fay. h., c. de Cerisiers, Yonne. 145. 149.
Ferrières (châtellenie de). cant., Loiret. 196 à 203.
Ferrières. lieu dit, c. des Sièges, Yonne. 160. 164.
Finance (la). h., c. de Piffonds, Yonne. 181.
Firmin-des-Bois (Saint). c., Loiret. 194.
Fizotat. c. de Bragelogne, Aube. 220.
Fleurigny. c. et ch., Yonne. 22. 103. 128.
Foissy. c., Yonne. 24. 27. 104. 117. 142. 143. 144.
Fontaine-Française. cant., Côte-d'Or. 64. 79. 241.
Fontaine-Gery (la). f., c. de Tonnerre, Yonne. 7. 85. 218.

Fontaines. Fontaines-lez-Champignelles. f., c. de Grandchamp, Yonne. 46. 210.

Fontaine-aux-Loups (la). seigneurie de Courtenay, Loiret. 182.

Fontaine-Fourches. c. Seine-et-Marne. 136.

Fontaine-sur-Coole. c., Marne. 153.

Fontenay-de-Bossery. c., Aube. 28. 136.

Fontenelles. Fontenilles. c. de Sergines, Yonne. 23. 127.

Forges (la Motte de). h., c. de la Selle-en-Hermois, Loiret. 37. 46. 193. 203.

Foucherolles. c., Loiret. 1. 25. 189. 190.

Fougeu. Fougneu. c. de Saint-Hilaire-les-Andrésis, Loiret. 40. 191.

Fournis (les). c. de Turny, Yonne. 5. 59. 60. 163. 165.

Fourretière (la). c. de Piffonds, Yonne. 181.

Foussoy (le). 71. 234.

Fouvent-le-Haut. Fouvens. c. et ch. en ruines, Haute-Saône. 65. 75. 120. 227. 237.

Frenoillet (le fief de Jean). c. de Grandchamp, Yonne. 211.

Fresnoy-Gaillard (le). Fresnoy-Gallier. h., c. de Nargis, Loiret. 57. 198.

Frettes. c., Haute-Marne. 65. 227. 242.

Fricambaut. bois. c. de Villiers-Bonneux, Yonne. 132.

Fromentières. c. Marne. 2. 29. 151.

Froville. Frauville. f., c. de Villeneuve-les-Genêts, Yonne. 2. 30. 209.

Fulvy. c., Yonne. 60. 81. 86. 87. 120. 214. 215. 219.

Fuselière (la). seigneurie de Courtenay, Loiret. 182.

G

Galetas. Galattas. ch. et h., c. de Domats, Yonne. 5. 63. 188. 189.

Gardienne (la). seigneurie de Courtenay, Loiret. 182.

Garennes-de-la-Motte (les). c. de Molinons, Yonne. 141.

Garlandes. Gallandes. c. de Michery, Yonne. 43. 125.

Gasteau (le). c. de Domats, Yonne. 189.

Genetre (la). Le molin de la Genette. h., c. de Courtenay, Loiret. 186.

Genevrieres. c., Haute-Marne. 71. 79. 234. 240.

Gerjus. h., c. de Villeblevin et de Saint-Agnan, Yonne. 62. 176.

Germaine. c., Haute-Marne. 67. 111. 230.

Gevrolles. c., Côte-d'Or. 113. 241.

Gibardiere (la) f., c. de Champignelles, Yonne. 46. 210.

Gigny. c., Yonne. 81. 214.

Gilley. c., Haute-Marne. 75. 76. 237.

Girolles (le fief Jean de). c. de Chuelles, Loiret. 192.

Gisy-les-Nobles. c., Yonne. 2. 26. 28. 124.

Givraines. Gevrennes. c., Loiret. 43. 200. 201. 202.

Gorneau (le). seigneurie de Courtenay, Loiret. 50. 182.

Goullard (le fief de Jean de). c. de Givraines, Loiret. 200.

Goullard (le fief de Derrier le bois de). c. de Givraines, Loiret. 201.

Gourretiere (la). c. de Chantecoq, Loiret. 109. 180. 190.

Grancey-en-Montagne. cant., Côte-d'Or. 70. 112. 233.

Grandchamp. c., Yonne. 47. 63. 210. 211.

Grand-Champ. c., Haute-Marne. 68. 231.

Grand-Champ. c. de Piffonds, Yonne. 194. 195.

Grand-Hôtel (le). c. de Givraines, Loiret. 202.

Grand-Maison-d'Orville (la). c. d'Orville, Loiret. 202.

Grange-aux-Rois (la). Dict Felix. 208.

Grasserie (la). La Grosserie. La Gresserie. h., c. de Courtenay. Loiret. 50. 183.

Gratedos. Haute-Marne. 77. 118. 239.

Grayer (le). Greslier. f., c. de Turny. Yonne. 5. 58. 163.

Grenant. c., Haute-Marne. 66. 68. 73. 112. 229. 231. 235.

Griselles. c., Côte-d'Or. 83. 217.

Griselles. c., Loiret. 200.

Griselles (le Moulin de). c. de Griselles, Loiret. 55.

Grosses-Pierres (les). h., c. de Subligny, Yonne. 57. 171.

Guignard (le Puits). c. de Nargis, Loiret. 197.

Guillard. seigneurie de Courtenay, Loiret. 182.

Guittry. c. de Rigny-le-Ferron, Aube. 110.

Gumery. c., Aube. 4. 6. 51. 63. 128. 136. 137.

Gurgy. c., Côte-d'Or. 76. 238.

Guyars (les). c. de Courtenay, Loiret. 64. 179.

Guyonvelle. c., Haute-Marne. 72.

Gyé-sur-Seine. Giey. c., Aube. 93. 225.

H

Haricoterie (la). Hericotterye. c. de Courtenay, Loiret. 4. 47. 184.

Hauterive. c., Yonne. 168.

Herault. c. de Clesles. Marne. 156.

Heraults (les). c. de Foissy, Yonne. 143.

Hermite (l'). Lhermitte. h., c. de Perreux, Yonne. 2. 30. 208.

Heurtebize. Hurtebize. h. c. de Dollot, Yonne. 55. 117. 185.

Hey (le). c. de Chaumot, Yonne. 44. 188.

Hilaire-les-Andrésis (Saint). c., Loiret. 190. 191.

Hongres (la Grange aux). seigneurie de Courtenay, Loiret. 183.

Hopital (l'). prés, seigneurie de Courtenay, Loiret. 186.

Houssaye (la). La Houssoye. ch. en ruines, c. de Mâlay-le-Vicomte, Yonne. 64. 110. 123. 148.

Huet-Marteau. c. d'Arville, Loiret. 44. 202.

Hurelerie (la). seigneurie de Courtenay, Loiret. 186.

I

Ile-sous-Tronchoy. Lisle-Saint-Michel. h., c. de Tronchoy, Yonne. 225.

Inville. Amville. c. de la Selle-sur-Bied, Loiret. 36. 199.

Invilliers. Gevillier. h., c. de Givraines, Loiret. 43. 201. 202.

Isomes. Ysome. c., Haute-Marne. 67. 230.

J

Jacqueminiere (la). ch. et h., c. de Courtenay, Loiret. 52. 184. 185.
Jorquenay. Jourquenay. c., Haute-Marne. 69. 112. 231.
Jouy. Joy. c., Yonne. 189.
Juilly (le fief Jean de). Jully. c. de Vulaines, Aube. 42. 108. 139.
Julien-du-Sault (Saint). cant., Yonne. 64. 204. 206.
Junay. c., Yonne. 91. 223.
Just (Saint). c., Marne. 25. 105. 117. 155. 156.

L

Laignes. cant., Côte-d'Or. 83. 92. 93. 217. 223. 224.
Laignes (le fief de Jean de). c. de Saint-Vinnemer, Yonne. 88. 91.
Lailly. c., Yonne. 52. 142.
Laines (les Grandes et Petites), seigneurie de Courtenay, Loiret. 182.
Lallemandiere. c. de Courtenay, Loiret. 180.
Lallier. c. de Nargis, Loiret. 41. 196. 197.
Langres (le duché de). 65 à 79. 227 à 242.
Lantages. c., Aube. 73.
Lanty. c., Haute-Marne. 76. 238.
Larchaume. c. de Mornay-sur-Vingeanne, Côte-d'Or. 73. 112.
Larret. c., Haute-Saône. 73. 235.
Laumont. Laulmont. ch., c. de Verlin, Yonne. 64. 206.
Launay. Launoy. f., c. de Piffonds, Yonne. 37. 184. 194.
Lenharey. c. de Bagneux. Marne. 156.
Lettrée. Lestrées. h., c. de Bussy-Lettrée, Marne. 34. 154.

Leuchey c., Haute-Marne. 241.
Lezinnes. c., Yonne. 81. 213. 214.
Liard (le). moulin. c. de Griselles. Loiret. 200.
Liarre (le). seigneurie de Courtenay. 182.
Ligny-en-Barrois (comté de). cant. Meuse. 93. 226.
Ligny-le-Châtel. cant., Yonne. 6. 82. 170. 229.
Lixy. c., Yonne. 176.
Loisey. Loizé. c., Meuse. 226.
Lombardiere (la). seigneurie de Courtenay. Loiret. 50. 182.
Longeau. cant., Haute-Marne. 66. 67. 118. 229.
Longueron (le Grand). h., c. de Champlay, Yonne. 3. 31. 207.
Longuetiere (la). c. de Domats. Yonne. 188.
Losche-Droyn. c. de Chantecoq. Loiret. 181.
Loup-de-Gonois (Saint). c., Loiret. 56. 198.
Loup-d'Ordon (Saint). c. et ch., Yonne. 38. 205. 206.
Louptière-Thénard (la). c., Aube. 1. 27. 129. 133. 134. 141.
Ludigny. seigneurie de Courtenay. Loiret. 190.
Luteau. seigneurie de Courtenay. Loiret. 186.
Luzy. c., Haute-Marne. 79. 241.

M

Magdelaine (la) ou Fossemore. c. de Theil. Yonne. 145.
Maison-Fort (la). c. de Saint-Hilaire-les-Andrésis. Loiret. 37. 191.
Maison-Fort (la). h., autr. ch., c. de

Saint-Loup-d'Ordon. Yonne. 55. 205.

Mâlay-le-Roy. c., Yonne. 24. 104. 144. 145. 158.

Mâlay-le-Vicomte. c., Yonne. 26. 57. 147. 148.

Malvoisines. Mallevannes. lieu dit près de la Chapelle, h , c. de Champigny-sur-Yonne. 42. 108. 176.

Malmaison (la). h., c. d'Ormoy. Yonne. 168. 169.

Marac. c., Haute-Marne. 226.

Marchandiere (la). c. de la Selle-en-Hermois. Loiret. 202. 203.

Marcheboux (le fief Sébastien). c. de Givraines. Loiret. 201.

Marcilly-le-Hayer. cant., Aube. 1. 26. 137. 138.

Marcilly-les-Thil-Châtel. c. Côte-d'Or. 70. 71. 233.

Marcilly (l'Etang de) c. de Marcilly. Côte-d'Or. 70. 71. 233.

Marcilly (le moulin de) sur la rivière l'Ignon, c. de Marcilly. Côte-d'Or. 71. 234.

Mardelin. f., c. de Chaumot. Yonne. 44. 188.

Mareroy. seigneurie de Courtenay. Loiret. 185.

Mareuil. Mereul. lieu dit, c. de Fulvy. Yonne. 86. 219. 221.

Marey. La mothe de Marrey. c. de Balesmes , Haute-Marne. 72. 234. 235.

Marigny-le-Châtel. c., Aube. 2. 28. 105. 139.

Marnay. f., c. de Cry. Yonne. 85. 219.

Maroche (la). seigneurie de Courtenay. Loiret. 182.

Marsangy. c., Yonne. 50. 51. 158. 172.

Martin (Saint). bois. c. de Villeneuve-le-Roy. Yonne. 159.

Martin-Chennetron (Saint). c., Seine-et-Marne. 134.

Martin-d'Ordon (Saint). c. Yonne. 38. 204.

Martray (le). Le colombier Martroy. h., c. de Nargis. Loiret. 37. 196.

Matougues. Matogues. Matonne. c., Marne. 35. 48. 49. 109. 151. 152. 155.

Matougues (la Rivière de). c. de Matougues. Marne. 152.

Maucreux. étang. c. de de Corribert. Marne. 150.

Maulny. Maugny. Mauny. h., c. de Saint-Maurice-aux-Riches-Hommes. Yonne 26. 28. 120. 135. 136.

Maulny. Maulny-le-Repos. lieu détr. c. de Bagneaux. Yonne. 63. 140.

Maurice-aux-Riches-Hommes (Saint). Yonne. 25. 135.

Maurice-sur-Vingeanne (Saint). c., Côte-d'Or. 78. 240.

Maurice-Thizouailles (Saint). c., Yonne. 62.

Melisey. c., Yonne. 6. 80. 212.

Mercy. c., Yonne. 87.

Mesnil (le). Mesnil-Saint-Flavy. h., c. d'Avant-lez-Marcilly. Aube. 55. 138.

Meures. c. de Clesles. Marne. 60. 118. 157.

Meurs (les). c. de Chaumot. Yonne. 188.

Meurs (le Champ des). c. de Chaumot. 188.

Michery. c., Yonne. 30. 43. 125.

Milleroy. c. de Piffonds. Yonne. 37. 184. 194.

Milly. f., c. de Foissy. Yonne. 110. 144.

Misy. c. et ch. Seine-et-Marne. 26. 105. 125.
Molinons, c., Yonne. 3. 31. 140. 141. 142.
Montacher. c., Yonne. 52. 174. 175.
Montalant. Motalant. ch., c. de Saint-Hilaire-les-Andrésis. Loiret. 37. 191.
Montarlo. Le buisson Montarlot. c. de Chaumot. Yonne. 44. 188.
Montarmé. bois. c. de Corribert. Marne. 3. 41. 151.
Montatillon. h., c. d'Auxy. Loiret. 41. 199.
Montauvir. c. de Villeneuve-les-Genêts. Yonne. 208. 209.
Montbalois. 90. 116. 222.
Montespineux. c. de Saint-Loup-de-Gonois. Loiret. 56. 198.
Montigny. c. de Turny. Yonne. 164.
Montigny-sur-Aube. c. et ch., Côte-d'Or. 113. 241.
Montigny-sur-Vingeanne. c., Côte-d'Or. 67. 68. 74. 111. 118. 229. 230. 236.
Montormentier. c., Haute-Marne. 73. 236.
Montot. c. de Saint-Maurice-sur-Vingeanne. Côte-d'Or. 78. 240.
Mont-Saint-Sulpice (le). Mont-Saint-Suplix. c., Yonne. 119. 170.
Montsaugeon. c, Haute-Marne. 65. 77. 113. 227. 239. 241.
Moreau-Coincy. seigneurie de Courtenay. Loiret. 182.
Mornault (le petit étang de). Maulregnault. c. de Montacher. Yonne. 175.
Mornay-sur-Vingeanne. c., Côte-d'Or. 65. 71. 73. 74. 111. 227. 230. 231. 234.

Mothe (la). La mothe lez Gisy. c. de Gisy-les-Nobles. Yonne. 124.
Mothe (la). moulin détr. au h. d'Heurtebise, c. de Dollot. Yonne. 55.
Mothe (la). lieu dit c. de Turny. Yonne. 5. 59.
Mothe (le fief Jean de la). c. de Chaumot. Yonne. 188.
Mothe (la) c. de Clesles. Marne. 4. 43. 135.
Mothe-Graval (la). c. de Fontaine-Fourches. Seine-et-Marne. 136.
Mothe-de-Rugny (la). c. de Rugny. Yonne. 89. 119. 221.
Mothe-Varon (la). La mothe Bazin dict la mothe Varon. anc. ch. au h. de Cuchot, c. de Venizy. Yonne. 60. 163.
Motiffault. c. de Chuelles. Loiret. 191. 192.
Motte-Tilly (la). c., Aube. 25. 134. 135.
Motteux. Motheux. bois. c. de Savigny. Yonne. 45. 191.
Mouilleron. Moilleron. c. Haute-Marne. 77. 112. 238.
Moulin (le Grand). h., c. de Courtenay. Loiret. 50. 183.
Moulin-de-Griselles (le). c. de Griselles. Loiret. 200.
Moulins-Bannaux (les). c. de Màlay-le-Vicomte. Yonne. 147. 148.
Moulins près Noyers. Molin. c., Yonne. 7. 83. 218.

N

Nailly (baronnie de). c., Yonne. 45. 172.
Naives-Devant-Bar. Nayves. c., Meuse. 226.
Naples (la mothe de). c. de Sommecaise. Yonne. 3. 36. 208.

Nargis. Nargy. c., Loiret. 37. 159. 196. 197.

Nauldiere (la). seigneurie de Courtenay. Loiret. 185.

Nemours (bailliage de) 100. 101.

Neuville. c., Loiret. 202.

Neuville-sur-Seine. Neufville sous Giey. c.. Aube. 224. 225.

Nicey. c., Côte-d'Or. 7. 83. 89. 90. 115. 217. 221.

Noé. Noées. c., Yonne. 123. 144. 146. 147.

Noiers (la tige des). seigneurie de Courtenay. Loiret. 185.

Nombrais. c. de Chantecoq. Loiret. 191.

Nozées (les). Les Noiseaulx. Nouzeaulx. h., c. de Sognes. Yonne. 28. 120. 136.

Nuisement. c. de Saint-Julien-du-Sault. Yonne. 206.

Nuisement-sur-Coole. Noisemeus. c. Marne. 61. 154.

O

Occey. Occy. c., Haute-Marne. 66. 228.

Ordon. La mothe d'Ordon. ch., c. de Saint-Loup-d'Ordon. 38. 39. 204. 205.

Origny-le-Sec. c., Aube. 107. 157.

Orlot (l'). seigneurie de Courtenay. Loiret. 186.

Orme (l'). Les Ormes. h., c. de Piffonds. Yonne. 38. 205.

Ormes (les). c., Yonne. 85. 218.

Ormoy. c., Yonne. 33.

Orville. c., Loiret. 202.

Ostum. c. d'Etigny. Yonne. 187.

Oulph (Saint). Saint-Aoulph. c., Aube. 156.

P

Pacy-sur-Armançon. c., Yonne. 81. 214.

Palaiseul. Palaiseu. c., Haute-Marne. 66. 229.

Palteau. ch. et h., c. d'Armeau. Yonne. 123. 144. 147.

Parc (le). f., c. de Champignelles. Yonne. 27. 210.

Parc (le). c. de Neuville, Loiret. 202.

Parc-Vieil (le). Le Parvyer. ch., c. de Champignelles. Yonne. 31. 120. 209.

Paron. c., Yonne. 57. 171.

Paroy-sur-Tholon. c., Yonne. 166.

Passemé. bois. c. de Mâlay-le-Vicomte. Yonne. 147. 148.

Pelletiers (les). Anciennement le fied de la Chastelleine. lieu détr., c. de Soucy. Yonne. 40. 108. 124.

Pennery. ch., c. de Saint-Hilaire-les-Andrésis. Loiret. 191.

Pense-Folie. h., c. de Marchais-Beton. Yonne. 209. 210.

Percey-le-Pautel. c. et ch. Haute-Marne. 78. 113. 240.

Percey-le-Petit. c., Haute-Marne. 71. 234.

Perreuse (la). c. de Saint-Martin-du-Tertre. Yonne. 40. 174. 187.

Perrigny-sur-Armancon. c., Yonne. 85. 218.

Pertuis (le). c. de Courtemaux. Loiret. 198. 199.

Phal (Saint). h., c. de Courtenay. Loiret. 4. 47. 183.

Philippieres (les). bois. c. de Piffonds. Yonne. 38. 117. 195.

Piats (les). h., c. de Courtenay. Loiret. 48. 119. 180.

Pichoniere (la). seigneurie de Courtenay. Loiret. 186.

Piépape. c. et ch. Haute-Marne. 66. 67. 118. 229.

Pierre-Aigue. L'Estang du petit Pierre esgu. m. i. et étang, c. de Savigny. Yonne. 185.

Pierrefaite. Pierrefixte. c., Haute-Marne. 65. 79. 111. 227. 240. 242.

Pierrefitte. c., Meuse. 226.

Piffonds. c., Yonne. 1. 25. 181. 182. 194. 195.

Pimançon. h., c. de Dixmont. Yonne. 58. 160.

Pin (le). ch., c. de Merinville. Loiret. 44. 200.

Pisserotte (la). c. de Villeblevin. Yonne. 177.

Pitorin. Poictorin. h., c. de Nargis. Loiret. 37. 197.

Planche (la), près du h. de la Chapelle. c. de Champigny-sur-Yonne. 176. 177.

Planche (la). ch. détr., c. de Gumery. Aube. 137.

Plancy. c. de Saint-Vinnemer. Yonne. 87. 220.

Plénoche. Plenaulche. ch., c. de Brannay. Yonne. 4. 54. 109. 172.

Plessis (le). La Granche du Plessis. c. d'Ervy. Aube. 81. 213.

Plessis-du-Mée (le). c. Yonne. 4. 51. 148.

Plessis-Gâtebled (le). c., Aube. 2. 29. 133.

Plessis-Saint-Jean (le). Plessis lez Sergines. c., Yonne. 23. 127.

Poilly-sur-Serain. c., Yonne. 85. 218. 223.

Poinsenot. Poinssonnet. c., Haute-Marne. 74. 236.

Poinson-les-Grancey. Poissons. c., Haute-Marne. 74, 236.

Paisy-Cosdon. Poisy. c., Aube. 4. 8. 31. 35. 51. 106. 120. 157.

Polis (les). Poiliz. h., c. de Champignelles. Yonne. 208. 209.

Pomard. 91. 223.

Pont-sur-Vanne. c., Yonne. 144. 146. 147.

Porchers (les). c. d'Asnières. Côte-d'Or. 89. 221.

Port-de-Marsangy (le). h., c. de Marsangy. Yonne. 188.

Porte-Guille (la) ou la Porte-Guillaume. c. de Courtenay. Loiret. 56. 179.

Poterie (la). h., c. de Courtenay. Loiret. 182.

Potot ou Pontot. 7. 91. 223.

Pouy. c., Aube. 137.

Préau (le). Preaulx. h., c. de Chaumot. Yonne. 174. 187.

Préaux. f., c. de Saint-Hilaire-les-Andrésis. Loiret. 47.

Precault (îles de). c. de Villeblevin. Yonne. 177. 178.

Premierfait. c. de Brienon. Yonne. 51. 170.

Presle (la). bois. c. de Saint-Just. Marne. 155.

Pressigny. c., Haute-Marne. 241.

Pressoir (le). c. de Chantecoq. Loiret. 193.

Prudhomme (le fief Etienne). c. de Givraines. Loiret. 201.

Prunoy. Prunay. c. et ch. Yonne. 2. 29. 36. 107. 197. 207.

Puteau (le). seigneurie de Courtenay, Loiret. 181.

Putemusse. Aultrement nommé la Tempestrie, c. de Villeneuve-les-Genets. Yonne. 57. 209.

Q

Quatre-Vents (les). c. de Dommartin-Lettrée. Marne. 61.
Quentin-sur-Coole (Saint). c., Marne. 33. 153.
Quentins (les), seigneurie de Courtenay. Loiret. 186.
Quincy. f., c. de Commissey. Yonne. 225.
Quincy-le-Vicomte. c., Côte-d'Or. 90. 116. 222.

R

Raganne (la). lieu détr., c. de Vinneuf. Yonne. 126.
Rameau. h., c. de Collan. Yonne. 90. 116. 222.
Raveneaux (les). c. de la Selle-en-Hermois. Loiret. 181.
Ravières. c., Yonne. 81. 82. 91. 120. 214. 215. 217. 219.
Rebourceaux. c., Yonne. 168.
Recey-sur-Ource. Ricey. cant. Côte-d'Or. 74. 236.
Regnards (les). c. de Vezannes. Yonne. 87. 220.
Renardieres (les). c. de la Belliole. Yonne. 55. 189.
Resson. c., Meuse. 226.
Revellere (la). seigneurie de Courtenay. Loiret. 182.
Revillon. V. Rozoy.
Riceys (les). Ricey. cant. Aube. 6. 83. 217. 220.
Richebourg. Faubourg Saint-Pregts à Sens. 158.
Rigny-le-Ferron. c., Aube. 30. 106. 110. 161.
Rigny-la-Nonneuse. Rigny en Champaigne. c., Aube. 149. 157.
Rigny-sur-Saône. c., Haute-Saône. 65. 75. 227. 230. 237.
Riviere-le-Bois. c., Haute-Marne. 240.
Rivieres-les-Fossés. c., Haute-Marne. 76. 78. 113. 237. 241.
Robeau (les masures de). seigneurie de Courtenay. Loiret. 180. 181.
Rochefort. ch., c. d'Asnières. Côte-d'Or. 6. 7. 80. 89. 91. 213. 221. 223.
Roches. 65. 111. 231.
Roches dit Tirlouse. bois. c. de Thorigny. Yonne. 7. 84. 130. 213.
Rochetaillée. c., Haute-Marne. 118.
Roffey. c., Yonne. 90. 119. 222.
Rogerie-de-Saint-Sépulchre (la). c. de la Selle-en-Hermois. Loiret. 193.
Ronsardiere (la). h., c. de Saint-Loup-d'Ordon. Yonne. 185.
Rosoy. c., Haute-Marne. 69. 70. 232.
Rousseaux (les). V. Averly.
Rousselerie (la). seigneurie de Courtenay. Loiret. 50. 185.
Rousson. c., Yonne. 173.
Rouvres-sur-Aube. c., Haute-Marne. 66. 229.
Roux (la mothe Messire). c. de Villeneuve-les-Genêts. Yonne. 46. 209.
Royneau. seigneurie de Courtenay. Loiret. 185.
Rozoy. c., Yonne. 45. 159.
Rozoy dit Revillon. c. de Courtenay. Loiret. 47. 180.
Rucouvert. h., c. de Paron. Yonne. 45. 172.
Rugny. c., Yonne. 80. 114.
Rumont. c., Meuse. 226.
Rupt-aux-Nonains. Rup. c., Meuse. 226.

S

Sacquenay. c., Côte-d'Or. 69. 72. 118. 232. 235.

Salles (les). c. de Domats. Yonne. 189.

Sambourg. c., Yonne. 81. 92. 213. 214. 223.

Santenoges. Santenaiges. c., Côte-d'Or. 77. 113. 239.

Saulles. c., Haute-Marne. 66. 68. 73. 112. 229. 231. 235.

Sauvement. seigneurie de Méry-sur-Seine. Aube. 35. 157.

Savigny. Savigny-le-Mont. c., Haute-Marne. 72. 74. 235. 236.

Seignelay. Saillenay. cant. Yonne. 32. 33. 118. 167. 168.

Selle-sur-le-Bied (la). c., Loiret. 110. 199.

Selle-en-Hermois (la). c., Loiret. 181. 192. 193. 194. 203.

Senardière (la). La Senauldière. h., c. de Savigny. Yonne. 181.

Sennevoy-le-Bas. c., Yonne. 82. 84. 215. 216. 217. 219.

Sennevoy-le-Haut. La chapelle de Sennevoy. c., Yonne. 84. 86. 118. 218. 225.

Sens, censives à Sens. 40. 124.

Sens (vicomté de). 4. 42. 119. 123. 158.

Sergines. cant. Yonne. 22. 23. 103. 119. 126. 127.

Sérilly. Cerilly. h., c. d'Etigny. Yonne. 44. 187.

Serpents (la masure des). c. de Villeneuve-les-Genêts. Yonne. 209.

Sièges (les). c., Yonne. 160.

Sognes. Soignes. Soines. Songnes. c., Yonne. 2. 28. 29. 133. 136.

Soligny-les-Etangs. c. et ch. en ruines. Aube. 2. 29. 135.

Sommecaise. Saint-Caise. c., Yonne. 36. 208.

Songy. c., Marne. 32. 153.

Souchet (le). c. de Sergines. Yonne. 127.

Souffrenets (les). seigneurie de Courtenay. Loiret. 186.

Subligny. c., Yonne. 171.

T

Talmay. Thallemey. c., Côte-d'Or. 65. 227.

Tannerre. c., Yonne. 208.

Tassière (la). seigneurie de Courtenay. Loiret. 185.

Ternantes. lieu détr. c. de Michery. Yonne. 30. 125.

Testart (le). seigneurie de Courtenay. Loiret. 182.

Theil. c., Yonne. 123. 144 145. 146. 147.

Thil-Châtel. c., Côte-d'Or. 66. 118. 229.

Thon. Meuse. 226.

Thorey. c., Yonne. 6. 80. 114. 212. 221.

Thorigny. c., Yonne. 31. 128. 129. 130.

Thurelle. ch., c. de Dordives. Loiret. 41. 197.

Tillet (le). seigneurie de Courtenay. Loiret. 186.

Tonnerre (comté de). 6. 7. 80 à 93. 212 à 225.

Tonnerre. 6. 80. 92. 212. 223. 225.

Torcenay. c., Haute-Marne. 66. 76. 228.

Tortan (le). seigneurie de Courtenay. Loiret. 183.

Touchard. seigneurie de Courtenay. Loiret. 182.

Toury. ch. et h., c. de Nargis. Loiret. 41. 108. 198.

Toury (le Bas). Le bas Thory. h., c. de Nargis. Loiret. 197.

Toussac. ch., c. de Villenauxe-la-Petite. Seine-et-Marne. 134.

Tout-y-Faut. h., c. de Passy. Yonne. 158.

Traversin (le). h., c. de Nargis. Loiret. 57. 159. 196.

Trembloy (le). c. de Foucherolles. Loiret 189. 190.

Tremont. lieu détr. c. de Pont-sur-Vanne, Yonne. 3. 32. 145.

Triguères, c., Loiret. 194.

Tronchoy. c., Yonne. 85. 86. 118. 218. 219.

Tuilerie (la). f., c. de Vertilly, Yonne. 133.

Tuilerie (la). 28. 120. 136.

Turny. c., Yonne. 5. 7. 58. 59. 84. 162. 163. 164. 165.

Tutellerie (la). La Tuteliere. f., c. de Domats. Yonne. 56. 179.

V

Vaillant. Vallans. c., Haute-Marne. 77. 228. 239.

Valérien (Saint) c. et ch. Yonne, 8. 25. 104. 189.

Vallée-de-Sergines (la). c. de Sergines. Yonne. 23. 127.

Vallées (les). étang. c. de Domats. Yonne. 189.

Vallery. c., Yonne. 7. 24. 104. 175.

Valpelle. Vellepelle. ch., c. de Brennes. Haute-Marne. 78. 240.

Varennes. ch , c. de Turny. Yonne. 58.

Varennes. cant. Haute-Marne. 68. 76. 230. 238.

Vauderu. Vauderup. dict de Chastillon. c. de Foissy. Yonne. 143. 144.

Vaudeurs. Vaudeurre, c., Yonne. 160.

Vaugency. Vaugentian. ch., c. de Saint-Quentin-sur-Coole. Marne. 33. 153.

Vaugravere. seigneurie de Courtenay. Loiret. 186.

Vaumartin. Vaulxmartin. c. de Courtenay. Loiret. 56. 179.

Vaumort. Vaumour. c., Yonne. 123. 144. 147.

Vauparfonde. c. de Saint-Hilaire-les-Andrésis. Loiret. 37. 47. 108. 190.

Vauremy. Vautremy. f., c. de Molinons. Yonne. 42. 141.

Vautours (les). Vaultour. h., c. de Pont-sur-Vanne. Yonne. 146.

Vauvert. h. c. de Lixy. Yonne. 176.

Vaux. Vaulx. c., Yonne. 85. 218.

Venizy. c., Yonne. 2. 3. 28. 33. 120. 161. 162. 163.

Vente-aux-Moines (la). c. de Marcilly-le-Hayer. Aube. 138.

Vermont. bois. c. de la Postolle. Yonne. 52. 130.

Vernoy. La mothe de Vernoy. c., Yonne. 55. 185.

Véron. c., Yonne. 158.

Véron. V. Mothe Varon.

Verseilles-le-Bas. Verseilles dessoubz. c., Haute-Marne. 72. 234.

Verseilles-le-Haut. Verseilles dessuz. c., Haute-Marne. 72. 234.

Vert-Buisson. Verbuisson. ch. détr. c. de Vernoy. Yonne. 183.

Vertilly. c., Yonne. 28. 119. 132. 133.

Vertron, ch., c. de Montacher, Yonne. 52. 63. 174. 175.
Vésigneul-sur-Coole, Vesigneulx, c, Marne. 153.
Vesvres-sous-Chalancey. c., Haute-Marne. 228.
Veuxhaulles. c. et ch. Côte-d'Or. 113. 241.
Vezannes. c., Yonne. 7. 85. 87. 115. 219. 220.
Vezinnes. c., Yonne. 218.
Vezines. 79. 241.
Vienne. c. de Prunoy. Yonne. 2. 29. 130. 207. 208.
Vieux-Verger (le), Viel-Verger. h., c. de Cerilly. Yonne. 129.
Vigne (la). c. de Sognes. Yonne. 28. 136.
Vigne (la). 97.
Villars-la-Gravelle, m. i. c. de Vernoy. Yonne. 40. 108. 173.
Villars (le Grand). Villard. f. et ch. en ruines. c. de Champignelles. Yonne. 2. 30. 208.
Villeblevin. Villeblouin. c., Yonne. 62. 176. 178.
Villechétive. c., Yonne. 53. 123. 144. 145. 147. 159. 160.
Villecien. Villechien. c., Yonne. 7. 86. 88. 93. 219. 221.
Villedieu. c., Côte-d'Or. 84. 213.
Villefranche. c., Yonne. 2. 30. 119. 207.
Villemanoche. Villemanaulche. c., Yonne. 4. 53. 54. 109. 177.
Villemaur. c., Aube. 140. 142.
Villenauxe-la-Petite. c., Seine-et-Marne. 132. 134.
Villeneuve-l'Archevêque. La mothe lez Villeneufve l'Arcevesque, cant. Yonne. 5. 6. 42. 140.
Villeneuve-les-Genêts. Villeneufve la Genays. c., Yonne. 3. 32. 46. 204. 208. 209.
Villeneuve-sous-Buchin. h., c. de Venouse. Yonne. 92. 170.
Villeneuve-sur-Vingeanne (la). c., Côte-d'Or. 67. 68. 111. 118. 229. 230.
Villeneuve-aux-Riches-Hommes. h. c. de Trancault. Aube. 25. 135.
Villeneuve-le-Roy. cant. Yonne. 159.
Villethierry. c., Yonne. 8. 24. 25. 176.
Villévenard. c., Marne. 151.
Villiers-Bonneux. Villebonneux. c., Yonne. 28. 120. 131. 132.
Villiers-Chameau. c. de la Selle-en-Hermois. Loiret. 194.
Villiers-Louis. c., Yonne. 144. 145. 146.
Villiers-Vineux. c., Yonne. 6. 83. 92. 115. 120. 216. 224.
Vinnemer (Saint). c., Yonne. 87. 91. 93. 220.
Vinneuf. c., Yonne. 126.
Vireaux. c., Yonne. 81. 213. 214.
Vitry-le-Croisé. c., Aube. 87. 120. 224.
Vivey. c., Haute-Marne. 77. 112. 238.
Vivier (le moulin du). seigneurie de Courtenay. Loiret. 185.
Viviers. c., Yonne. 88. 115. 220.
Voncourt. c., Haute-Marne. 73. 235.
Vulaines. c., Aube. 42. 139.

FIN.